성공 BIZ 컨설팅 노트

-두번째 실전편-

성공 BIZ 컨설팅 노트 -두번째 실전편-

초판 1쇄 인쇄 2012년 08월 07일
초판 1쇄 발행 2012년 08월 14일

지은이 | 강기석, 김성민, 박남규, 이상훈, 이선경, 이현수
펴낸이 | 손형국
펴낸곳 | (주)에세이퍼블리싱
출판등록 | 2004. 12. 1(제2011-77호)
주소 | 153-786 서울시 금천구 가산동 371-28 우림라이온스밸리 C동 101호
홈페이지 | www.book.co.kr
전화번호 | (02)2026-5777
팩스 | (02)2026-5747

ISBN 978-89-6023-948-7   13320

성공 BIZ 컨설팅 노트

두 번째 실전편

강기석 김성민 박남규
이상훈 이선경 이현수 지음

SUCCESS

Business

ESSAY

목차

CHAPTER 4 학원 프랜차이즈 운영 전략 · 204   - 김성민

2부 사회적 기업을 위한 성공 컨설팅

CHAPTER 5 성공마을 만들기 A to Z · 270   - 이선경

『성공 비즈 컨설팅(Biz Consulting) 노트』
두 번째 실전 편을 여는 글

　주변에 있는 지인들과 이야기를 나누다 보면 의외로 책을 쓰고 싶어하는 분들이 많이 있습니다. 쓰고 싶은 욕망은 많이 있지만 책을 쓰고자 시작하는 분들은 아주 소수이고 그 소수의 분들 중에서 실제 원고를 탈고하고 완성된 책을 내는 분들은 또 소수의 분들입니다. 사업을 시작하는 것도 마찬가지로 생각됩니다. 여러 가지 사연들을 가슴에 담고, 다양한 경험들을 재료 삼아서 많은 분들이 사업을 시작합니다. 그 분들 중에서 3년 이내에 본 궤도에 오르는 분들 역시 소수입니다. 2012년 7월에 있었던 기획재정부 장관의 발표를 보면 우리나라의 자영업자는 OECD기준으로 약 720만 명이라고 합니다. 더구나 그 숫자는 증가 추세에 있다고 합니다. 발표하는 자리에서 "국가와 기업, 국민 모두가 창업성공가능성을 높이고, 사회적으로는 높은 부가가치가 창출될 수 있도록 경력과 전문성을 활용한 창업을 위해 노력해야 한다고 밝혔다고" 합니다. 또 다른 발표에 의하면 우리나라 자영업은 이미 포화 상태에 달해 '창업자의 무덤'이 되고 있다고 합니다. 중소기업청의 전국 소상공인 실태 조사에 따르면 월평균 수익이 200만원도 안 되는 소상공 업체가 81%에 이르고, 100만원 이하를 버는 업체가 30.8%, 적자인 업체가 26. 8%라고 합니다. 최근 이렇게 자영업자가 급증하고 있는 것은 은퇴하는 베이비 부머들이 창업 전선에 뛰어드는 탓이 크다고 합니다. 2011년 말 기준으로 50대 자영업자 비중은 30%를 기록,

40대(28.5%)를 처음으로 넘어섰다고 합니다. 또한 다단계 업체 판매원 현황도 비슷하게 조사되었는데, 전체 판매자는 415만 4,000명으로 1년 전보다 58만 명이 증가되었지만 이들 중에서 4명에 3명은 단 1원도 벌지 못한 것으로 밝혀졌습니다. 이처럼 창업은 쉽게 하지만 유지하는 것이 어려운 이유는 무엇 때문일까요? 실제로 성공했다 싶을 정도의 만족을 느끼시는 분들은 유지하시는 분들 보다 훨씬 적다고 하는데 그 이유는 무엇일까요?

현 정부에서는 창업을 강조하며 많은 돈을 쓰고 있습니다. 잘 찾아보면 본인의 돈을 들이지 않고 기본적인 교육에서부터 사업자 등록까지 쉽게 마칠 수 있습니다. 그런데도, 창업 후 기본적인 생계 유지도 어려운 분들이 많은 것은 무엇 때문일까요? 어떻게 하면 순조롭게 창업을 하고, 대박까지는 아니더라도 성공 했다는 소리를 들을 수 있는 창업을 할 수 있을까요? 쉽지 않은 문제입니다. 그렇다고 손을 놓고 있을 수는 없겠지요. 지금 이 나라가 여기까지 온 것은 어렵다고 내버려 두지 않고 무언가를 끊임없이 찾아내려고 노력한 분들이 있기 때문이니까요.

미국에서 창업 관련한 연구로 가장 유명한 대학이라고 하는 Babson college의 연구에 의하면 창업자가 창업준비단계를 충분히 거치고 창업한 경우, 3년 후 지속적인 사업 영위률이 약 74%를 기록하였고 창업에 대한 준비가 미비한 상태에서 창업한 경우는 약 27%만이 3년 후 지속인 사업을 영위하고 있다고 합니다. 이 연구가 의미하는 바는 창업에는 많은 준비가 필요하다는 것입니다. 무작정 창업 또는 유행 따라 창업은 성공하기가 어렵다는 것을 말해줍니다. 그렇다면 성공적인 창업을 위해 필수적으로 거쳐야 하는 준비단계에는 어떤 것들이 있을까요?

첫 번째로는 창업가에 대한 부분이 있을 수 있습니다. 창업을 준비하는 분들의 자세나 창업 아이템에 따른 적성 및 경험에 대한 것입니다. 그리고 창업을 하기 위해 알아야 기본적인 세무나 창업절차 그리고 아이템에 따른 지원책 확인 등이 필요합니다.

두 번째로는 창업은 결코 혼자 하는 것이 아니라는 것입니다. 사람과 사람과의 관계로 이루어진다는 것입니다. 가족부터 시작해서 주위 사람들과의 관계에서 사업이 시작되어야 내부적인 안정을 도모할 수 있습니다. 내부적인 안정이 중요한 이유는 건물의 기초를 세우는 것과 같다고 할 수 있습니다. 튼튼한 뿌리를 가진 기업이 영속적으로 성장할 수 있으며, 폭풍우나 태풍과 같은 위험을 견디어 낼 수 있는 것과 같은 이치라고 말씀드릴 수 있습니다. 즉, 가족을 포함한 주변 사람들과의 든든한 지원에서 출발하여야 하고 이를 바탕으로 거래처나 고객들을 확장하는 것이 중요한 일입니다. 이를 위해서는 다양한 커뮤니케이션 기술과 함께 동일 목표를 공유하는 마음과 동기부여가 중요하다고 할 수 있습니다.

세 번째로는 자금에 대한 문제입니다. 우리나라에서 창업하면 떠오르는 3대 업종이 있습니다. 외식업, 도/소매업, 기타 서비스업종입니다. 이 들 대부분은 최소한의 자금을 필요로 하는 업종들입니다. 사소하게는 어느 정도의 물건확보에서부터, 점포임대, 실내 인테리어 등의 순으로 점점 자금 소요가 많아지는 형태입니다. 이러한 자금의 확보에서 운영까지 많은 정보의 습득이 필요합니다. 최근의 기사들을 보면 시중의 유동 자금에 대한 이야기가 많이 나오고 있습니다. 경기 회복이 더디고, 은행의 이자율이 낮은 상황에서 가지고 있는 자금의 운용이 쉽지 않다는 것을 말하는 것이지요. 자금이 모자라도, 자금이 어느 정도 확보되어 있어도 정확한 정보와 지식이 없다면 어려운 게임이 된다는 아이러니가 발생합니다.

네 번째로는 창업의 대다수를 차지하는 프랜차이즈 시스템에 대한 이해입니다. 2012년 7월 12일 공정거래위원회 보도자료를 보면 유명무실한 프랜차이즈 업체 548개를 퇴출시킬 예정이라고 합니다. 2011년에는 퇴출된 451개보다 21.5%가 늘어난 수치입니다. 그 만큼 경기가 좋지 않다고 볼 수 있겠습니다. 이렇게 퇴출되는 이유는 공정거래위원회에 의무적으로 등록하게 되어 있는 정보 공개서를 정기적으로 갱신하지 않거나, 프랜차이즈 본사의 재무사항, 가맹점 수, 광고비용 등의 의무 기재사항을 제출하지 않아서 그렇다고 합니다. 이번에 발표된 업체 명을 보면 우리 주변에서 쉽게 보는 외식 업종은 물론 미용실 프랜차이즈 등이 포함되어 업종별 경기 상황도 미루어 짐작할 수 있습니다. 프랜차이즈 창업의 장점이라면 특별한 노하우 없이 쉽고 빠르게 창업이 가능하다는 것에 있지만 그 이면에 대한 이해는 부족하다고 생각합니다.

다섯 번째는 사회적 기업에 대한 관심의 증가입니다. 공익적인 목적을 우선으로 하는 창업이라는 점에서 수익성 보다는 자기 실현적 욕구가 우선시 되는 분들이 많은 관심을 가지는 분야입니다. 하지만 정부의 지원사업이 있기에 가능한 이야기입니다. 기본적인 정부 지원이 없었다면 대다수의 사회적 기업은 탄생하기 어려웠다는 것은 주지의 사실입니다. 따라서 정부의 분야별 지원 정책에 대한 이해가 필수적입니다. 특히 지방 개발과 관련하여 많은 관심을 받고 있는 분야가 되겠습니다. 우리나라에 특화된 창업 이슈가 아닌가 합니다.

창업에 필요한 사전 필수요소들을 5개 정도 들어보았습니다. 이 책은 창업에 필요한 다섯 가지의 요소들에 대한 이야기를 담고 있습니다. 각자의 분야에서 오랜 동안 닦은 노하우를 바탕으로 이론적인 방법을 도입하여 기술하고 있습니다. 다만, 전체적인 시각이라기 보다는 좀 더 이해하기 쉽도록 사례 중심으로 말씀 드리고 있습니다. 이 책의 사례들은 실제 저자들이 경험한 내용을 특별한 각색 없이 드러내고 있습니다. 창업자 여러분들이 현장에서 부딪히게 될 때 조금이라도 도움이 되었으면 합니다.

1장에서는 '아톰 로봇을 컨설팅하다' 라는 제목으로 창업을 준비하는 단계에서 실제 창업하기까지의 과정을 아톰로봇의 박남규 대표가 자신의 경험을 다시 한번 정리해서 소개하고 있습니다. 최근 중소기업청의 조사에 의하면 창업 준비기간이 6개월에 못 미치는 비율이 60%에 달한다고 합니다. 박남규 대표의 사례를 통하여 충분한 창업준비기간에 대한 필요성을 느끼실 수 있을 것입니다.

2장에서는 '함께 이루어 가는 즐거움' 이라는 제목으로 한국 퍼실리테이션 협회의 사무국장이며, 공인 CPF(certificated professional facilitator)인 이상훈 대표가 창업 준비 및 초기 과정에서 필요한 커뮤니케이션 기술을 퍼실리테이션적인 기법을 활용하여 풀어냅니다. 퍼실리테이션에 대한 구체적인 내용은 '성공 BIZ Consulting 노트' 1편을 참조하시기 바랍니다. 이상훈 대표는 국내에서 가장 활발하게 퍼실리테이션을 활용하는 분들 중의 한 분으로 다양한 사례들을 통해 내부또는 외부의 소통과 동기부여에 대하여 흥미롭게 이야기를 풀어가고 있습니다.

3장에서는 '비상장회사 투자론'이라는 제목으로 직접적인 창업은 물론 투자의 개념을 가질 수 있는 자금의 활용법에 대한 이야기를 이현수 대표가 풀어 썼습니다. 이현수 대표가 직접 겪은 사례들을 통해 기술되어 더욱 생생하고 현장감이 있을 것입니다.

4장은 '학원 프랜차이즈 운영전략'입니다. 국내 유통 대기업에서 홍보를 담당하고 실제 프랜차이즈 학원을 운영한 김성민 대표가 그간의 경험을 살리어 프랜차이즈에 대한 전반적인 이해를 돕기 위해 쓰여졌습니다. 주 분야인 학원을 대상으로 한 저술이지만 관련하여 입시에 대한 문제도 함께 언급하고 있습니다. 간접적이나마 다른 업종의 프랜차이즈 운영에 대해서도 유추해 볼 수 있게 구성하였습니다.

5장은 '성공마을 만들기 A to Z' 제목으로 사회적 기업에 대한 이야기 입니다. 주 소재는 농촌과 어촌에서 일어날 수 있는 이야기들로 구성되어 있습니다. 인구에 회자되고 있는 사회적 기업에 대하여 실제적인 경험을 통한 간접 체험할 수 있습니다. 귀촌하여 창업하고자 하시는 분들은 꼭 필요한 내용이지 싶습니다. 이 분야에서 꾸준히 강의를 하고 있는 이선경대표가 집필하였습니다.

여기에 모신 다섯 분들 중에서 세 분은 지난 번 프로젝트였던 '성공 Biz Consulting 노트'에 이어서 좀 더 진전된 이야기를 들려드리는 것입니다. 두 번째 실전편에서는 새롭게 퍼실리테이션 전문가인 이상훈 대표와 이 선경 대표가 초청하였습니다. 뒤의 두 분은 항상 책 쓰기를 갈망하며, 블로그, 카페, SNS 활동 등을 통해 지속적인 모습을 보여주신 끝에 드디어 필진으로 합류하게 되었습니다.

이 글의 서두에서 밝힌 바대로 우리 나라의 모든 시니어 분들은 누구나 한 분 빠짐없이 책을 내신다면 한 권 이상의 분량을 채우실 수 있습니다. 하지만 실제로 책을 내시는 분들은 너무 소수입니다. 많은 분들과 이야기를 나누다 보면 저자가 된다는 것에 대한 소망을 품고 계신 분들은 많습니다. 누군가 나서서 조금만 이끌어주고, 도와드린다면 다들 충분히 자신의 경험을 펴내실 수 있습니다. 그러한 경험이 모이고 모인다면 새롭게 창업시장에 문을 두드리는 많은 분들에게 큰 도움이 될 수 있으리라고 생각합니다. 지난 3월에 출간된 '성공 Biz

Consulting 노트'에 이어 바로 실전 편을 출간하게 된 것 역시 이와 무관하지 않습니다. 앞으로도 지속적으로 창업과 컨설팅 분야에 대한 경험을 녹여낸 책을 펴내고자 합니다. 저자라는 이름을 통해서 자신의 경험을 다른 분들의 밑 거름으로 삼고 싶으신 분들은 언제나 환영합니다. 함께 나누고 함께 성장하는 모임을 지속적으로 운영할 것을 약속 드리며 여기에 수록된 이야기들을 키워나가도록 하겠습니다.

끝으로 이 책이 나오기까지 바쁜 일정에도 원고의 완성도를 높이기 위해 애를 써주신 저자 분들께 감사의 말씀을 드립니다. 또한 지원을 아끼지 않으신 마포 시니어 비즈프라자의 조정우 총괄 매니저께도 감사의 말씀을 드립니다. 창업에 대한 경험을 학문적인 토대로 이끌어 주신 호서대학교 글로벌 창업대학원 서상혁 교수님, 황보 윤 교수님, 김중규 교수님께도 깊은 감사의 말씀을 드리고 싶습니다. 그리고 성공적인 창업 활동을 위해 노력을 기울이시는 대한민국의 모든 예비 창업자, 기업인 여러분께 감사 드립니다.

강기 석

KS 경영컨설팅 대표 컨설턴트, 퍼실리테이터
나함 컨설팅그룹 대표 컨설턴트
호서대학교 글로벌창업대학원 창업마케팅연구회 회장
kkspoem@daum.net

Sucess
Biz Consulting
Note

1부

CEO를 위한 성공 컨설팅

CHAPTER 1

아톰로봇을 컨설팅하다

Sucess
Biz Consulting
Note

박 남 규 (park@atom-robot.com)

업무 영역 : 창업 프로세스 강의 / 사업 계획서 심사

　　　　　　blog.naver.com/kinetherapy

경력 : 현) ㈜ 아톰로봇(2010~) 대표

　　　전) ㈜ 대우전자 TV 개발(1994-2001), Park's 운동 테라피(2002),

　　　　　㈜ 로봇 앤드 디자인 로봇 개발(2003-2010)

학력 : 호서대 벤처대학원 경영학 박사과정(2012~),

　　　경희대 기계공학 학사(1995)/석사(1998),

　　　호서대 국책 글로벌 창업대학원 경영학 석사(2012)

자격 : 창업 지도사(2011)

저서 : 『성공 비즈 컨설팅(Biz Consulting) 노트』(2012)

수상 : 사업 계획서 발표 경진대회 창업진흥원장상(2011), KAIST 총장상(2010),

　　　경기도지사상(2010) 등

1 '나의 창업일기'는 창업을 하면서 알게 된 내용을 기술했습니다. 창업을 준비하시는 분이나 이미 창업하신 분들에게 도움이 될 내용으로 요약했습니다.

2 '창업 준비단계에서 해야 할 일'은 창업을 위해 준비해야 할 내용에 대해 기술했습니다. 창업 스쿨만 540시간 이상 수강하면서 들었던 내용을 총정리 했습니다.

3 '창업 실행단계에서 해야 할 일'은 사업을 본격적으로 진행하면서 만나게 되는 일에 대하여 최선의 판단 기준을 제시하려고 노력했습니다. 개인 사업자로 할 것인지, 법인사업자로 할 것인지 결정하는 것입니다. 이러한 부분에 대하여 명확히 대답해드리고자 노력했습니다.

✅ 집필 동기

창업을 준비하거나 이미 창업하신 분들에게 이 책이 멘토(mentor)로서 창업 길라잡이 역할을 했으면 하는 바람입니다. 또한 창업의 문제해결을 위한 코칭 전문가로서의 역할을 할 수 있기를 기대합니다. 코칭은 상대방에게 좋은 질문을 통하여 상대방이 스스로 답을 찾아가도록 하는 방법입니다. 자신의 문제점은 자신이 가장 잘 압니다. 모든 해답은 자신 안에 있습니다.

처음 창업을 준비하면서 시작한 창업교육은 저에게 멘토이자 코칭 전문가의 역할을 했습니다. 창업에서 준비가 필요한 부분에 대해 체크할 수 있게 해주었으며, 질문에 대해 답하는 과정에서 해답을 찾을 수 있도록 해주었습니다. 책 제목에서 알 수 있듯이 '아톰로봇을 컨설팅하다'는 제가 2010년 6월 퇴사하면서 설립한 아톰로봇을 대상으로 셀프 컨설팅을 한다는 관점에서 정리한 내용입니다. 저를 대상으로 컨설팅을 했기 때문에, 실제로 배운 내용이 효과가 있는지 즉시 확인할 수 있었습니다. 피교육자의 입장에서, 무에서 유를 창조한다는 자세로 백지 상태에서 시작했습니다. "2년 동안 최대한 힘닿는 데까지 많이 듣고, 많이 읽고, 많이 보자. 그리고 그때 판단해도 늦지 않다."라는 생각을 가지고, 창업교육이 있으면 열심히 쫓아다녔습니다.

창업에 대한 잘못된 고정관념을 바꾸고 싶습니다. 창업은 좋은 사업 아이템으로 시작해야 한다고 생각합니다. 그러나 창업자의 역량이 더 중요함을 강조하고 싶습니다. 처음 창업하기로 마음먹었을 때의 막막

했던 기억이 납니다. 회사를 나와서 사무실을 구하고 명함을 만들고, 사업자 등록을 내고 제품을 개발하고, 카탈로그를 만들어서 영업하는 것이 창업인 줄로만 알고 있었습니다. 그러나 창업은 많은 준비가 필요합니다. 창업 전에 2년 정도의 기간이 필요합니다. 경영자로서의 능력과 사업 아이템에 대한 사업 타당성 분석, 그리고 사업실행 계획을 구체화시킨 사업 계획서를 준비해야 합니다.

창업은 전문가들이 경쟁하는 공간입니다. 경영자로서의 능력은 사업에 대한 전문적인 지식과 경험, 인적 네트워크, 자본조달 능력, 마케팅 능력 등을 말합니다. 창업은 쉬워 보일 수 있습니다. 프랜차이즈 창업이 요즘 유행입니다. 그러나 이 세계에서도 치열한 창업자의 능력과 아이디어 경쟁을 해야 합니다. 그리고 창업은 자기 자본으로 하는 것이 아님을 말하고 싶습니다. 자신의 아이디어를 인정받아 정부 지원자금으로 창업을 시작하길 권합니다. 지원자금은 창업할 때 많은 장점이 있습니다. 이러한 내용을 이 책에서 다루고자 합니다.

2010년 1월 창업을 결심하면서 창업에 대한 정보를 인터넷으로 검색했습니다. 그러나 다음과 같은 질문에 대해 답을 찾을 수 없었습니다.

- ↘ 돈 없이도 창업이 가능한가?
- ↘ 창업 아이템 선정은 어떤 기준으로 하나?
- ↘ 창업교육에도 엘리트 코스가 있는가?
- ↘ 퇴사는 언제 하나?
- ↘ 창업 준비 시점은?
- ↘ 창업 시 사업자 등록 시점은?
- ↘ 창업 시 직원고용 시점은?
- ↘ 제품 서비스 개발은 어떻게 하나?

- ⊠ 필요한 인증은?

- ⊠ 사업 탈출 전략은?

- ⊠ 사업구상 시 점검 사항은?

2012년 6월 현재 저는 위의 질문에 대해 답할 수 있게 되었습니다. 그 경험을 저와 같이 창업을 준비하시는 분들과 공유하고자 합니다. 창업 초기부터 경험을 공유하고자 블로그(blog.naver.com/kinetherapy)에 2년 동안 창업 시 학습했던 내용을 빠짐없이 기록했습니다. 블로그 내용은 책을 쓸 수 있는 기본 바탕이 되었습니다. 200분의 전문 강사와 교수님의 창업 관련 강의에 참가하면서 정리한 내용을 주제별로 다시 정리하고, 이를 저의 창업 경험으로 재해석했습니다.

창업은 첫 단추를 잘 끼워야 합니다. 저의 경우는 운이 좋았습니다. 핵심적인 창업교육을 받을 수 있는 기회가 있었기 때문입니다. 이를 발판으로 창업 스쿨 참가, 창업 보육센터 입주, 국책 창업대학원 진학 및 졸업을 하고 나서 창업교육, 컨설팅, 사업 심사에도 참여하고 있습니다. 벤처 대학원 박사과정은 '좋은 질문'을 찾을 수 있는 양질의 환경을 제공해 주고 있습니다. 저는 '좋은 질문'에 대하여 답을 찾아가는 과정에 있습니다. 여러분도 시행착오를 줄이고 성공 창업의 길로 들어서길 기대합니다.

✅ 꿈을 향한 도전

1980년대에 미국은 동경의 대상이었습니다. 'IBM의 사무실 없는 환경'에 관한 뉴스를 본 기억이 납니다. 당시 자신의 노트북으로 장소의 제한 없이 업무를 보는 장면이 인상 깊었습니다. 또한 노트북으로 제품 설계를 하는 모습이 멋있다고 생각되었습니다. 이러한 기억이 저의 꿈이 되었습니다. 그래서 공대에서 기계공학을 전공하고, 대기업 전자회사에서 제품 설계를 했습니다. 그리고 2000년, IT 붐에 편승하여 창업을 하게 되었습니다. 그러나 경험 부족으로 2년 만에 폐업하게 됩니다. 그리고 2003년 로봇 회사에 입사하면서 회사에 뼈를 묻겠다는 생각으로 일했습니다. 그러나 회사의 미션과 비전이 불명확했습니다. 그 속에서 저도 비전을 찾기 어려운 상황이 되었습니다. 이때 경험한 중소기업의 문제점은 창업하는 데 타산지석이 되고 있습니다.

2010년 1월 제품 납품을 위해 출장 간 회사가 위치한 곳에 창업 보육센터가 있었습니다. 그때 창업이라는 단어가 눈에 들어왔고, 담당자를 만나 창업 관련 정보를 메일로 받아볼 수 있게 되었습니다. 그리고 그때부터 창업을 준비했습니다. 지금 돌이켜보면 운이 좋았지요. 인터넷으로 창업 관련 정보를 검색하면 개인 영리 목적으로 창업을 표방한 개인 기관이나 협회가 뜹니다. 이러한 업체에 입주하여 제대로 된 정보나 지원을 받지 못한 채 1~2년씩 허송세월을 보내는 경우도 많이 봤습니다. 또 창업은 사업자 등록증 내는 것부터가 시작이라고 판단하고 그것부터 낸 분들은 지원사업의 혜택을 전혀 받지 못하게 되는 경우도 많습니다.

저는 2010년 4월에 성남창업진흥재단에서 실시하는 성남창업아카데미를 시작으로 경기도 G-창업스쿨, 서울통상산업진흥원(SBA) 하이서울창업스쿨 & 경영컨설팅창업과정, KAIST기술경영전문대학원 기술창업학교, 한국외국어대학교 기술창업학교, 신용보증기금 창업스쿨을 수료했습니다. 총 540시간 동안 창업 관련 각 분야 전문가 200명의 강의를 수강할 수 있었습니다. 창업스쿨에서의 지식을 좀 더 정리할 필요성이 생겨 2011년에는 국책 대학원인 호서대 창업대학원 창업학과에서 경영학 석사과정을 졸업하고, 현재 호서대 벤처대학원 정보경영학 박사과정에 있습니다. 경영에서 핵심 경쟁력을 주제로 사업과 학업을 병행하고 있습니다.

누구나 한번은 창업을 하게 되어 있다

60평생이란 말이 100세 평생으로 바뀌고 있습니다. 현재 한국인의 기대수명은 1971년생 남성의 경우 절반은 94세까지 살고, 같은 해 태어난 여성은 절반이 96세를 넘길 것이라고 합니다. 이른바 '100세 시대'가 코앞에 닥친 것이지요. 한국보건사회연구원이 30~69세 남녀 1000명을 대상으로 한 조사에서 응답자의 43.3%가 90~100세까지 사는 것은 축복이 아니라고 답했습니다. 축복이라고 답변한 경우는 28.7%에 그쳤습니다. 100세 시대가 재앙일지 모른다는 우울한 자기 진단입니다. 100세 시대는 과학과 의학의 진보가 가져다준 선물이지만, 사람에 따라 끔찍한 비극이 될 수도 있습니다. 운 좋게 60세에 퇴직해도 40년을 더 살아야 합니다. 적당한 경제력과 건강이 뒷받침되지 않으면 그 긴 세월이 고통이 될지도 모릅니다. 게다가 서로 아끼고 사랑하는 주위 사람들이 없다면, 누구든 고독한 말년을 보낼 각오를 해야 합니다.

누구나 퇴직을 합니다. 빨리 퇴사하느냐 아니면 늦게 퇴사하느냐의 차이일 뿐입니다. 그러므로 누구든 한 번쯤은 홀로서기 연습을 하게 됩니다. 최근 베이비붐 세대('55년생~'63년생)들의 은퇴 연령이 도래하면서, 직장에서 소위 '고위직'에 근무하다가 어느 날 갑자기 퇴직하게 되어 준비 없이 혼란에 빠지는 경우들을 종종 봅니다. 직장 속에서는 조직에 의해 이루어지는 혜택들이 많이 있지만, 막상 퇴직하고 나면 버스 노선과 지하철 승차 방법도 익히지 못해 이동의 어려움을 겪기도 합니다.

저와 함께 창업스쿨을 다닌 분들 가운데는 CEO로 퇴사하신 분이 많습니다. 회사생활 30년을 하고 온 분 중에는 "좀 더 빨리 이런 과정이 있다는 것을 알았다면 좋았을 것"이라고 말씀하시는 분도 있습니다. 평균연령이 늘어남에 따라 노후 대책의 필요성이 최근 강하게 부각되고 있습니다. 전문 경영인으로 퇴사한 후에 무엇을 할까 고민하지만, 조직 내에서의 회사생활과 퇴사 후 야생에서 직접 회사를 창업하는 과정은 전혀 다른 환경입니다. 창업에 대한 다양한 책들이 나와 있습니다. 그러나 정작 창업에 대해 실제적으로 도움이 되는 말을 해주는 책은 적습니다.

✅ 주변의 동의를 얻자

창업에는 정해진 루트나 포맷이 없습니다. 자신이 창업하면서 진행해온 과정이 곧 길이 됩니다. 어떤 사람이 그 과정을 통해 성공했다고 해서, 그 과정이 다른 사람에게도 같은 성공을 이끌어 주는 것은 아닙니다. 창업은 마치 미지의 세계를 개척하는 것과도 같습니다.

성공 사례보다 실패 사례가 대부분인 것이 현실입니다. 이런 상황에서 창업한다는 것은 험난한 과정입니다. 그렇기에 창업을 위해서는 가족을 포함한 주변의 적극적인 지지가 필요합니다. 저는 2001년 창업에 실패한 경험이 있었고, 그로 인해 주변의 많은 반대에 부딪혔습니다. 그러나 당시 실패의 원인이었던 창업 인프라 부족과 경험 부족을 극복할 수 있다고 생각되어 다시 한번 나를 믿어주기를 바랐습니다.

두 번째 창업을 결심한 이후, 블로그(blog.naver.com/kinetherapy)를 개설하여 모든 진행 과정을 올려놓았는데, 현재 주변으로부터 절대적인 지지를 받고 있습니다. 특히 아내가 좋은 반응을 보이고 있는데, 이는 제가 창업의 어려움을 이겨낼 수 있는 힘이 되었습니다.

✅ 창업자는 경영 수업이 필요하다

창업은 수영에 비유할 수 있습니다. 대기업 오너(owner)의 자제는 미리 경영 수업을 받습니다. 이런 사람들과 한 번도 경영 경험이 없는 회사원은 경쟁이 되지 않습니다. 처음 수영하는 사람에게 수영선수같이 수영하기를 요구하는 것은 이치에 맞지 않습니다. 수영은 수도 없이 물을 먹어가면서 배우는 것입니다. 시간이 지남에 따라 느낌으로 물결을 타게 됩니다. 창업도 같은 이치입니다. 처음부터 잘하리라 기대하는 것은 어불성설입니다. 스스로에게 경영 수업을 시켜야 합니다. 사업은 경험이 중요합니다. 경험 없이 책에서 배운 지식으로 경영을 할 수는 없습니다. 그러므로 창업스쿨에서 자신을 대상으로 경영 수업을 해야만 합니다.

현실은 경영 수업을 할 수 없는 여건입니다. 대기업이나 중소기업에 취직하더라도 경영과 관련된 경험을 하기는 쉽지 않습니다. 경영은 사람, 기술, 자본, 마케팅 전반에 걸친 지휘자와 같은 역할입니다.

기업의 생존율은 평균 3년 생존율 35%, 5년 생존율 15%, 10년 생존율 5%라고 합니다. 창업 기업의 경우 창업 후 3년 후 생존율 49%, 7년 후 생존율 18%, 10년 후 생존율 13%이며, 매년 80~100만 개의 창업, 70~80만 개의 폐업을 반복합니다. 사라토가 벤처파이낸스 조사 결과 첨단 기술 벤처기업 성공률은 아이디어에서 상장까지 6/1,000,000, 투자심사에서 상장까지 6/1,000, VC 투자에서 상장까지 1/10의 확률을 가집니다.

서울시와 서울신용보증재단은 예비 창업자에게 창업교육을 한 결과, 창업교육을 받지 않은 창업자에 비해 사업 생존율이 두 배 이상 높게 나타났다고 밝혔습니다. 2008~2011년 서울신용보증재단의 창업교육을 받고 창업한 업체 중 4년 이내 생존율은 76%입니다. 통계개발원이 2011년 2월에 발표한 서울 지역 신규 창업 업체의 4년 이내 생존율인 36%의 두 배입니다. 또한 창업교육을 수강한 후 '창업을 다시 한번 생각하게 되었다'는 답변율이 24%를 차지해, 창업교육이 무분별한 창업을 방지하는 것으로 나타났습니다.

◎ 아는 만큼 보인다

사업은 사업 아이템에 관한 전문가들이 모여 경쟁하는 곳입니다. 경쟁 업체들보다 조금이라도 차별화가 되어야 살아남습니다. 그러므로 사업을 구성하는 사람, 기술, 자본, 마케팅에 대하여 두루 전문가적인 안목을 가져야 합니다. 전문가는 일반인이 보지 못하는 부분을 볼 수 있는 지식을 가졌기 때문에 비즈니스 모델이 보이는 것입니다. 그러므로 그러한 안목을 기르기 위해서는 부단한 노력이 필요합니다.

사장이 갖추어야 할 4가지 안목은, 사람의 마음을 움직이는 리더십, 핵심 기술을 정의할 수 있는 전문가적 지식, 투자 및 자금조달을 위한 재무관리 능력, 고객을 찾아내고 판매할 수 있는 마케팅 능력입니다.

이 4가지 요소 중 하나라도 빠지면 사업의 연속성이 떨어집니다. 사장은 오케스트라 지휘자보다 뛰어난, 전체를 잘 조율할 수 있는 천재가 되어야 합니다. 부단한 학습을 통하여 다방면에서 안목을 가져야 한다는 것을 강조하고 싶습니다. 코스닥 상장을 준비하고 있는 J 회사는 로봇모터를 전문적으로 만드는 회사입니다. 제가 방문했던 J 회사 사장님은 일주일에 책을 20권 정도 구입해서 읽는다고 합니다. KIST와 ETRI에서 연구원으로 근무했던, 경영 경험이 없는 엔지니어가 어떻게 연 매출 500억 원의 회사를 이끄는 CEO가 되었는지 이해가 가는 부분입니다.

✅ 든든한 주춧돌 창업스쿨

사업 계획서를 혼자 작성하기는 쉽지 않습니다. 이럴 때에는 창업 관련 기관이나 창업스쿨 등의 도움을 받는 지혜가 필요할 것입니다. 실제로 조금만 관심을 기울이면 우리 주변에는 이러한 교육기관들이 많이 있으며, 창업을 준비하는 이들에게 단비와 같은 정부의 지원 사업도 있습니다.

저는 창업하기 전 창업에 대한 전반적인 이해와 세부적인 경영 방법의 필요성을 느끼던 차에 창업교육 프로그램에 대해 알게 되었습니다. 그래서 지역에서 운영하는 창업 프로그램에 참여하게 되었습니다. 당시 저는 회사에 근무했었기 때문에 퇴근 후 재직자를 위한 과정을 30시간 수강했습니다. 회사 일을 마친 후라 몸은 고되고 힘들었으나 마음은 항상 희망에 부풀어 있었습니다. 수강을 마친 후에는 정부의 다양한 지원 프로그램을 접할 수 있었습니다. 서울 및 수도권에서는 다양한 창업스쿨이 운영되고 있습니다. 서울시 산하 서울통상산업진흥원(SBA)에서 진행하는 하이서울창업스쿨, 경기도에서 진행하는 G-창업스쿨, 성남시에서 진행하는 성남창업아카데미 등이 대표적입니다. '기술 창업학교'로 인터넷을 검색하면 많은 정보를 얻을 수 있습니다. 2010년도에 참여했던 기술 창업학교 중에서 외대기술창업학교, KAIST 기술창업학교가 좋았으며, 기타 신용보증기금창업스쿨도 많은 도움이 되었습니다.

창업스쿨에 참여하는 목적은 크게 두 가지입니다.

첫째는 자신의 창업 아이템에 대한 사업 타당성을 초기에 검토해보는 것입니다. 과연 창업을 할 수 있을 것인가를 심각히 고민해 보고, 창업할 수 없는 분들에게는 포기할 기회이기도 합니다. 창업은 자신뿐만 아니라 가족의 생계를 담보로 해야 하는 피 말리는 과정입니다. 창업의 길로 들어선다는 것은 당장 수입이 없을 수도 있음을 의미합니다. 교육은 사업에서 오아시스 같은 역할을 합니다. 사업 시작 전에만 교육을 받는 것이 아니라 사업이 진행되는 동안에도 교육을 병행한다면, 나와 회사를 돌아볼 수 있는 기회가 됩니다. 이는 곧 성공으로 가는 지름길입니다. 교육 프로세스의 도움을 받아 끊임없는 자기혁신을 하고 정보 및 네트워크의 수혈을 받아야 합니다.

둘째는 창업스쿨을 통하여 자신이 창업 관리대상에 포함되는 것입니다. 정부나 지방자치 단체는 창업자에게 관심이 많습니다. 그러므로 창업 관리대상이 되면 창업이나 사업에 도움이 되는 지원 정보를 우선적으로 제공받게 됩니다. 창업스쿨 주관 기관은 배출된 창업자에 대하여 지속적인 모니터링을 실시합니다. 그러므로 여러분은 출발부터 한 발짝 앞설 수 있습니다.

✅ 제3의 자본, 지원자금 활용하기

　제3의 자본은 타인으로부터 빌리는 융자 자금이나 자기 돈이 아닌, 정부나 지방자치 단체에서 지원해주는 자금으로서 상환하지 않는 성격의 자금입니다.

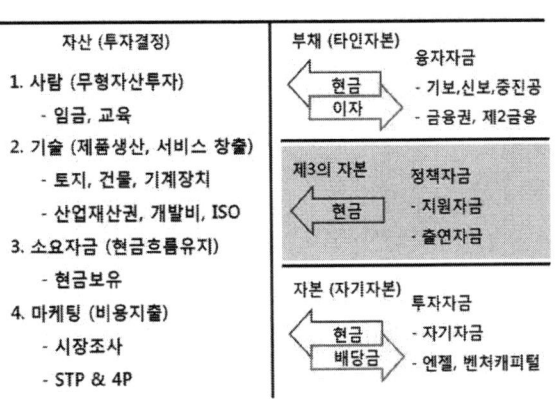

제3의 자본, 정책 자금 활용하기 ►

　일반적으로 창업 시 노후 자금과 은행 담보대출로 창업 자금을 마련합니다. 현재 3년차 창업 성공률은 49%라고 합니다. 2명 중 한 명은 노후 자금을 소진하고 부채를 가진 상태가 되는 게 현실입니다. 창업은 실패 위험이 클 수밖에 없습니다. 창업은 실패의 경험이 쌓여서 성공하는 과정입니다. 그러므로 실패를 경험한다는 가정 하에 창업을 준비해야 실패 위험을 최소화할 수 있습니다. 그러므로 '정부의 지원자금을 이용하여 창업과 경영수업을 한다.'는 자세로 임할 필요가 있습니다. 지원자금을 받기 위해서는 경쟁력 있는 사업 계획서를 준비해야 합니다. 창업스쿨을 통하여 사업 계획서 작성에 대한 체계적인 교육을 받으실 것을 권합니다.

✅ 창업자에 대한 고정관념

고정관념	실제
창업자는 사고하는 자이기보다는 행동하는 자이다	면밀한 계획과 체계적인 사고로 위험을 최소화하려고 한다.
창업자는 후천적이 아니라 선천적으로 되는 것이다.	대학에서 창업교육을 받은 사람이 창업하는 경우가 많다.
창업자는 항상 발명자인가?	발명 이외의 창의적 활동으로 창업한 사람이 많다.
창업자는 학업상이나 사회적인 부적응자가 아닌가?	최근 들어 점차 변하고 있다. 오히려 조직을 잘 다스리는 사람이 더욱 필요해 지고 있다.
창업자는 특정한 프로필을 지녀야 하는가?	창업자와 창업기업의 환경 등이 상호 작용하여 사업의 성패를 가늠함으로 여러 유형의 프로필들이 나올 수 있다.
창업자들에게 필요한 것은 돈이 전부이다.	가장 큰 애로사항이다. 그러나 다른 실패요인들이 더 많다.
창업자는 높은 실패율을 겪을 수 밖에 없다.	실패를 통해 배우며 새로운 기회를 접한다.
창업자는 무모한 도박꾼이다.	창업자들은 모험을 추구하되 계산된 위험을 극복하고 최소화하려고 한다.

창업자에 대한 고정관념과 실제의 차이점

✅ 사업가로서의 자세

창업스쿨에서 처음 접하는 교육내용은 사업가로서의 자세입니다. 창업 이전의 나와 회사 대표로서의 나는 생각부터 달라야 합니다. 사업을 한다는 것은 자신의 변화를 전제로 합니다. 사업이란 모자란 부분을 하나하나 보완해가는 과정입니다. 따라서 천천히 부족한 부분을 채우도록 노력해야 합니다. 사업은 신뢰를 쌓아가는 과정입니다. 창업자의 능력이 사업의 60%를 좌우한다고 판단됩니다. 기술보증기금의 평가항목도 60%가 창업자의 능력과 태도에 관련된 항목들입니다.

처음 창업하시는 분들은 먼저 비즈니스 매너부터 배우기를 권합니다. 비즈니스 매너가 몸에 체화되기 위해서는 2000번을 반복해야 한다고 합니다. 하루에 열 번 정도 인지한다면, 200일 정도 걸립니다. 첫인상의 중요성은 아무리 강조해도 지나치지 않습니다. 투우에서 유래된 것으로 MOT(Moment Of Truth)라는 전문용어가 있습니다. 고객과의 접점의 순간 3~5초 안에 상대방의 이미지가 결정된다는 뜻입니다. 이러한 이미지를 1% 바꾸는 데 72시간이 걸린다고 합니다. 그렇다면 좋은 첫인상은 어떻게 만들까요?

우선 복장예절을 강조하고 싶습니다. 옷은 사람의 성향을 말합니다. 양복을 1년만 입어보시길 권합니다. 긴 소매 와이셔츠는 심리적으로 상대방에게 많은 것을 전달합니다. 아트스피치의 이민영 강사님이 말씀하셨습니다. "1년만 양복을 입고 다녀라. 그러면 비즈니스가 저절로 일어난다."

저는 와이셔츠를 7벌 맞추었습니다. 그리고 양복을 1년 내내 착용해보니 뭘 입을지 고민하지 않아서 좋습니다. 또 따뜻한 눈웃음을 가질 수 있도록 연습하길 권합니다. 웃음도 습관이라고 배웠습니다. 눈웃음은 눈 옆 꼬리를 올린다고 만들어지는 것이 아닙니다. 입가를 귓가로 잡아당긴다는 생각으로 웃을 때 가장 자연스럽습니다. 아침저녁으로 5분 이상 웃는 연습이 필요합니다. 그리고 인사는 자연스럽게 스스럼없이 온몸으로 해야 합니다. 호감을 주지 못하는 인사는 망설이다가 하는 인사, 고개만 까딱이는 인사, 무표정한 인사, 눈 맞춤이 없는 인사, 말로만 하는 인사, 기본 인사말만 하는 인사 등입니다.

✔ 새로운 패러다임, 1인 창조기업

앞으로 선진국 진입을 위해서는 무에서 유를 창조하는 고부가가치 풀뿌리 제조업이 핵심이 될 전망입니다. 제조기술이 필요한 아이디어 제품을 생산하기 위해서는 다양한 인프라가 구축되어야 하므로 개인이 진입하기 쉽지 않은 게 현실입니다. 규모가 1000억 이하인 시장은 대기업이 진출하기 어려운 시장입니다. 이러한 틈새시장을 공략한다면 승산이 있습니다.

기존 제조업은 대량생산 체제로 거대한 설비투자와 인력을 필요로 합니다. 따라서 충분한 자본을 지닌 대기업만이 소비시장의 수혜자가 되고, 중소기업들은 자금난에 허덕이다가 현실에 굴복하고 맙니다. 이러한 사회적 상황에 청년들은 큰 꿈을 꾸지 못하고 도서관에서 대기업 입사를 위해 젊음을 소비합니다. 대기업 입사만이 생계를 유지할 수 있는 길이라는 믿음이 그들을 지배하고 있습니다. 그러나 로봇 기술을 적용한다면 개인도 자신의 아이디어를 쉽게 구현할 수 있습니다. 저는 스위스 시계와 같이 개인이 직접 일괄 생산 가능한 환경을 만든다면, 자신의 아이디어를 상품화하기 위해 혼자서도 제조할 수 있을 것이라고 생각했습니다. 설계부터 요소품 가공, 조립, 출하와 같은 제조 프로세스와 창업 경영 프로세스를 갖춘다면 가능하기 때문입니다. 1인 제조업은 우리 사회에 새로운 인적자원 활용 방안을 제시해줍니다. 이러한 개념을 발전시켜 기술 제조업에 기반을 둔 창업자에게 제조업 인프라와 창업 서비스를 제공하고자 합니다. 이것이 이루어지면 1인 창조 제조 기업과 같은 일자리 창출이 가능해지며, 우리 시대의 큰 문제인 청년실업의 문제도 해결될 것입니다.

또 개인적으로는 산업용 로봇과 비 산업용 로봇의 기획부터 설계, 상품화를 경험하면서 상상했던 아이템들을 실현하고 싶은 도전 정신도 있습니다. 로봇 분야는 한국의 선진국 진입을 위한 고부가가치 패러다임을 제시할 수 있을 것이라고 생각하기 때문에 저는 도전하고 싶습니다.

🔵 명함부터 만들자

창업을 하면서 가장 먼저 해야 할 일은 명함을 만드는 것입니다. 명함은 여러분에게 무형 자산이 됩니다. 창업 준비단계에서는 명함을 통해 미리 영업을 시작할 수 있습니다. 사업은 사업자 등록증을 내고 홍보하면 실패합니다. 미리 명함을 돌리고 홍보를 해야 합니다. 그러면 자연스럽게 수주를 받게 되는 날이 올 것입니다. 명함 하나로도 사업의 성패가 갈릴 수 있음을 명심해서 보완하도록 합니다. 명함의 회사 로고에는 회사의 비전이 담겨 있습니다. 또한 명함의 정보가 고객이 쉽게 인식할 수 있도록 되어 있으면 고객에게 좋은 인상을 줄 수 있습니다. 전화번호, 팩스번호, 홈페이지, 메일 주소, 회사 주소 등의 명함 정보는 회사의 사업 인프라 상태를 간접적으로 판단해볼 수 있게 합니다. 매년 명함에는 개인의 이력이나 회사의 이력이 한 줄 이상 추가되어야 합니다. 회사의 발전과 개인의 발전을 보여줄 수 있어야 하는 것입니다. 명함을 만들면서 기존에 받았던 명함들을 모두 참조하여 가장 잘된 명함을 참조하는 것도 좋습니다.

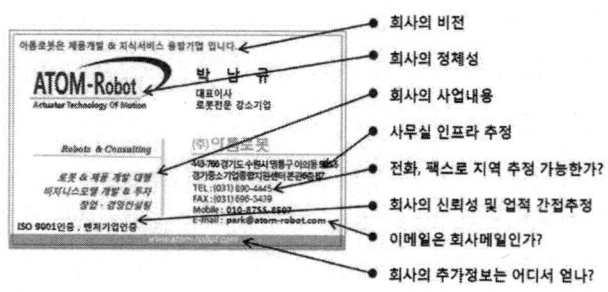

명함은 처음부터 완벽할 수는 없습니다. 우선 회사 로고부터 만듭니다. 회사의 미션과 비전에 맞는 로고를 먼저 그립니다. 이때 파워포인트나 포토샵 프로그램을 이용하면 효과적입니다. 주소 선정은 현재 주소가 집 이외에 없다면, 우선 자신의 친구 사무실 주소로 하는 게 좋습니다. 명함의 목적은 상대방으로부터 신뢰를 획득하는 것입니다. 명함이 가정집 주소로 되어 있다면, 명함으로서 가치가 없습니다.

전화번호 선정에도 유의해야 합니다. 최근에는 070 전화를 사용하는 경우가 많아지고 있는 추세입니다. 그러나 070 전화는 인터넷 전화번호로서 스팸성 전화번호로 인식되기 때문에 추천하고 싶지 않습니다. 요즘엔 전화를 개설하면 두 개의 번호를 받습니다. 하나는 지역번호 02 또는 031 등으로 시작하는 전화번호이고, 또 하나는 070으로 시작하는 인터넷 전화번호입니다. 070은 집 전화로 이용하고, 지역번호

02나 031로 시작하는 번호를 사무실 번호로 사용합니다. 그리고 착신을 설정하여 휴대폰으로 받도록 하면 언제 어디서나 고객전화에 응대할 수 있습니다.

팩스는 인터넷 팩스에 가입하면 인터넷으로 언제 어디서나 확인할 수 있습니다. 또한 스팸성 팩스로 인한 팩스 용지 낭비도 줄일 수 있습니다. 그리고 요즘은 인터넷 팩스 번호를 일반 전화번호로 부여받으므로 대외적으로는 일반 팩스번호로 인식되어 회사의 신뢰성에도 도움이 됩니다.

이메일 주소는 회사 홈페이지 주소와 동일하게 하는 게 좋습니다. 가끔 회사에 속한 직원의 메일 주소가 네이버나 다음으로 되어 있는 경우를 봅니다. 이런 경우 회사의 메일 정보가 체계적으로 관리되고 있지 않다는 부정적인 이미지를 주게 됩니다. 그러므로 홈페이지 도메인을 신청하면서 회사 메일 주소로 메일을 받을 수 있도록 해야 합니다.

도메인 주소는 고객이 유추 가능한 주소로 합니다. 도메인 주소는 회사의 추가 정보를 고객에게 제공하는 통로입니다. 그러므로 도메인 주소 선정 시 고객의 입장에서 이해하기 쉽고 유추 가능한 주소로 하여 쉽게 접근이 가능하게 해야 합니다.

회사의 신뢰성을 주는 인증은 당장은 국가 인증이 없다면 수상 내역 등이라도 한 줄 넣도록 합니다. 포장이 필요한 것이지요.

◈ 미션과 비전의 중요성

미션과 비전은 사업을 하는 이유입니다. 내가 사업을 해야 하는 이유가 충분할 때 나 자신을 설득할 수 있으며, 나와 함께하는 회사 직원들을 설득할 수 있습니다. 이를 리더십이라고 합니다. 리더십을 짧게 정의하면, 스스로 일을 하고 싶도록 만드는 영향력이라고 할 수 있습니다. 회사 동료는 창업자의 미션과 비전에 동의하여 회사에 들어온 것입니다. 그리고 스스로 비전을 위하여 열심히 일합니다. 그러므로 미션과 비전은 창업의 원동력입니다.

미션은 사업을 해야 하는 명분입니다. 영어로는 must에 해당됩니다. 미션은 사업에 대한 당위성을 제공해주는 토대입니다. 세상에서 사업이 존재하는 이유입니다. 저의 창업 미션은 '고객의 꿈을 구현하는 회사'입니다. 비전은 사업의 목적입니다. 영어로는 want에 해당됩니다. 비전은 사업의 목표이며 원하는 꿈입니다. 저의 단기 비전은 5년 안에 사업이 궤도에 오르는 것입니다. 매출액 20억에 순이익 8억이 되는 회사입니다. 그리고 장기 비전은 '사회에 기여하는 일을 하는 회사'입니다.

미션과 비전이 명확할 때, 우수한 직원들이 모여듭니다. 구글, 페이스북, 애플사는 모두 원대한 미션과 비전을 공유했기에 지금의 성공을 이루었습니다. 회사의 미션과 비전은 창업자의 생각에서 나옵니다. 내가 창업을 하면서 왜 사업을 하는지에 대한 명확한 답변이 있어야 합니다. 내가 가장 하고 싶고 좋아하는 일로 사업을 해야 합니다. 그리고 가장 하고 싶은 것을 목표로 비전을 만들고 사회적 미션도 만들어야 합니다.

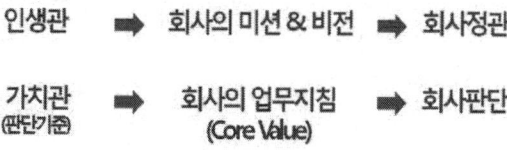

미션·비전의 역할

✅ 나만의 1등 전략 - 브랜드

창업은 남이 하지 않는 분야를 찾아서 고객에게 1등 가치를 제공하는 일입니다. 창업자는 제품이나 서비스를 생산하면 잘 팔릴 것이라고 착각합니다. 그러나 후발 주자는 제품의 품질과 가격 경쟁력이 뛰어나도 판매가 쉽지 않습니다. 그러므로 남들이 하지 않는 틈새를 찾아내는 것이 가장 중요합니다. 이를 1등 전략이라고 합니다. 대기업이나 중소기업이 제공하는 제품은 대량생산을 해야만 회사가 유지되는 속성이 있습니다. 그러므로 소비자의 세세한 요구를 모두 만족시켜주지 못합니다. 특히 감성적인 부분에서는 더욱 그렇습니다.

감성적 소비에 대한 컨셉트(concept)를 명확히 이해하면 사업에 많은 도움이 됩니다. 감성적 소비는 편리함, 신분 상승, 안정감, 해방감, 동질감, 정의감, 풍요로움, 공헌 보람, 여유, 정확성, 효율성, 존중감, 존재감을 고객에게 제공합니다. 예를 들면, 소비자의 마음에 '세상에 하나밖에 없는 것'이라는 생각이 들면, 똑같은 제품이 넘쳐나는 세상에서 자신만을 위한 제품을 소유하고 있다는 데서 오는 '존재감'을 가지게 됩니다. 그러므로 가격이 비싸더라도 구매를 하게 됩니다. 또한 공정무역 제품과 같이 제품이 조금 비싸더라도 '누군가를 돕는다는 생각'에 제품을 구입하게 됩니다.

✅ 블랙슈트를 입자

블랙슈트는 외모를 작아 보이게 합니다. 검은색과 대비되어 자신의 얼굴이 똘똘하게 보이는 장점이 있습니다. 이러한 이미지는 사람을 겸

손하고 스마트해 보이게 합니다. 제가 블랙슈트를 입으라고 권하는 또 다른 이유는 상대방을 편하게 대할 수 있게 하기 위한 것입니다. 사업가는 어두운 색깔의 양복을 착용해야 합니다. 저처럼 키가 185cm에 85kg인 체격은 상대방에게 위압감을 줄 수 있습니다. 그러므로 일반 평상복은 상대방에게 고스란히 저의 덩치를 노출시킵니다. 저를 처음 만난 분들이 한결같이 하시는 말씀은 '위압감을 느낀다'는 것이었습니다. 이러한 고민을 해결하기 위한 전문 코디네이터의 조언은 '검은색 양복을 입으라'는 것이었습니다. 실제로 검은색 양복을 입고 나서는 상대편을 좀 더 편하게 해줄 수 있었습니다.

블랙슈트는 대화 시 상대방의 얼굴에 집중할 수 있도록 해줍니다. 블랙홀과 같이 상대방의 대화를 경청하라는 의미입니다. "사업가는 검은 양복을 입어라"의 속뜻은 자신을 드러내기보다는 상대의 생각을 이해하는 데 집중하라는 의미입니다. 명함에는 사업가의 개인 능력이 드러나지 않는 것이 사업에 유리하다고 합니다. 회사의 대표이사 외에 박사나 자격증이 표시되어 있으면 상대는 좋은 감정보다는 '잘났어' 하는 거부감이 마음 한쪽에 자리 잡는다는 것입니다. 그리고 사회적 지위에 대한 역학 구도로 편안한 마음으로 대하기 어려워집니다. 그러므로 명함은 사업상의 명함과 자신을 드러내는 명함을 따로 준비할 필요가 있습니다.

✅ 창업은 특권이다

창업은 결혼과 같습니다. 한 번 창업을 하게 되면 되돌릴 수가 없습니다. 사업자 등록증을 내는 시점을 기준으로 하여 1년 미만인 기업은 국가나 지방자치 단체로부터 다양한 혜택을 받습니다. 이런 혜택을 받기 위해서는 사업 계획서를 제출해야 합니다. 그러나 많은 창업자들이 이러한 혜택을 받지 못하고 있습니다. 창업스쿨에서의 무료 교육, 창업보육센터의 보육 공간 제공 및 시제품 1000만 원 지원, 예비 기술 창업자 육성사업 5000만 원 지원 등 다양한 지원 사업이 기다리고 있습니다.

창업을 결심했다면 우선 사업 계획서를 작성하는 것이 중요합니다. 경쟁력 있는 사업 계획서는 교육을 통해서 가능합니다. 실제로 비슷한 아이템이지만 사업 계획서 작성 결과에 따라 평가 결과가 달라집니다. 사업에 대한 성공은 창업자가 가장 잘 알고 있습니다. 그러나 아무리 실력이 있더라도 표현력이 떨어지면 창업 혜택을 받지 못할 수 있습니다. 그러므로 창업스쿨을 통하여 기본적인 사업 계획서 작성에 대한 교육을 받을 것을 추천합니다.

무직자도 무료 교육을 받을 수 있습니다. 현재 직장이 없는 분들을 위하여 일 년에 200만 원까지 무료로 원하는 교육을 받을 수 있도록 카드를 발급하고 있습니다. 직업능력 개발 계좌제 제도로, 회사를 퇴직한 분이나 구직자 모두에게 해당되는 제도입니다. 각 지역 가까운 고용지원 센터에 가면 개발 계좌제 담당 직원이 상주하고 있습니다. 훈련비의 80%는 정부가 지원하고, 20%는 본인이 부담하는 것입니다. 자격증 및 직무교육을 받을 수 있으며, CAD 설계, 전산 회계 프로그램 교육, 미용 서비스 직업교육, 음식 관련 주방장, 조리사 자격증 등 다양합니다. 교육기관은 직업능력개발훈련정보망(www.hrd.go.kr)에 들어가면 확인이 가능합니다. 수원 지역의 경우 KIT능력개발원(www.kitedu.or.kr) 등이 있습니다.

✅ 회사 시스템 구축하기

사업은 경쟁력을 확보하는 데서 시작됩니다. 남들보다 빠른 시간 내에 의사결정을 할 수 있는 시스템 구축이 가장 핵심 경쟁력입니다. 시간과 장소의 제한을 받지 않고 업무를 처리할 수 있다면, 1인 창업 기업으로서 사무실의 유지비용을 크게 절감할 수 있습니다.

창업 초기에는 혼자 처리해야 할 일들이 많습니다. 그러므로 시간과 장소에 상관없이 업무를 처리할 수 있기 위해서는 사무실이 아닌 다른 장소에서도 인터넷을 이용할 수 있는 시스템이 있어야 합니다. 이러한 사무실 구현은 몇 년 전만 해도 불가능했으나, 2년 전부터 스마트폰이 보급되면서 가능해졌습니다. 스마트폰의 테더링 서비스를 이용하면 무선 인터넷이 가능합니다. 5만 5천 원의 스마트폰 약정으로 인터넷 무제한 서비스가 가능합니다. 예전에는 사무실에서만 가능했던 일 중의 하나가 팩스였습니다. 그러나 현재는 인터넷 팩스로 일 년에 2만 4천 원이면 팩스 서비스가 가능합니다. 전화는 핸드폰으로 해결이 가능하지만, 일반 전화로도 착신을 해놓으면 사무실로 오는 전화를 핸드폰으로 받을 수 있습니다. 그리고 업무의 대부분은 메일로 해결합니다. 인터넷을 통하여 즉시 메일을 확인할 수 있어서 바로 대응이 가능합니다. 메일은 일의 결과물이자 기록물입니다.

건강도 시스템적으로 관리합니다. 창업은 개인의 경쟁력에 의존하기 때문에 건강이 가장 좋은 사업 밑천입니다. 건강 유지를 위해서는 매일 지속적으로 운동할 수 있는 시간을 확보해야 합니다. 한 가지 팁은, 운동과 아이디어 구상과 정보를 받아들이는 일을 동시에 할 수 있는 방법으로서 러닝머신이 좋습니다. 신문이나 TV를 청취하면서 운동할 수도 있고, 사색하면서 러닝머신을 하면 생각이 정리됩니다.

✅ 회사 홈페이지는 사업 계획서가 완성되었을 때 만들자

처음 창업하게 되면 회사를 알리고 싶은 마음이 앞섭니다. 그러나 사업 계획서를 작성한 후에 홈페이지를 만드는 게 좋습니다. 하려는 사업에 대한 명확한 정의가 되어 있지 않은 상태에서 홈페이지를 만들면 시행착오를 거치게 됩니다. 웹 디자이너 또한 적절한 그림을 디자인하지 못합니다. 그러므로 이러한 시행착오는 홈페이지 구축비용 단가만 높일 뿐입니다. 반면 좋은 사업 계획서는 명확한 미션과 비전 아래 제품의 특징, 사업계획 등이 명확하므로 홈페이지 구축이 용이합니다. 결과적으로 저렴한 가격에 홈페이지를 구축할 수 있습니다.

✅ 사업도 성적순이다

첫 단계는 창업스쿨 과정을 다니는 것입니다. 그리고 지원사업과 벤처기업 인증, 정부 출연자금 순으로 진행합니다. 이러한 과정은 단계별 실적을 기반으로 기업을 평가하게 됩니다. 가점을 받기 위해서는 창업스쿨에서부터 실적관리가 필요합니다. 지원 사업에도 가점이 있습니다. 예비 기술 창업자 육성사업에서 가점 항목은 다음과 같습니다.

- ☒ 신청 과제와 관련된 특허권 및 실용신안권 보유자
- ☒ 최근 2년 이내 중소기업청 주최 창업 경진대회 입상자(지방청 시행대회 포함)
- ☒ 명장 또는 기능 경기대회 입상자
- ☒ 여성(창업 기업의 경우 대표자)
- ☒ 장애인(창업 기업의 경우 대표자)

- 최근 2년 이내 한국발명진흥회 대한민국 발명특허 대전 수상자
- 최근 2년 이내 중소기업청 및 중앙정부 지원 창업교육 과정 이수자

창업스쿨에서는 결과물로 사업 계획서를 제출합니다. 그리고 사업 계획서 평가를 통하여 1등에게는 기관장상을 수여합니다. 저의 경우 KAIST 기술창업학교에서는 KAIST 총장상, 한국외대 기술창업학교에서는 경기지방 중소기업청장상, G-창업프로젝트에서는 경기도지사상을 받았습니다.

여성은 창업교육 과정을 이수하는 것만으로도 다른 창업자보다 지원 사업에 선정될 확률이 높습니다. 정부 출연사업의 가점 항목은 다음과 같습니다.

- 특허 및 실용신안 등록 건수(보통 5건 이상)
- KS, ISO, NEP 등의 인증 허가
- INNO-BIZ 인증기업
- 기업 부설 연구소 인증기업
- 벤처기업 등록
- 부품 소재 전문기업 확인
- 여성 대표 기업

◆ 사업탈출 전략

창업을 시작할 때 사업탈출을 고려한 사업전략이 수립되어야 합니다. 벤처 창업 투자자로부터 다음과 같은 조언을 들었습니다. "아파트

를 분양하기 전에 모델 하우스를 지어서 미래를 보여주듯이, 사업도 분양을 하듯 모델 하우스를 잘 구성해야 한다."라는 것입니다. 창업은 두 가지 관점에서 생각해야 합니다. 굵고 짧게 갈 것인가, 아니면 가늘고 길게 갈 것인가?

굵고 짧게 가는 것은 코스닥 상장이나 M&A를 통하여 기업을 분양하거나 파는 것입니다. 예로서 사업 파트너로 있는 미국 실리콘밸리의 벤처기업을 운영하는 A 사 사장님께 회사의 목표에 대해 물어볼 기회가 있었습니다. 2011년에는 모터 판매로 350만 달러의 매출을 달성했습니다. 향후 1000만 달러의 매출을 올릴 시점에, 1000만 달러에 회사를 타사에 M&A로 판매하는 것이 목표이고, 그 이후에는 로봇 회사를 다시 설립할 계획이라고 했습니다. 우리나라에서는 M&A를 목표로 회사를 창업하는 경우에 대해 들어보지 못한 것 같습니다. 현실적인 선택은 회사를 코스닥에 상장하거나 M&A를 통해 회사를 파는 것입니다.

반면 길고 가늘게 가는 경우는 회사를 통하여 순이익이 많이 나는 알짜회사가 되는 것입니다. 외부 자본의 수혈 없이 자기 자본만으로 회사를 발전시켜나가는 방법입니다. 여러분은 '사업을 하는 목적이 무엇인가?'에 대한 답을 먼저 찾아야 합니다.

✅ 창업자를 등치는 사기꾼 유형

창업자는 도움에 목말라 있습니다. 이러한 창업자의 절박함을 이용하는 사기꾼도 있습니다. 창업스쿨에서 있었던 일입니다. 성공 창업자가 강의를 하게 되었고, 강의 후에는 명함을 교환했습니다. 그리고 얼마 후 다음과 같은 메일을 받았습니다.

"박남규 사장님, 네, 일익 번창 기원해주셔서 감사합니다. ^^ 아! 그리고 처음 뵈었지만 굉장히 적극적이신 느낌이 들어 성공하실 것이라 확신합니다. 그러한 차원에서 좋은 '재테크 기회'를 공유드릴 수도 있으니 관심 있으시면 말씀 주세요. 3주 안에 좋은 효과를 보실 겁니다. 대전 사장들 간의 비밀 모임에서 추진 중인 프로젝트인데, 참여하시게 되면 좋은 인맥도 알아가시게 될 거예요. 처음 뵈었지만 느낌이 좋아서 운을 떼어보았습니다! 부담 갖진 마십시오. ^^

"메일 잘 받았습니다. 저희 모임에서는 매번 여러 가지 재테크를 하는데, 이번에는 시세가 떨어진 현 골프 회원권을 저희 모임에서 대량으로 저렴하게 구매해서, 차후 시세 차익을 높여 되파는 방법으로 재테크를 하려 합니다. 기간은 3주이고요, 원금과 원금의 10% 수익을 냅니다. 1천만 원 투자 시 1천 1백만 원 회수. 첫 번째 투자 시에는 해당 투자의 메커니즘은 블랙박스로서 상세히 알려드리진 않습니다. 그러나 두 번째 투자부터는 모임 회원도 될 수 있고 메커니즘도 알려드리게 됩니다. ^^ 생각 있으시면 말씀 주세요. 좋은 기회일 것으로 판단됩니다. 다만 시간이 촉박합니다. 이번 투자에 참여하시려면 오늘, 내일 중에는 참여를 하셔야 될 것으로 판단됩니다!"

자신의 지위와 신뢰를 이용한 사기행각을 벌이고 있었습니다. 얼마 지나지 않아 직원들의 임금이 체불되는 상황까지 간 것으로 알고 있습니다. 또 창업 기업의 방송 홍보용 촬영을 미끼로 접근하는 경우도 있었습니다. 이런 경우는 여러 번 있었습니다. 성공투데X 제작 프로그램

담당 PD라는 사람이 촬영을 위해서 돈을 요구하는 경우와 이데일X 기자를 사칭한 자로부터 회사홍보 조건으로 착수금을 요구하는 경우도 있었습니다.

그리고 투자자를 사칭하는 경우도 있습니다. 투자를 하려고 하는데 빨리 투자를 해야 하므로 필요 서류를 보내달라는 내용입니다. 2012년 벤처기업 인증을 받고 난 후였습니다. 얼마 지나지 않아 다음과 같이 전화가 왔습니다.

"여긴 벤처XX협회인데 벤처기업 인증을 받은 기업에 대하여 홈페이지를 구축하는 지원 사업으로, 매달 3만 원만 내면 홈페이지 도메인과 홈페이지를 구축해 줍니다."라는 내용이었습니다. 만약 제가 홈페이지 도메인에 대한 내용을 몰랐다면 굉장히 좋은 조건처럼 보였을 것입니다. 그러나 도메인 등록비가 연 2만 4천 원이면 되는데, 이렇게 약정을 더하여 사기를 치려는 시도를 한 것입니다. 이처럼 창업자는 사기 당할 수 있는 환경에 노출되어 있으므로 조심해야 합니다. 세상에는 공짜가 없다는 사실을 명심해야 할 것입니다.

✅ 자금조달에도 순서가 있다

창업자금으로 가장 유리한 조건의 순서는 다음과 같습니다. 지원자금, 출연자금, 융자자금, 투자자금 순입니다.

지원자금과 출연자금을 합쳐서 정책자금이라고 합니다. 정책자금은 국민의 세금으로 조성된 자금입니다. 정책자금은 사업 계획서 상의 목표를 충족시키면 지원받은 자금을 상환하지 않아도 되는 자금입니다. 이를 필자는 제3의 자본이라고 이름 붙였습니다. 지원자금은 예비 창업자와 창업 초기 기업에 집중되어 있습니다. 그러므로 창업 초기에는 지원자금을 꼭 받도록 합니다. 출연자금은 창업한 지 3년 이상 되고 5명 이상의 직원과 매출 규모가 있는 기업에 지원합니다.

지원자금은 지원 주관 기관에 따라 정부 지원자금, 시도 지방자치 단체 자금, 협회자금으로 구분할 수 있습니다. 정부 지원자금의 대부분은 중소기업청 창업진흥원에서 집행 관리하고 있습니다. 금액도 가장 커서 5000만 원까지 지원됩니다. 시도 지방자치 단체 자금으로는 정부와 지방자치 단체 자금이 혼합되어 지원됩니다. 주로 각 지역별 테크노파크를 통해 2000만 원까지 지원됩니다. G-창업프로젝트나 서울시1000프로젝트는 지방자치 단체 지원자금입니다. 아이템 별로 지원하는 자금도 있습니다. 진흥원이라는 이름이 붙은 협회가 대표적입니다.

출연자금은 중소기업청 산하 산업기술 평가관리원에서 주관하고 있습니다. 출연자금을 받기 위한 조건은 벤처기업 인증, ISO 인증, 기업 부설 연구소 보육, 4대 보험에 가입된 5명 이상의 직원을 보유한 기업으로, 3년 이상 된 기업에 해당됩니다. 지원금액은 1억 원 이상으로 기간도 1년에서 3년 정도 됩니다.

다음으로 저리 융자자금입니다. 융자자금을 상대적으로 좋은 조건으로 받을 수 있는 곳으로는 기술보증기금, 신용보증기금, 중소기업 진흥공단이 있습니다. 기술보증기금과 신용보증기금은 국민의 세금을 재원으로 하고 있습니다. 반면에 중소기업진흥공단은 대출금 재원을 채권을 팔아 자금을 조달합니다. 만약 대출 손실이 나게 되면 국가에서 책임지는 형태입니다.

기술보증기금은 초기 기술 창업기의 사업성을 평가하고 은행에 지급보증을 통하여 대출하는 무담보 대출자금입니다. 평가 결과로 벤처기업 인증을 받게 됩니다. 8000만 원 이상 은행으로부터 대출이 되면 벤처기업 인증을 받을 수 있습니다. 담보금리는 5.9% 정도 됩니다. 또한 담보대출 시 마이너스 통장으로 개설하여 실질적인 대출이 일어나지 않으면 금리 비용을 절약할 수 있습니다. 신용보증기금은 주로 기술창업 이외의 일반 창업자를 대상으로 대출하고 있습니다. 그러므로 매출 실적이 있어야 대출이 가능합니다. 중소기업진흥공단의 경우 재원이 채권으로 조달되므로 금리가 상대적으로 비싼 편입니다. 융자 대상은 출연자금을 받기 위한 조건에 스타기업 인증, 매출 20억 원 이상의 규모가 있는 기업을 대상으로 하여 매출 기준으로 담보대출을 하는 형식입니다.

투자자금에는 엔젤투자와 벤처캐피털 자금이 있습니다. 창업기업을 대상으로 개인 자금으로 투자한 사람을 엔젤 투자자라고 합니다. 엔젤투자는 초기 설립단계 기업에 대하여 친척, 친구, 지인이 투자를 하며, 성공 확률은 1%로서 성공 시 수백 배의 수익률을 올립니다.

벤처캐피털은 상장 가능성이 있는, 연 매출 50억 원 정도에 직원 50명 이상의 기업을 대상으로 3년 정도 투자하여, 코스닥 상장이나 M&A를 목표로 투자수익을 올립니다. 그러므로 투자자금을 받는 것은 기업의 경영 환경에 성장의 기회와 리스크를 키우는 것입니다. 벤처투자는 투자 상담 2500건 중 실제 투자가 46건으로 2%만이 실제 투자로 연결됩니다. 벤처캐피털은 성장단계의 기업이나 상장 직전의 기업에 대하여 투자펀드나 기업이 투자를 하며, 성공 확률은 10%에서 20%로서 성공 시 수십 배의 수익률을 올립니다. 투자 방법으로는 신주인수, 전환사채, 신주 인수권 부사채, 약정투자 방식이 있습니다. 현재 100여 개의 벤처캐피털이 활동하고 있습니다. IT, BT, 엔터테인먼트, 교육, 에너지, 환경이 주요 투자대상입니다. 자금 회수는 IPO로 하며, M&A 비율은 15% 정도로 증가 추세입니다.

벤처기업의 상장 시점은 매출액 기준 100억 원 이상으로, 당기 순이익 20억 이상 실적이 2년 이상 지속되어야 합니다. 기업가치 평가 및 벤처캐피털 지분 계산은 매출 100억 원 당기 순이익 20억 원인 회사의 경우 30~40% DC하여 당기 순이익 10억 원으로 인정받아, 10배수로 하여 100억 원 가치의 기업으로 인정합니다. 회사 자본금이 1억 원인 경우 20억 원 투자를 받으면 100억 원에 대한 20%의 지분을 인정하므로 주식은 2000만 원 액면가를 VC가 인정받습니다.

✅ 매출이 발생할 때 퇴사한다

퇴사는 언제 하는 것이 좋을까?

필자는 2010년 6월 1일 퇴사했습니다. 그리고 같은 해 9월 30일 개인 사업자로 등록했습니다. 창업스쿨을 통한 실제적인 창업 준비 시점부터 따지면 9개월 정도 소요된 셈입니다. 제 판단으로는 창업 준비를 시작한 후, 좀 빠르게 창업한 면이 있습니다. 그러나 필자의 경우는 굉장히 운이 좋은 편입니다. 일반적으로 창업교육 기간 6개월, 지원 사업을 통한 제품화 12개월, 제품 영업 6개월로 따지면 2년의 기간이 소요됩니다. 그러므로 창업스쿨을 시작으로 해서 제대로 준비를 한다면 2년 후에 사업자 등록을 하게 됩니다. 이 기간에 생계를 유지할 수 있는 기반이 준비되어 있어야 합니다. 회사에 다니면서 준비를 하든지, 퇴사하고 2년은 버틸 수 있는 아르바이트를 하든지 하면서 생계 대책을 세워놓아야 합니다.

✅ 사업전략 수립은 어떻게 하나?

　사업의 최상위 목표는 미션과 비전입니다. 미션과 비전이 명확해야 장기목표와 단기목표가 정해집니다. 또한 목표를 이루기 위하여 한정된 자원을 효율적으로 운용할 전략과 전술이 완성됩니다. 전략은 환경 분석을 통해 도출된 SWOT 분석을 통해서 구체화됩니다. 전략을 집행하는 구체적인 전술로는 STP, 4P, IMC 등의 마케팅 프로세스가 있습니다.

　사업전략 수립을 위한 구성 요소를 그림으로 정리했습니다.

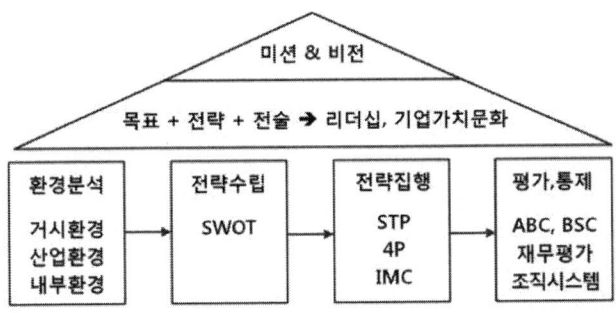

사업전략 수립을 위한 구성 요소

✅ 제품 개발에도 수준 차이가 있다

　저의 전공은 설계이론입니다. 현업에서 제품 개발로 15년 정도 설계를 해왔습니다. 현재도 ODM 개발로 회사를 운영하고 있습니다. 예전에 G-창업 프로젝트에 같이 계셨던 분이 여행용 가방을 개발하기 위하여 저에게 조언을 받고자 찾아오셨습니다. 5000만 원 규모의 지원과제를 받으셨다고 합니다. 실제로 본인 부담금을 제외하면 3000만 원 정도의 예산으로 사출성형을 위한 금형까지 만들어야 했습니다. 설계 프로그램을 다룰 줄 아는 사람을 소개해달라는 요청을 받았는데, 저는 개발자 선별 기준에 대하여 아래와 같이 설명을 드렸습니다.

설계자라고 다 같은 설계자가 아닙니다. 그림을 그리는 것과 작품을 제작하는 것에는 차이가 있습니다. 설계 프로그램인 캐드(CAD, Computer Aided Design)는 누구나 조금만 교육 받으면 다룰 수 있습니다. 외관 디자인 설계에는 제품성이 반영되어 있지 않습니다. 시장에서 팔 수 있는 제품을 설계하기 위해서는 설계자의 다양한 능력이 필요합니다. 이러한 능력이 하나씩 추가될수록 설계비가 올라갑니다. 설계 능력은 다음과 같이 분류할 수 있습니다.

- 제품 사양을 정의할 수 있는 전문 지식과 경험
- 제품의 경쟁력을 확보하기 위한 원가설계 능력
- 제품 성능 대비 원가를 만족시키는 부품선정 능력
- 염가로 금형 제작을 할 수 있는 형상설계 능력
- 공정조립의 효율을 고려한 양산설계 능력
- 부품 교환이 쉽도록 AS를 고려한 설계 능력
- 타제품과의 부품 호환성을 고려한 설계 능력

자동차 회사가 컨셉트 카를 내놓지만, 실제 출시된 자동차가 컨셉트 카의 멋진 이미지를 반영하지 못하는 이유는 현실을 반영한 설계를 해야 하기 때문입니다. 예를 들면, 기존 자동차에 적용된 부품의 70% 이상을 활용해야 하고, 제조원가 목표를 만족시키기 위해서는 컨셉트 카의 개발목표 사양과는 다른 제품 설계가 이루어져야 하는 것입니다.

✅ 사업 아이템은 작은 것부터 시작하자

창업 아이템은 작고 구매결정이 쉬운 가격대와 판매 장벽이 없는 아이템이 좋습니다. 의료용 제품의 경우 판매 장벽이 있어서 제품이 시장에 출시되기 위해 인증을 통과하는 데 시간과 비용이 많이 투자됩니다. 그러므로 신생 기업이 시작하기에는 위험이 큽니다. 대기업과 경쟁해야 하는 사업 아이템은 피해야 합니다. 로봇 청소기와 같이 50만 원에 판매하여 1만 원 남는 사업은 피해야 합니다. 시중에 판매하기 위해서는 최소 1,000대는 생산해야 합니다. 초도 물량으로 5억이 됩니다. 대금회수까지 1년이 걸릴지도 모릅니다. 그리고 순이익이 1,000만 원 남는다면 절대 하지 말아야 합니다.

저와 함께 창업교육을 받았던 이○○ 사장님은 매월 300만 원의 순이익이 통장으로 들어오고 있습니다. 그분의 사업 아이템은 9900원 이하의 가격으로 온라인 쇼핑몰에 판매하는 제품입니다. 이분의 사업 아이템 선정 기준은 다음과 같습니다. 제품의 판매가격 목표는 1만 원 전후로서, 고객이 쉽게 구매결정을 할 수 있는 가격대입니다. 제품 디자인을 단순화해서 부품 수를 최소로 설계하여 1개 또는 2개로 기능 구현이 가능한 제품입니다. 제품 원가는 포장비까지 총 1000원을 넘지 않도록 하여 대리점이 충분한 마진을 확보하게 함으로써 직접 영업을 하지 않아도 됩니다. 전기나 전자 부품을 사용하지 않는 디자인으로서 고장이 없어 반품에 의한 손실도 없습니다.

✅ 제품 개발에도 순서가 있다

　2010년 6월 김OO 창업자는 제게 제품 개발에 대하여 문의했습니다. 시제품 개발에 금형비 1억을 투자한 상태였습니다. 제품 개발에 경험이 없다 보니 100만 원으로 만들 수 있는 시제품을 무려 1억에 제작한 상태였습니다. 이러한 시행착오는 주변에 많습니다. 시제품은 10개 미만인 경우는 3D 데이터를 생성하여, 3D 프린터로 간단하게 제작해볼 수 있습니다. 테스트용 제품으로 100개 미만은 진공 주형으로 임시 형틀을 만들어 몇 백만 원 예산으로 만들 수 있습니다. 양산 제품으로 2000개 미만은 QDM으로 양산할 수 있습니다. 이렇듯 제품 개발 단계별로 시장의 반응에 따라 다양한 제품 생산방법을 선택할 수가 있습니다.

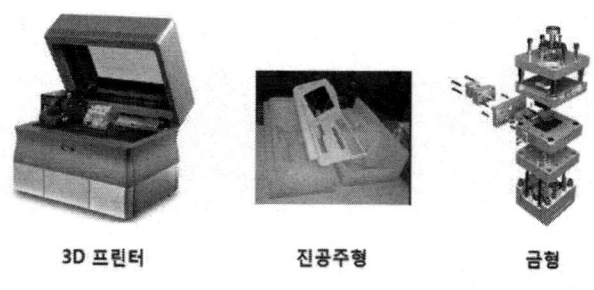

3D 프린터　　　**진공주형**　　　**금형**

시제품 개발 솔루션

✅ 창업은 일찍 할수록 좋다

　창업을 일찍 할수록 좋은 이유는 남들보다 먼저 실패를 경험할 수 있기 때문입니다. 한 살이라도 젊었을 때의 실패는 회복도 빠릅니다.

이러한 실패를 극복한 경험은 사업에 대한 자신감으로 승화됩니다. 대한민국은 학업을 위해서 창업을 늦추게 됩니다. 대학을 졸업하고, 사회경험을 쌓고, 결혼을 위해 대기업에 입사합니다. 이후에 자신의 사업을 준비합니다. 반면 미국의 경우 학생 때부터 자연스럽게 비즈니스를 경험하게 됩니다. 실패도 먼저 경험하면서 경영자로서의 자질을 키워나갑니다. 인생에서 20년 먼저 창업을 경험하고 사업을 하게 됩니다. 미국의 벤처 사례를 보면 무모할 정도입니다. 일단 부딪혀보고, 실패하더라도 다시 시작할 수 있는 여건이 됩니다. 반면 대한민국은 이런 창업의 실패를 용납하지 않는 사회입니다. 그러므로 신중하게 창업을 준비할 수밖에 없습니다.

✅ 대학 졸업장 없는 억만장자들

예전에는 사회적 지위를 대학 졸업장과 동일시했습니다. 그러므로 대학을 졸업하면 능력도 인정받는 분위기였습니다. 그럼 지금은 대학을 나오지 않아도 능력을 인정받을 수 있을까요? 저는 아니라고 생각합니다. 인생에서 공부는 필수입니다. 어려운 난관을 헤치고 앞으로 나가기 위해 가장 좋은 멘토는 책입니다. 많은 책을 읽고 깨달음을 얻는 과정이 공부입니다. 이왕 책을 읽고 공부한다면 학교의 정규 과정을 통해서 같은 관심사를 가진 학생들과 네트워크를 형성하는 것이 더 좋습니다. 학위 과정을 위해서 물적·심적 노력이 더 필요할 수 있습니다. 그러나 현장에서 공부를 하면 공부한 것에 대한 가시적 결과를 만들 수 있습니다. 대학 졸업장이 없는 억만장자들이 과연 공부를 그만큼 안 했을까 생각해봅니다. 미국은 땅이 넓고 이민자들의 천국입니다. 그러므로 출신연고를 덜 따집니다. 반면 대한민국은 출신연고를 더 따질 수밖에 없는 구조입니다.

삼성경제연구소에서 펴낸 『대학에 가지 않아도 성공하는 세상』 (2012. 5. 30)을 보면서 느낀 겁니다. 해결책으로 고졸 인력이 수행 가능한 직무를 개발하고, 일자리에 부합하는 인력 공급을 위한 교육 프로그램을 개발하며, 능력 위주의 공정한 인사제도를 구축하고, 학력 중시 풍토를 개선하기 위하여 고졸자 성공사례를 발굴해 비전을 제시한다는 내용입니다. 그런데 여기에 한 가지 오류가 있습니다. 고졸자의 졸업 목표가 기업에 입사하는 데 초점이 맞춰져 있다는 점입니다. 하는 일은 기술직, 영업 관리직에 한정됩니다. 결론적으로, 남의 밑에서 열심히 기술이나 영업을 배워 회사에서 인정받아 사장이 되라는 것입니다. 회사에서 사장까지 오르기 위해서는 경쟁을 할 수밖에 없습니다. 처음부터 불리한 위치에서 경쟁을 하게 됩니다. 그리고 비전을 찾는 데도 환경의 제약이 따를 수밖에 없습니다.

창업에 대한 비전을 가지고 고등학교를 다니면서 창업을 준비할 것을 추천합니다. 정부에서 실시하는 창업교육을 통하여 창업 아이템을 발굴하고, 사업 타당성 분석과 사업 계획서를 통해 인생의 플랜을 준비하는 것입니다. IT 쪽에 능력이 있으면 사람들이 불편하게 생각하는 문제를 해결할 수 있는 SW를 개발해보는 것입니다. 그리고 판매까지 해볼 수 있도록 합니다. 유통에 관심이 있으면 동대문시장 새벽시장에서 물건을 구입하여 판매하면서 유통구조를 파악합니다. 편의점에 취직하여 사업 모델도 파악해봅니다. 이러한 다양한 경험은 젊었을 때 가능합니다.

✅ 창업 로드맵 - 목표 시간계획 세우기

창업 로드맵의 목표는 안정적인 매출을 달성하여 사업이 안착하는 것입니다. 창업은 와이셔츠 단추를 맞춰나가는 과정입니다. 첫 단추가 잘 끼워지면 다음 단추는 좀 더 쉽게 끼워갈 수 있습니다. 그러므로 처음에는 지원자금을 받기 위한 사업 계획서를 잘 준비하기 위하여 제대로 된 창업스쿨부터 다녀야 합니다. 창업스쿨에 입교하려면 사업 계획서를 제출하게 되어 있습니다. 첫 단계부터 사업에 대한 평가를 통해 경력과 사업 아이템에 대하여 1차적으로 검증되는 것입니다. 창업스쿨에 입교한 분들은 창업 성공 가능성이 있는 대열에 합류하게 됨을 의미합니다. 창업스쿨 출신은 정부나 지방자치 단체로부터 실적관리 대상으로 선정되어 창업 관련 정보를 지속적으로 제공받게 됩니다. 창업스쿨을 통하여 보완된 완성도 높은 사업 계획서는 좋은 평가를 받게 되고, 지원자금을 통해 시제품을 개발하고 제품을 확보할 수 있게 됩니다. 또한 제품 디자인부터 특허 출원, 마케팅 등 창업과 관련된 다양한 지원혜택을 받을 수 있게 됩니다. 또한 벤처 보육센터 입주를 비롯해서 다양한 혜택을 받을 기회가 증가합니다. 매출이 일어나는 시점에서 사업자 등록을 하고 직원을 뽑게 되며, 벤처기업 인증과 ISO 인증, 기업 부설 연구소 설립을 통하여 정부출연 자금에 지원할 자격을 얻게 됩니다. 또한 벤처기업 인증을 통하여 저리의 융자자금도 확보하여 기업의 자금경색에 대비할 수 있게 됩니다. 창업 기업이 지원사업과 출연사업의 경험과 인증, 특허, 인력, 부설 연구소의 결과물, 매출액을 평가하여 이노비즈와 스타 기업 인증을 받게 되면, 이를 기반으로 중소기업 진흥 공단으로부터 저리의 융자자금을 받아 시설 투자를 할 수 있습니다. 이러한 투자를 통하여 매출이 50억 원 정도 되는 시점에서 벤처 투자자금을 유치하여 코스닥 상장을 준비합니다.

저의 경우는 2012년 6월 현재까지 개인 사업자 등록을 시작으로 하여 2011년 매출 3억 원 달성, 예비 기술 창업자 지원사업 완료, 법인 사업자 등록 완료, 벤처기업 인증, ISO9001 인증을 진행했습니다. 2012년 하반기에는 제품 매출을 발생시켜 고정매출을 통해 직원고용 및 기업 부설 연구소 설립을 목표로 하고 있습니다.

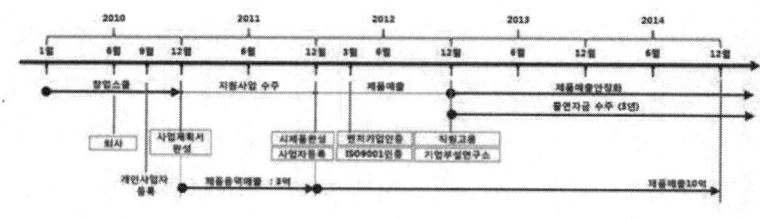

창업 로드맵 [예시]

- 2010년 창업스쿨을 통해 사업 계획서 완성
- 2011년 지원사업을 통해 시제품 완성, 특허 출원, 매출 발생
- 2012년 벤처기업 인증, ISO9001 인증, 제품 매출, 직원고용, 기업 부설 연구소
- 2013년 제품 매출 포트폴리오 구성, 제품 매출 안정화, 정부 출연자금 수주
- 2014년 연 매출 10억 원 달성

✅ 주요 창업 정보 사이트에 등록하기

창업을 준비하면서 가장 먼저 해야 할 일은 창업 정보를 얻을 수 있는 사이트에 등록하는 것입니다. 최소한 아래 사이트 정도는 회원가입을 통해 메일링 서비스를 받고, 2주에 한 번은 들어가서 정보를 모니터링 합니다.

지원 및 출연 자금 주요 사이트는 다음과 같습니다.

지원기관	홈페이지
비즈인포	www.bizinfo.go.kr
창업넷	www.changupnet.go.kr/jiwon
한국산업기술평가관리원	www.smtech.go.kr
중소기업기술정보진흥원	www.tipa.or.kr
소상공인진흥원	www.sbdc.or.kr

지원 기관, 출연 기관 주요 사이트

'비즈인포'는 지원사업 통합 공지 사이트입니다. 국번 없이 1357만 누르면 상담원 및 분야별 전문가가 중소기업의 궁금증을 빠르고 친절하게 상담해줍니다. '창업넷'은 예비 창업자 및 창업 1년 미만의 기업을 위한 지원 사이트입니다. 창업 지원자금의 80%는 중소기업청에서 집행하고 있으며, 중소기업청 산하 창업진흥원에서 창업 지원을 주관하고 있습니다. '한국산업기술평가관리원'은 정부의 R&D 출연자금을 공지하는 대표 사이트입니다. '중소기업기술정보진흥원'은 1인 창조기업 지원을 위한 사이트입니다.

창업스쿨	홈페이지
성남창업스쿨 (성남벤처넷)	http://www.snventure.net
G-창업스쿨 카페	http://cafe.naver.com/gsmbc.cafe
G-창업프로젝트 카페	http://cafe.naver.com/gchangupproject
한국외국어대학 기술창업학교	http://iucf.hufs.ac.kr
KAIST 기술창업학교	http://itm.kaist.ac.kr
서울시 창업스쿨	www.school.seoul.kr
서울통상산업진흥원	www.sba.seoul.kr
신용보증기금 창업스쿨	http://cafe.naver.com/startupplaza

주요 창업스쿨

그 외 참조 사이트

-http://gedu.intoin.or.kr (직무 교육)
-www.smba.go.kr
-www.sbc.or.k
-www.gsbc.or.kr

✅ 6월부터 시작하는 창업스쿨

지원사업은 매년 2~3월에 공지되고 4월에 선정, 발표됩니다. 그러므로 그전에 사업 계획서를 완성하기 위해서는 전년도에 창업스쿨에 등록하여 교육을 이수하는 것이 중요합니다.

스스로 찾아간 성남기술창업아카데미

저는 2010년 4월부터 성남시에서 진행하는 성남창업아카데미 창업스쿨을 다녔습니다. 이 창업스쿨은 월요일부터 목요일 오후 7시에서

10시까지 3주에 걸쳐 36시간 동안 진행되었습니다. 평소 성남시에서 공지하는 지원사업을 눈여겨보아오다 지원하게 되었습니다.

소개로 알게 된 G-창업스쿨

4월 29일 성남창업스쿨을 마칠 즈음, 수업을 같이 받았던 분이 G-창업스쿨을 알려주었습니다. 경기도 G-창업스쿨 5차로 5월 11일부터 7월 8일까지 총 70시간 수업을 받았습니다.

얼떨결에 지원한 G-창업프로젝트

5월 11일 수업에 참여하면서 경기도 G-창업프로젝트를 알게 되어 급히 지원서를 내고 합격했습니다. 6월 1일 공동 창업 보육센터에 저의 사무공간이 생기게 되었습니다. 또한 제품 제작 지원비로 800만 원을 사용할 수 있게 되었습니다.

G-창업프로젝트에서 알게 된 외대 기술창업학교

G-창업스쿨은 끝났지만 창업에 추가적인 교육의 필요성을 느꼈습니다. 수업을 듣는 동안 한국외국어대학교에서 실시하는 기술창업학교를 알게 되었습니다. 기술창업학교는 지식경제부 산하 창업 진흥원에서 지원하는 창업교육 과정으로 정부 지원사업에서 가산점수를 받을 수 있습니다. 7월 20일부터 9월 8일까지, 매주 토요일 오전 10시부터 오후 5시 사이에 총 80시간 진행되었습니다.

창업교육은 많이 받아야 함을 알게 된 KAIST 기술창업학교, SBA 하이서울창업스쿨

대전에 있는 KAIST 기술창업학교에도 지원하여 합격했습니다. KAIST 기술경영 전문대학원 주관으로 진행하며, 예전에 안철수 교수가 있던 곳입니다. KAIST 기술창업학교의 경우 부산, 목포, 강릉 등 전국에서 지원한 사람들이 대전까지 수업을 받으러 다녔습니다. 7월 6일부터 10월 29일까지, 매주 월요일 오전 10시부터 오후 5시 사이에 진행했으며, 업체탐방 및 현직 CEO가 오셔서 성공 사례를 강의해주셨습니다.

서울통상산업진흥원(SBA)의 하이서울창업스쿨은 창업학교로 유명합니다. 벤처 야간 14기로 배출된 선배만도 3000명에 이릅니다. 어떤 분들은 이러한 네트워크를 이용하기 위해서 이 스쿨에 오시기도 합니다. 수업은 9월 6일부터 11월 26일까지 월, 수, 목요일 오후 7시부터 10시 사이에 진행되었습니다.

✅ 사업 아이템 발굴하기

빌 게이츠가 한 말입니다.

"이미 성공이 눈에 보이는 사업은 선발주자보다 앞서기 위해서 그보다 더 많은 것을 투입해야 합니다. 꺾여 있어서 보이지 않는 길에 있는 사업을 찾아야 합니다."

막상 창업을 결심하고 창업 아이템을 선정하려 하면 막연하게 생각됩니다. 커피 전문점, 치킨집, 베이커리 일반 창업은 이미 너무나 많으며, 실제 매출을 획기적으로 일으키기도 어렵습니다. 그래서 경험이 없는 상태에서는 프랜차이즈업체로 출발할 수밖에 없습니다.

약간의 기술로 남들이 하지 않는 기술창업 쪽으로 관심을 가져보는 것은 어떨까요? 고객의 욕구(need)를 잘 파악해서, 시장이 크지는 않지만 아무도 하지 않는 분야를 하는 것이 성공 확률이 높을 수 있습니다. 막연히 사업의 성공 여부를 찾기보다는 체계적으로 접근해야 합니다. 이를 사업 타당성 분석이라고 합니다. 설문조사에 의하면, 동종 산업에서 업무 수행 중 사업 아이템을 발견할 확률이 43%, 다른 사람이 하는 것을 보고 더 잘할 수 있다거나 타 기업의 사업 현황을 보고 개선 가능성을 파악하게 되는 것이 15%, 소비자 시장에서 충족되지 않은 틈새 발견이 11%, 사업 기회의 체계적인 탐색이 7%, 설명하기 아주 어려운 경우가 5%, 취미나 여가 생활에서의 발견이 3%, 기타가 16% 순이었습니다. 평소 접하는 경험이 창업 아이템 발굴과 선정에 큰 역할을 합니다. 창업은 주변 지인의 사업 형태에 관심을 가지고 접근하는 경우나 평소 문제의식을 가지고 소비자의 충족되지 않은 욕구를 찾아내는 데서 시작됩니다. 평소 불편했던 점, 수요가 있었는데 미처 발견하지 못했던 시장을 찾아내는 것입니다.

사업 아이템 선정 시 고려해야 할 기준이 있습니다. 처음 창업을 하게 되면 쉽게 만들어서 팔 수 있는 제품이어야 합니다. 판매 가격이 1만 원 전후면 좋습니다. 호기심이나 재미로 구입할 수 있는 가격대이면 쉽게 구매결정이 가능합니다. 파손되더라도 환불 요구보다는 하나 더 구입하는 가격대입니다. 기능은 단순하여 고장이 없어야 합니다. 제품 원가는 30% 이하로 제작 가능해야 합니다. 제품판매 관리비, 유통 마진을 고려해야 합니다. 제품 아이템 크기는 작아서 물품배송 및 보관 시 재고관리 비용을 최소화할 수 있어야 합니다. 제품 아이템이 인허가 업종에 해당되지 않는 것이 최선입니다.

✅ 특허 전략의 모든 것

목적에 따라 특허 출원 방법이 달라져야 합니다. 원천 기술을 보호하기 위하여 분쟁을 고려한 특허, 경쟁자의 시장 진입을 막기 위한 특허, 지원자금이나 벤처기업 인증을 받기 위한 건수 충족 및 기술 홍보용 특허가 있습니다. 우선 선행 기술을 검색해야 합니다.

특허 무료 검색 사이트

> ⬎ 미국 특허 상표권 www.uspto.gov/patft : www.alternatiff.com에서 alternatiffx-1_9_1.
>   zip을 미국 특허 상표권 www.uspto.gov에 패치하여 검색합니다.
> ⬎ Espacenet 유럽 특허청 http://ep.espacenet.com
> ⬎ 영국 특허청 : http://gb.espacenet.com
> ⬎ 중국 특허(영어검색 제공) www.sipo.gov.cn
> ⬎ 대만 특허 www.tipo.gov.tw
> ⬎ 일본 특허청 www.ipdl.inpit.go.jp/homepg.ipdl
> ⬎ 한국 특허 정보원 www.kipris.or.kr
> ⬎ 특허 동향 분석 www.patentmap.or.kr

특허 유료 검색 사이트

> ⬎ 윕스 www2.wips.co.kr
> ⬎ 델피온 www.delpion.com
> ⬎ NRI www.patent.ne.jp
> ⬎ MicroPatent www.micropatent.com

검색 방법으로는, 1단계는 검색어 설정으로 검색합니다. 2단계는 *, + 를 적절히 조합하여 200여 건 내외의 선행기술 조사 자료로 압축합니다. 3단계는 제목과 초록을 보고 관련 없는 자료는 탈락시킵니다. 관련 있는 자료는 전문 검색을 합니다. 검색국은 한국, 일본, 미국 위주로 검색합니다. 특허청에서 가지고 있는 검색 사이트는 더 자세히 검색됩니다.

권리 기간은 다음과 같습니다. 특허권은 기술을 대상으로 출원일로부터 20년입니다. 즉 출원하고 그 사이에 전쟁이 일어나서 4년이 경과했으면, 20년에서 4년을 제외한 16년 안에 등록하여 권리를 행사할 수 있습니다. 실용신안권은 기술을 대상으로 출원일로부터 10년입니다. 디자인권은 미적 외관을 대상으로 등록일로부터 15년입니다. 상표권은 표장이 결합된 상품으로 신규성을 따지지 않고 등록일로부터 10년이며, 10년마다 갱신하면 영구적으로 사용 가능합니다. 회사 이름은 상표등록을 받아놓는 것이 안전합니다. 저작권은 사후 50년입니다. 신지적 재산권으로 컴퓨터 프로그램은 공표 후 50년입니다. 영업비밀, 반도체 직접회로 배치 설계는 등록일로부터 10년입니다. 프로그램은 저작권으로 보호받기 위해서는 소스로 보호받습니다. 특허로 보호받는 부분은 알고리즘이며 더 강력합니다. 반도체 분야는 특이하게 회로를 어떻게 설계하느냐에 따라 특별법에 의해 보호됩니다.

특허 등록이 되지 않는 경우는 특허를 출원하지 않고 상품을 판매하거나 박람회 또는 브로셔를 통해 일반인에게 공지하는 경우로, 신규성이 소멸되어 특허 등록이 되지 않습니다. 그러나 다음의 경우는 특허 등록이 가능합니다. 즉 비밀리에 테스트를 하는 것, 이름과 성능만 있고 기술적 특징이 공개되지 않은 경우, 논문·학회 발표의 경우 공개 후 6개월 내에 특허 출원을 하는 경우는 특허 등록이 가능합니다.

특허 전략은 목적에 따라 원천 기술을 보호하기 위한 분쟁을 고려한 특허 전략, 경쟁자의 시장 진입을 막기 위한 특허 전략, 지원자금이나 벤처기업 인증을 받기 위한 건수 충족 또는 기술 홍보용 특허 전략으로 나눌 수 있으며, 이에 따라 출원 방법도 차이가 있습니다.

원천 기술을 보호하기 위한 특허 출원은 1건을 내더라도 제대로 특허를 출원하는 것입니다. 특허는 출원일 기준으로 1년 6개월이 지나면 무조건 공개됩니다. 그러므로 현재 검색되는 특허는 1년 6개월 전에 출원된 것입니다. 그래서 특허를 출원하는 것은, 2년 후에는 기술적 내용이 공개됨을 의미합니다.

2년 정도 타 업체의 진입을 막기 위한 특허 전략은 다음과 같습니다. 우선심사로 3개월 이내에 등록 여부 확인이 가능합니다. 만일 거절될 것 같으면 발표 1일 전에 똑같은 기술을 재출원하고, 우선심사를 신청하지 않은 채 그냥 둡니다. 기술의 선점 및 방어를 위하여 출원 즉시 특허 출원이 되었음을 홍보합니다.

국제출원 전략은 선진국 위주로 출원하며, 중국은 가급적 출원하지 않는 것이 좋습니다. 출원 비용은 미국 1,000~1,500만 원, 일본 1,500만 원, 유럽 1,500만 원 이상 소요됩니다.

특허 출원은 될 수 있는 한 공동 출원하지 않는 게 좋습니다. 또한 법인이 출원인이어야 할 사유가 없는 한 대표이사 단독으로 출원해야 합니다. 법인이 출원인이어야 할 경우, 법인이 파산할 경우를 대비하여 대표이사와 법인이 공동 출원을 합니다. 또한 신규 창업자인 경우 개인 명의로 특허 출원을 하여 법인에 임대하는 형식으로 하는 것이 유리합니다.

급히 특허를 등록해야 할 경우가 있습니다. 일반적인 경우 출원에서 등록까지 1년 이상 시간이 걸립니다. 그러나 우선심사 신청의 경우 3개월 내에 등록이 가능합니다. 벤처 등록중이 있는 경우, 우선심사 신청제도를 통하여 단기간에 특허 등록이 가능합니다. 사업자 등록증, 샘플 사진을 첨부하여 우선심사 신청을 합니다. 우선심사 신청 시 비용은 20만 원이 소요됩니다. 의견제출 시 지정기간 단축 신청서를 접수하면 2개월가량 빨라질 수 있습니다. 또한 출원인이 직접 담당 심사관에게 전화하여 부탁해야 합니다.

변리사와의 상담 요령은 다음과 같습니다. 즉 본인이 출원하고자 하는 특허에 대하여 충분히 설명되어야 합니다. 특허는 변리사에 따라 명세서의 질이 현저히 차이 납니다. 특허 범위를 조정하기 위한 의견제출 통지서 없이 등록하는 경우는 발명이 새로운 영역이어서 권리 범위 침해가 없거나, 변리사가 권리 범위를 너무 좁게 청구한 경우입니다.

특허 침해 대처방안으로는 경고장을 발송합니다. 유통업자에게 경고장을 보내면 유통업자는 생산자에게 특허 침해가 아님을 입증하도록 압력을 가하게 되어 효과적입니다. 상대방이 형사고소를 하면 기소 전에는 변호사를 선임하지 않아도 됩니다. 이유는 대부분의 판결이 벌금 300만 원 이하에 전과 기록이 남기 때문입니다. 민사소송의 경우 쌍방 다 변호사 비용이 더 많이 들 수 있으므로 신중히 결정해야 합니다.

◈ 2월에 공고되는 지원사업 지원하기

지원사업은 매년 2월에서 3월에 공고됩니다. 비즈인포, 창업넷을 통하여 지원사업 공고를 확인할 수 있습니다. 미리 회원등록을 해놓았다면 지원사업에 관한 메일링 서비스를 받을 수 있습니다.

지원사업이 공지된 후에 사업 계획서를 준비하면 이미 늦습니다. 지원사업에 제출할 사업 계획서는 지원사업이 공고된 지 14일 정도 후에 마감되기 때문에 미리 준비해야 합니다. 특히 경력 증명서의 경우 전 직장에 요청하여 받아야 하므로 시간이 걸립니다. 졸업 증명서, 경력 증명서, 특허 출원서, 상장 등을 스캔하여 파일로 저장해서 언제든지 사용할 수 있도록 미리 준비해놓으면 편리합니다. 지원사업 공고 이후에는 지원사업 측이 제공하는 사업 계획서 양식에 맞추어 사업 계획서를 편집합니다.

지원사업은 3월에 1차 모집공고가 납니다. 1차 모집에서는 주관 기관이 전국 15개 창업 선도 대학을 중심으로 하여 각 대학별로 약 50개의 팀을 선정합니다. 대학별로 경쟁률이 3대 1에서 10대 1까지 편차가 심합니다. 그리고 6월에 2차 모집공고를 합니다. 2차는 대학과 기관이 주관 기관이 되어 선정합니다.

예비 창업자나 창업한 지 1년 미만 된 기업이 도전할 수 있는 가장 큰 지원사업은 중소기업청 산하 예비 기술자 육성 지원사업입니다. 이 외에도 시도에서 지원하는 지방자치 단체 지원자금과 아이템 별 지원자금이 있습니다.

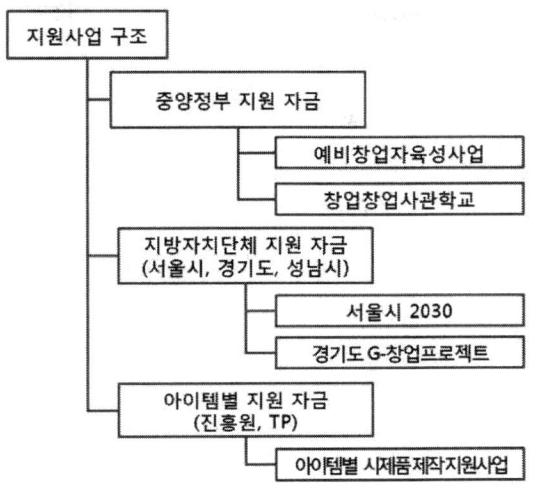

지원사업의 성격에 따른 분류

✅ 신제품 개발 프로세스

신제품 개발 프로세스를 NPDP(New Product Developing Process)라고 합니다. 제품의 기획단계에서 고객이 원하는 제품사양과 제조원가, 생산관리, 재고관리, 애프터서비스를 고려한 통합적인 개발 사양을 정의하고, 이를 만족시키는 제품을 디자인하는 과정입니다. 이를 원류 설계라고 하며, 영어로는 Up-Stream Design이라고 합니다. 초기 디자인 단계에서 개발 사양을 명확히 하고 개발 목표원가를 만족시키는 디자인 설계를 함으로써, 가격 경쟁력을 확보할 수 있고 매출원가를 낮추어 수익성을 확보할 수 있게 됩니다. 또한 부품 호환성을 고려한 설계는 재고자산을 최소화할 수 있습니다. 재고자산의 감소는 현금 유동성을 유지할 수 있어서 자금 경색을 방지해줍니다. 명확한 제품개발 사양은 애프터서비스 용 매뉴얼 작성에도 도움이 됩니다. 애프터서비스까지 고려한 제품 개발을 진행할 수 있어서 결과적으로 고객 만족도를 높이고 구전 효과를 극대화할 수 있게 됩니다. 1대 100의 법칙에 의하여 초기 1의 비용이 필요하다면, 제품이 생산된 단계에서는 10의 비용이 필요하며, 고객에게 전달된 상태에서는 100의 비용이 필요합니다. 그러므로 초기에 NPDP 프로세스를 적용하여 개발 실수를 최소화하는 것이 중요합니다. 판매 가능한 품질을 확보하기 위해서는 3번 이상의 제품 보완이 필요합니다. 전제조건은 1단계에서는 최고의 전문능력을 가진 설계자가 설계한다는 가정입니다.

✅ 매출의 발생과 사업자 등록하기

창업 전후를 구분하는 기준이 사업자 등록 시점입니다. 사업자 등록은 가능하면 늦게 내는 것이 좋습니다. 고정매출이 발생하는 시점에서 사업자 등록을 내는 것이 가장 이상적입니다.

법인 사업자는 자신이 만든 회사지만 법이 인정하는 문서상의 사람입니다. 그러므로 법인 통장에서 돈을 인출하면 법인 입장에서는 가지급금 또는 출금의 근거가 없으면 횡령이 성립되어 형사 책임을 집니다. 또한 회사 직원을 개인적으로 일을 시키면 법인 입장에서는 회사의 수익과 상관없는 일이므로 엄격히 말하면 배임이 성립됩니다. 그러므로 법인의 경우 주의해야 합니다.

개인 기업과 법인 기업을 비교하면 다음과 같습니다.

구분	개인	법인
효율성	자유롭고 신속한 계획수립 및 대응 가능함. 인적 조직으로 비밀유지가 가능함.	신주 및 회사채 발행 등 자본 조달이 용이함. 대외공신력과 신용도가 높아 관공서, 금융기관등과의 거래에 유리함.
규모	중소규모 사업에 적합함.	일정규모 이상 지속적 성장가능 사업에 적합함.
창업절차와 설립비용	설립절차가 쉽고 비용이 적게듬.	절차가 다소 복잡하고 자본금, 등록세 등 설립비용이 필요함.
자금 조달과 이익분배	자금조달 한계있음. 이익금 등 사용에 제약이 없음.	대규모 자본조달이 용이함. 적법절차를 통해 이익금 인출해야 함.
사업 책임과 신뢰도	사업주의 무한책임 있음. 법인에 비해 신뢰도가 낮음.	주식회사의 경우 지분한도내 책임짐. 개인기업에 비해 신뢰도가 높음.
세율	6%부터 35%까지 초과누진세율 적용됨.	과세표준 2억 이하는 11% 적용됨. 2억은 초과시 25% 적용됨.
책임범위	소매업이나 음식, 숙박업, 개인 및 사회서비스업 등 최종소비자를 대상으로 하는 업종의 경우 현금매출 누락 위험이 높아 개인사업자가 유리함. 대표자는 채무에 무한책임임.	과점주주가 되는 경우는, 세금에 대한 책임만 있음. 탈루한 법인세와 부가가치세를 추징하고 대표자에게 소득세 추징함.
기장의무	간편장부 또는 복식부기 적용함.	복식부기만 적용함.
외부 감사제도	없음.	자산총액 70억 이상 법인에 해당됨.
관세근거법	소득세법 적용됨.	법인세법 적용됨.
과세기간	매년 1월 1일에서 12월 31일	정관이 정하는 회계기간으로 함.
과세율	• 1200만원 이하 6% • 1200~4600만원 이하 15% • 4600~8800만원 이하 42% • 8천 8백 만원 초과시 35%	• 2억 이하 10% • 2억 초과 22%

개인기업과 법인기업의 차이점 정리

40~50억 매출인 기업은 법인으로 전환하는 것이 세금 상 유리합니다. 개인 기업을 존속시키고 신규 법인을 설립하는 경우, 사업주가 같고 기존 거래선 및 매출을 인정하여, 신생 법인이지만 기존 개인 기업의 업력을 인정하여 평가하는 경우도 있습니다. 법인 설립 때는 경영진 선정이 중요합니다. 보증금지 대상인 사람이 이사로 등재되면, 회사의 사업 진행에 피해가 발생할 수 있습니다. 한번 등재된 후에는 타 기관의 기록으로 남겨져 있어서 기업신용 조회 시 문제시될 수 있습니다. 이력이 깨끗한 사람을 이사로 등재시켜야 합니다. 또한 개인의 신용등급이 몇 등급인지 확인해야 합니다. 개인 신용등급은 10등급으로 분류되는데, 7등급 이하인 경우에는 문제가 됩니다. 현금 서비스를 많이 받는다든지, 사채업자가 조회한다든지, 연체가 된다든지 하면 신용이 내려갑니다.

✅ 회계 사무소 정하기

독일의 축구가 한때 잘나가다가 침체기를 맞이하게 된 것은 과도한 세금 때문에 축구 스타들이 상대적으로 세금 부담이 낮은 영국이나 스페인으로 옮겨갔기 때문이라고 합니다. 한 나라의 세금 정책이 국가의 산업을 좌지우지합니다. 또한 세금으로 국민들은 어려울 때 많은 도움을 받기도 합니다. 기본적으로 국세청은 국민으로부터 세금을 어떻게든 많이 받아내고자 합니다. 반면 국민 및 법인은 세금을 합법적인 범위 내에서 적게 내는 것이 중요합니다. 직장인은 근로소득세와 지방세에 노출되어 있습니다. 개인 사업자는 소득세, 부가세, 지방세에 노출되어 있습니다. 법인 사업자는 법인세, 부가세, 지방세에 노출되어 있습니다. 이러한 세금에 대하여 증빙자료를 제출하지 못하면 세금 폭탄을 맞게 됩니다. 그러므로 아는 만큼 돈이 되는 세상입니다.

기업이 설립된 지 5년 이상이 되면 세무당국이 가만두지 않습니다. 이유는 세무당국이 세원 확보를 위해서 설립 5년 이후에도 잘나가는 기업을 주로 표적으로 삼기 때문입니다. 그러므로 창업 초기부터 회계 증빙자료를 잘 보관해야 합니다. 세무당국이 5년 이상 된 기업을 상대로 세무조사를 시행할 때, 5년 이전의 자료에 대해 세금추징을 하려 하면 그 증빙자료로 방어할 수 있기 때문입니다. 그러므로 회계 사무소에 제출한 자료는 재무제표가 완성되는 매년 6월 30일 이후에 원본을 돌려받아 잘 보관해야 합니다. 회계 사무소는 5년 이상 되면 자료를 폐기하므로 반드시 돌려받도록 합니다.

회계는 크게 재무회계와 관리회계로 나뉩니다. 재무회계는 기업의 재무제표를 원칙대로 잘 기장하고, 기업과 이해 관계자에게 정보를 제공해줍니다. 관리회계는 경영자의 의사결정을 위한 내부 회계자료입니다. 기업이 코스닥 상장이나 M&A를 목표로 한다면, 기업의 재무회계 결과물인 재무제표가 좋은 평가를 받도록 하기 위해서 사업 초기부터 계획을 세워 진행해야 합니다. 반면에 내실 있는 기업으로서 외부 투자 없이 성장하기를 원한다면, 세금을 최대한 줄이는 방향으로 회계 처리가 되어야 합니다. 이러한 기업은 개인 사업으로 진행하는 경우가 많습니다. 필자가 운영하는 아톰로봇은 외부투자 없이 발전하기 원하기 때문에, 회계 플랜은 절세 쪽에 맞춰져 있습니다.

아톰로봇은 2010년 9월 개인 사업자로 시작했습니다. 2011년에 예비 기술 창업자 지원사업과 경기 테크노파크에서 로봇 시제품 지원사업으로 과제매출이 발생하여 순이익 증가가 예상되었습니다. 종합소득세 신고 시 과세구간이 높아서 많은 세금을 낼 수 있는 상황이었습니다. 회계 사무소에 미리 요청하여 2011년도 말에 종합소득세를 대비하여 손익 예비결산을 부탁했었습니다. 당시 종합소득세가 50만 원 정도 예상된다는 답변을 들었으나, 2012년 6월 시점에는 400만 원 정도의 종합소득세를 납부했습니다. 그리고 추가로 담당 회계 사무소로부터 세무 조정료로 105만 원의 비용이 추가 청구되었습니다. 왜 이런 결과가 나왔을까요? 공인 회계사가 운영하는 회계 사무소는 시키는 일만 하는 경향이 있습니다. 즉 세금 계산서를 전달하면 이를 기장하고 결과에 대해서 통보하는 경향이 강합니다. 절세에 대해서 민감하지 않은 경향이 있는 것이지요. 반면 세무사가 운영하는 회계 사무소는 세금을 줄이는 데 대해 좀 더 관심을 갖는 경향이 있습니다.

연초에 회계 계획을 세워야 합니다. 재무제표의 매출액 증가와 손익 증가를 목표로 할 것인가, 또는 절세를 목표로 할 것인가? 미리 매출액을 추정하고, 지출 시 연구 개발비 같은 자산으로 처리할 것인지, 영업비용으로 처리할 것인지를 결정해야 합니다. 회계 결산 결과는 창업자가 책임을 집니다. 회계 사무소가 대신해주지 않습니다. 결산자료를 꼼꼼히 따져보고 모르는 것은 용감하게 묻고 따져야 합니다. 회계에서 세금 판정은 애매한 경우가 많습니다. 본인은 영업을 위해 식사비용을 지출했으나 영업비용으로 인정받지 못하는 경우도 있습니다. 그러므로 영업비용으로 인정받기 위해서는 영수증과 세금 계산서를 잘 챙겨야 합니다. 만약 증빙자료가 없으면 국세청에서 처분하는 대로 따를 수밖에 없습니다. 예를 들어 식당에서 1만 원의 음식 값을 지급합니다. 이때 신용카드로 계산하는 것과 현금으로 계산하고 영수증을 받는 것 중 어느 것이 유리할까요? 간이 영수증을 받아서 3만 원으로 기장하는 것이 유리합니다. 그 이유는 3만 원 이하인 경우, 즉 예를 들어 1만 원이라면 3만 원으로 영수증 처리를 하면 가산세 2%인 600원을 물더라도 유리하기 때문입니다.

세무당국에서 창업으로 보지 않는 경우는 다음과 같습니다. 즉 개인 사업자가 법인으로 전환하는 경우, 기업 인수, 폐업 후 폐업 전의 사업을 다시 개시하는 경우 등입니다.

✅ 직원 고용하기

다음 질문에 대해 준비가 되어 있을 때 직원 고용 효과가 있습니다. 직원의 급여를 줄 수 있는 고정매출이 있는가? 해야 할 업무의 목표와 평가 기준이 명확히 정의되었는가? 직원의 4대 보험에 대한 회사 재무 관리의 결과를 예상할 수 있는가? 회사의 미션과 비전이 직원과 공감대를 가질 수 있는가? 신입 직원에 대한 교육 프로그램이 있는가?

창업 초기에는 업무 영역의 구분이 모호합니다. 한 사람이 여러 가지 일을 합니다. 그러다가 시간이 지나면 사업매출이 증가하여 업무가 반복적으로 많아지는 부분이 생깁니다. 따라서 고용의 필요성이 증가합니다. 업무의 반복적 비중이 가장 큰 부분에서 직원 고용의 필요성이 생깁니다. 직원을 고용하기에 적절한 시점은 직원에 대한 업무 로드가 충분할 때, 또 업무에 대한 명확한 정의가 가능할 때입니다. 이것이 직원 고용의 시기와 관련하여 가장 중요한 판단 기준입니다. 창업기업은 여러 개의 업무를 동시에 수행할 수 있는 멀티플레이어가 필요합니다. 창업 초기에는 외주 용역으로 고정비를 최대한 줄여야 합니다.

인건비를 포함한 손익 분기점이 확실할 때, 고정적인 매출처가 확보되었을 때 직원 채용을 결정합니다.

회사의 미션과 비전은 직원의 근무 만족도에 영향을 줍니다. 미션과 비전이 명확해야 월급이 적어도 근무 만족도가 높습니다. 예를 들면 비전이 없는 상태에서 150만 원으로 직원을 고용할 수 있습니다. 그러나 회사의 비전이 매력적이라면 120만 원으로도 충분히 직원에게 만족을 줄 수 있는 것입니다.

사람을 뽑는 우선순위는 다음과 같습니다. 사장을 대신하여 일할 수 있는 사람, 돈의 흐름을 잘 아는 은행과 친한 사람, 사람을 뽑을 수 있는 사람, 물건을 많이 팔 능력이 있는 사람, 물건을 만드는 사람, 제품을 개발하는 사람 순입니다.

교육이 중심인 회사는 어려울수록 뭉칩니다. 기업이 시설투자를 10% 올리면 생산성이 3.6% 올라가지만, 교육은 생산성을 8.4% 증가시킵니다. GE의 젝웰치 회장은 보잉 최고 경영자로 있을 때 다음과 같은 말을 했습니다. "회사의 변화를 가져오는 유일한 방법은 교육 센터를 갖는 것입니다. 변화를 거부하는 세력은 격렬하게 저항합니다. 교육 센터는 이러한 이들에게 적절히 대처하기 위해서 필요합니다"

1인 채용 시 모든 비용을 고려한 연봉 책정이 중요합니다. 연봉=월급+보너스+퇴직금+복리후생비+성과급+기타 제 경비=기본급+상여금+4대 보험으로 구성됩니다. 입사 시 연봉과 기타 비용 배분에 대해 선택하도록 하여, 연봉 외의 다양한 비용에 대해 인지시킵니다. 또한 4대 보험과 상여금은 기본급에 포함되지 않도록 합니다.

초기 벤처기업이나 창업기업에 입사하는 이유를 알면 인사채용에 도움이 됩니다. 설문조사에 의하면 꿈을 위하여, 미래사업 준비를 위하여, 전문영역을 갖고 싶어서, 대기업의 학력, 외모 등의 차별, 갈 곳이 없어서, 가족 경영을 위해서, 사장의 권유 등의 이유로 입사를 결정합니다.

💿 벤처기업 인증 받기

사업은 신용을 쌓는 과정입니다. 처음 어떻게 신용을 쌓느냐가 중요합니다. 미국 비자를 받아놓으면 다른 나라 비자 받기가 쉽듯, 처음에 어느 기관에서 보증 대출을 받느냐가 중요합니다. '기술이 없으면 신용 보증으로 가고, 기술이 있으면 기술보증으로 간다'는 것이 정답입니다. 대출 조건은 기술보증이 좀 더 유리하다고 합니다. 저의 경우 기술 창업을 지향하므로 당연히 기술보증으로 대출을 받습니다. 그런데 기술보증에서 대출 보증을 받아 은행에서 대출을 받으면 끝일까요? 아닙니다. 반드시 같이 벤처기업 인증을 신청해야만 보증 심사를 받으면서 동시에 벤처기업 인증을 받을 수 있습니다.

대출금리 조건은 주택담보 대출과 비슷한 금리 수준입니다. 필자는 5.9%의 금리로 융자를 받았습니다. 기술 평가에서 결과가 좋으면 최대 0.7%까지 추가 금리할인이 가능합니다.

벤처기업이란? 학술적으로 명확히 정리된 개념은 없습니다. 국가에 따라 정책 대상으로 다양하게 사용됩니다. 미국의 경우 '다른 기업보다 상대적으로 사업의 위험성은 높으나, 성공하면 높은 수익이 예상되는 신기술 또는 아이디어를 독립기반 위에서 영위하는 신생기업'으로,

일반적으로 '모험자본(Venture Capital)으로부터 투자를 받은 기업'을 의미합니다. 1세대는 인텔, HP, DEC, 2세대는 마이크로소프트, 애플, 어도비, 페더럴 익스프레스, 3세대는 이베이, 야후, 구글, 스타벅스, 스테이플스 등이 있습니다. 한국에서는 '다른 기업에 비해 기술성이나 성장성이 상대적으로 높아 정부에서 지원할 필요가 있다고 인정하는 기업'으로서 '벤처기업 육성에 관한 특별조치법'의 4가지 기준 중 1가지를 만족시키는 기업을 의미합니다. 우리나라의 벤처기업은 성공한 결과로서의 기업이라기보다는 세계적인 일류 기업으로 육성하기 위한 지원 대상으로서의 기업이라는 성격이 강합니다.

벤처기업 인증의 혜택은 창업한 지 3년 이내여야 지원 혜택이 많습니다. 창업 후 3년 이내의 기업은 벤처기업 인증을 받은 날 이후 최초 소득발생 연도부터 4년간 법인세나 소득세의 50%를 공제받을 수 있습니다. 또한 기업 부설 연구소의 경우 연구원이 3명이면 부설 연구소 등록이 가능합니다. 대표이사도 연구소장으로 인정을 받게 됩니다. 연구 인력비 절반을 지원받는 사업의 경우 매출액의 3%를 인정받으며, 지출 단계에서 25% 법인세액 공제를 받습니다. 융자 자금의 경우 신용보증 한도는 3분의 1로 완화됩니다. 인지세, 취득세, 등록세 면제, 재산 및 종합토지세 감면, 농어촌특별세 면제, 인허가에서 혜택을 받습니다. 조달청(나라장터)을 통해 발주하는 정부과제 벤처기업 인증을 받은 기업만이 입찰에 참여할 수 있고, 중소기업청 기술개발 사업에서 가점이 부여됩니다. 각종 수상, 인증 선정 판단기준에서도 가점이 부여됩니다.

벤처기업 인증을 받는 데는 3가지 경로가 있습니다.

- 벤처 투자기관으로부터 투자받은 금액이 자본금의 10% 이상이고, 투자금액이 5천만 원 이상이며, 상기의 투자 내역을 벤처 확인 요청일 직전에 연속하여 6개월 이상 유지한 경우입니다.
- 기업 부설 연구소를 보유하고 창업한 지 3년 이상 된 기업은 확인 요청일이 속하는 분기의 직전 4분기 연구 개발비가 5000만 원 이상으로, 매출액 대비 연구 개발비 비율이 5~10% 이상인 경우 우수 기업으로 신청하는 방법입니다.
- 기술보증기금이나 중소기업 진흥공단의 대출은 순수 신용으로 8천만 원 이상이고, 기업의 총자산에 대한 보증 비율이 5% 이상인 경우입니다. 단 창업 1년 미만인 기업은 대출금액이 4천만 원 이상입니다.

벤처기업 인증 방법에는 여러 경로가 있으나 기술보증기금에서 대출 보증을 통한 벤처기업 인증을 받는 방법이 상대적으로 수월합니다. 외환위기 이후 벤처 창업촉진(벤처 특별법 : 벤1997)에 의하여 벤처기업 인증, 이노비즈 기업 인증을 실시하면서 은행대출 형식으로 기업 인증을 실시하게 되었습니다.

융자 자금은 임대 보증금으로 활용이 가능합니다. 1억 원 전세 사무실의 경우 사무실을 임대하면 임대료가 120만 원 정도 됩니다. 그러나 벤처기업 인증을 통한 융자금 1억에 대한 이자는 6% 정도입니다. 그러므로 연 600만 원의 이자면 월 50만 원 정도의 임대료로 사무실을 사용할 수 있게 됩니다.

예전에는 기업이 벤처기업 인증을 받기 위하여 대출 신청 시 기업의 부채 비율이 0%인 회사는 대출 보증을 거절한 경우도 있었으나, 최근에는 벤처기업 인증을 받기 위해서 대출 보증을 신청하는 기업이 많으므로 부채가 없더라도 대출 보증을 진행합니다.

벤처기업 인증을 받기 위한 개인 사업자와 법인 사업자의 차별은 전혀 없습니다. 벤처기업 인증 심사 기준은 내부 규정으로 상대적 평가 기준에 따르므로 심사관의 판단에 크게 좌우됩니다. 반면 신용보증기금의 경우 대출보증 심사 기준은 외부의 객관적 기준으로 절대적 평가 기준을 준수합니다. 기술보증기금에서 운용하는 가치평가 시스템인 KTRS(Kibo Technology Rating System)는 기술 사업화 성공 여부 및 기술 부실화 가능성 여부를 측정하는 방법으로 SBS 하우머치에서도 이용하는 툴(tool)입니다. 기술평가지표가 45개이며 항목점수가 전부 다릅니다.

내부 기준을 보면, 사장님의 사람 됨됨이와 사업 전개를 위하여 그동안 해왔던 경력이 대출 심사의 60%를 차지합니다. 내부기준 중에는 특허출원 점수가 5점 이상이 되어야 합니다. 특허출원의 경우 2점이므로 3개 이상 출원이 필요합니다. 특허 등록 시 7점이므로 1건의 등록으로 기준을 만족시킵니다. 그러나 특허출원이 없더라도 대표자가 해당 분야에서 10년 이상의 경험과 석사 이상의 학력을 소유하여 기준을 만족시키게 되면, 해당 분야 전문가로 인정하여 특허 점수가 없더라도 벤처기업 인증이 가능합니다. 경영자 점수는 기존에 제조업에 종사하던 분이라면 15년의 기간 정도면 만점입니다. 항목점수 합산이 65점 이상이 되면 벤처기업 인증을 받을 수 있습니다.

벤처기업 인증은 기술보증기금에서 실태조사가 나옵니다. 이런 경우의 준비 및 유의 사항은 다음과 같습니다. 실태조사 시 가급적 기업대표(이사) 및 경영 실권자가 참석할 수 있도록 일정을 조정합니다. 회의실, 사무실 등 미팅 장소를 사전에 마련하고, 실태조사 시 확인 서류를 비치합니다. 또 회사를 소개하는 홍보자료로 동영상, 제품 소개서, 팸플릿 등을 준비합니다. 사무실, 공장 등 분위기도 회사 평가에 중요한 참고자료가 되므로 청결을 유지합니다. 제조업의 경우 실태 조사자가 생산라인을 짧은 시간에 이해할 수 있도록 공정을 감안하여 설명합니다.

자금지원과 벤처기업 등록은 별도로 진행이 가능합니다. 즉 보증심사를 통과하여 대출보증을 받았으나 벤처기업 인증은 충족시키지 못한 경우, 별도로 자격 기준을 만족시켜서 추후 벤처기업 인증을 받을 수 있습니다.

매출이 없어도 최대 3억까지 대출보증이 가능합니다. 보증금액은 평균 창업 초기에는 4,000만 원, 1년 된 기업은 8,000만 원 정도입니다. 제품화는 못했지만 기술개발 항목이 많아도 점수에 가점이 있습니다.

✅ 연구소 인증 받기

벤처기업 인증을 받은 경우 연구원 3명으로 기업 부설 연구소 등록이 가능합니다. 대표이사도 연구소장으로 인정받게 됩니다. 연구원의 조건은 자연계열 전공이어야 하며, 정보처리 분야와 산업디자인 분야는 연구전담 요원의 취득학위 계열이 자연계가 아니어도 됩니다.

물적 요건으로는, 다른 부서와 구분된 독립된 공간 및 전용 출입구를 확보해야 하고 경량 칸막이 등 고정된 벽체로 구분이 되어 있어야 합니다. 연구개발 활동 수행에 필수적인 연구 기자재는 최소 3종 이상 확보해야 합니다. '㈜ 홍길동 기술연구소' 또는 '홍길동 부설 연구소'가 새겨진 아크릴, 쇠, 나무 등으로 현판을 준비합니다. 필요 서류로는 건

축물 대장, 공장 임대차 계약서, 등기부등본, 학위 증명서, 발령장, 명함, 사업 계획서가 있습니다.

연구소·전담부서 보유 기업의 혜택은 세액공제 항목, 연구 및 인력 개발비, 연구 및 개발을 위한 설비투자, 학술연구 용품에 대한 수입관세 감면, 기업 부설 연구소용 부동산에 대한 지방세 면제, 연구소 및 연구 전담 직원의 연구 활동비에 대한 비과세, 연구개발 관련 출연금의 과세특례, 병역특례 전문 연구요원 제도 및 중소기업 연구인력 고용 지원 사업 지원, 이노비즈 지정, 지식경제부 산업기반 기술 개발사업과 중소기업청 기술혁신 개발사업 등 각종 국가 연구개발 사업 우대가 있습니다. 연구 인력비 절반을 지원받는 사업의 경우 매출액의 3%를 인정받으며 지출단계에서 25% 법인세액 공제를 받습니다.

🔵 인증 받기

인증의 종류는 목적에 따라 여러 가지로 분류할 수 있는데, 전 세계적으로 750여 종의 인증이 있습니다. 해외수출 지역에 따라 반드시 인증을 따야 하며 비용도 고려한 사업을 해야 합니다. 중소기업청에서 해외인증 지원비의 60%까지 지원됩니다. 국가표준인증종합지원센터(www.standard.go.kr)에 인증에 대한 자세한 설명이 나와 있습니다.

인증 대상에 따라 시스템 인증과 제품 인증으로 구분합니다. 시스템 인증은 업무절차, 업무순서를 합리적으로 잘 시행하고 있음을 인증하는 것입니다. 시스템 인증은 회사제품에 표시하지 못합니다. 시스템 인증으로는 ISO 인증, 벤처기업 확인제도, 이노비즈 인증, 연구소 설립 인증, NEP, NET, 메인비즈 인가 등이 있습니다. 제품 인증은 UL(미국), CE(유럽), VDE(독일), CCIB(중국), CSA(캐나다), SEMKO(스웨덴), JIS(일본), KS(한국), FCC, TUV, CCC, 전기용품 안전 인증, 환경 인증, 전자파 장애 인증, RoHS(유럽 유해물질 사용) 등이 있습니다.

인증의 목적은 안전의 확보, 위생의 확보, 품질의 확보, 생산의 허가 등입니다. 형광등은 KS 표시 명령 품목이며 KS 허가 품목입니다. 의료기기 업체는 인증이 많이 필요합니다. 인증(Certification)은 법정 인증제도(강제 인증과 임의 인증)와 민간 인증제도로 구분됩니다. 인증 범위에 의한 분류에 따라 국제 인증(ISO, IEC), 국가 인증(KS, BS는 영국, DIN은 독일), 단체 인증(ASME, SAE)으로 분류됩니다. 제조업체의 경우 제조물 책임법(PL법)에 대하여 반드시 준비해야 합니다. 제품으로 인해서 일어날 수 있는 모든 경우의 위험성에 대하여 경고해야 합니다.

기업의 3대 인증으로 연구소 인증, 벤처기업 인증, 이노비즈 인증은 반드시 따야 합니다. 조달청(나라장터)에서 공공 조달품은 KS 인증이 필수적입니다. ISO9001 인증의 경우 시도 지원자금으로 총 50% 지원해줍니다.

CHAPTER 2

함께 이루어가는 즐거움

Sucess
Biz Consulting
Note

이 상 훈 (shleeft@gmail.com)

업무 영역 : 퍼실리테이션 컨설팅/SNS 강의
　　　　　shleedc.blog.me

주요 경력 : 현) 퍼실리테이션센터 대표
　　　　　현) 한국퍼실리테이터협회 사무국장
　　　　　현) 한국산업기술대학교 겸임교수
　　　　　전) 현대오일뱅크 프로세스 혁신 부문장
　　　　　인증전문퍼실리테이터(CPF), 액션러닝전문코치(PLC)

우리는 어렸을 때부터 함께하는 즐거움을 배우기보다는 남과 대결하는 경쟁심을 배워왔습니다. 내가 잘되려면 남을 이겨야 한다는 말을 반복적으로 들어오면서, 언제부터인가 나도 모르게 내가 가진 것을 남과 나누는 데 인색해졌습니다. 학교 다닐 때는 성적을 잘 받기 위해 친구와 경쟁을 했고, 사회에 나와서는 승진을 위해, 혹은 남보다 돈을 더 많이 벌기 위해 경쟁했습니다. 경쟁사회에서 성공하려면 내가 상대방보다 잘났다는 것을 보이기 위해 개인 역량을 높이는 데 치중할 수밖에 없었습니다.

그러나 이제 흐름이 바뀌고 있습니다. 고급 정보가 인터넷에 널려 있고, 정보를 독점한다는 것이 거의 불가능한 상황이 되었습니다. 고급 인맥은 아직도 비공개적으로, 혹은 학연·지연·혈연으로 상당 부분 유지되고 있지만, 소셜 네트워크 서비스(SNS)와 스마트폰의 등장으로 전에는 가능하지 않았던 직접적인 인맥 형성이 가능해지고 있습니다.

이 같은 변화는 경쟁사회의 구조를 변화시키고 있습니다. 양극화 현상이 심해지고 있지만, 새로운 아이디어로부터 새로운 비즈니스 모델이 만들어져, 복권 당첨에 가까운 대박을 터뜨리는 성공 사례가 나타나고 있습니다. 대박 상품의 성공 요소를 분석해보면, 작은 아이디어에서 시작한 후 발전과 응용을 거듭하여 성공에 이른 경우가 많습니다.

리더가 성공을 주도하기는 하지만, 아이디어의 발전은 협업의 도움을 받는 경우가 대부분입니다. 즉 비전을 가진 리더가 협업의 원리를 터득하여 그룹과 함께 성공을 달성하는 구조가 일반화되고 있는 것입니다. 저는 지금 1인 사업자로서 퍼실리테이션(그룹 활동의 효과적인 진행 기술 및 절차)에 몰입해 있습니다. 직장생활을 할 때와 달리 여러 종류의 모임을 찾아다니며 관계 맺기를 하고 있고, 특히 개방, 공유, 참여를 핵심으로 하는 SNS 모임에 적극적으로 참여하고 있습니다. 1년 반 정도

개체가 아닌 군체(群體)의 원리를 찾아다닌 결과, 탁월한 성과를 내기 위해 개인으로서는 얻을 수 없는 그룹 시너지를 얻으려면 협업의 즐거움을 반드시 터득해야 한다는 결론을 내렸습니다.

기업을 이끌어가는 리더는 고민이 많습니다. 많은 고민 중에서 해결하기 어려운 것 중의 하나가 사람 문제일 것입니다. 사람 문제를 해결하려면 혼자서 일하기보다는 함께 일하는 것이 힘도 덜 들고 재미있으며 성과도 낼 수 있다는 확신을 가질 필요가 있습니다. 함께 일하되어떻게 해야 스트레스를 덜 받고 그룹 활동의 시너지를 높일 수 있는지 함께 해답을 찾을 수 있기를 바랍니다.

01 그룹 활동은 어떤 특징이 있습니까?

한 과장은 원래 게으르고 소극적이라서 혼자서는 봉사활동을 하러 간다는 생각을 감히 하지 못합니다. 이 대리도, 민 차장도 마찬가지입니다. 그런데 이들 셋이 모이면 신나게 공개 모임도 갖고 도농 교류를 해보자는 큰 뜻을 품어보며, 쉬고 싶은 주말을 이용해 재능기부 소셜 여행도 떠납니다. 사람은 혼자 있을 때와 다른 사람과 함께 있을 때의 생각, 행동이 다릅니다. 소심한 사람 셋이 모인 그룹이 대범한 행동을 할 수도 있고, 사회적 영향력이 미약한 사람들로 구성된 페이스북 그룹이 새로운 가치 기준의 인생 모델을 사회에 제시하여 큰 반향을 일으키기도 합니다.

✅ 그룹이란 무엇입니까?

규모가 소규모이든 혹은 대규모이든, 그룹은 개인과는 다른 특성을 지니고 있습니다. 따라서 그룹 시너지를 얻기 위해서는 그룹 활동에 대한 기본적인 이해가 필요합니다.

위의 사례에서 셋이란 숫자가 언급되었습니다. 예전에 모 방송에서도 한 명 혹은 두 명이 했을 때와 달리 세 명이 어느 한 방향을 가리키면, 길 가던 군중들이 걸음을 멈추고 가리키는 방향을 일제히 쳐다보게 된다는 실험을 한 적이 있습니다. 둘로서는 부족하지만 셋이 모이면 그룹으로 인정받을 수 있다는 것을 단적으로 보여준 예라고 생각합니다. 어쨌든 그룹 속에 속한 개인은 혼자 있을 때와는 다른 생각과 행동을 할 수 있다는 것을 이해하는 것이 그룹을 리드하기 위한 기본 출발점입니다.

그렇다면 그룹이란 무엇입니까?

그룹은 단순히 개인들의 집합체가 아닙니다. 개인들이 그룹 속에서 서로 협동하고 부대끼고 상호 작용하는 동안, 개인 혼자서 행동할 때와는 다른 '그 무엇'이 있기 때문에 '그룹 행동'을 연구할 필요가 있는 것입니다. 단순히 개인들의 집합체라면 그룹이라고 할 수는 없고, 그 집합체가 독립적인 하나의 군체가 될 때 비로소 그룹이라고 부를 수 있을 것입니다. 세 사람 이상이 모여서 어떤 공동 목표를 달성하기 위해 공통의 규범, 서로의 역할과 신분을 인정하면서 상호작용을 할 때 '그룹'이라고 할 수 있습니다.

그룹이 되려면 어떤 요건을 갖추어야 합니까?

첫째, 상호 교환을 통한 '공동 목표'를 추구해야 합니다. 상호 교환이란 구성원 간에 주고받기가 일어난다는 의미입니다.

둘째, 각기 분담된 역할과 책임을 알고 있어야 합니다. 때로는 역할과 책임에 대하여 혼동이 발생할 수도 있지만, 구성원 상호간에 암묵적인 인식이 있어야 하고, 체계적인 활동을 하려면 공식적으로 역할과 책임을 분담하는 활동이 초반에 일어나야 할 것입니다.

셋째, 공통 규범, 가치관, 행동양식을 서로 공유해야 합니다. 공동 목표만으로는 부족하고, 그룹 구성원들이 다른 개인들과 구별될 수 있는 무형적인 매개체가 존재해야 한다는 것입니다.

그룹은 독립된 폐쇄 조직이 아니라 다른 시스템과 연결되어 있으면서 외부와의 상호 작용도 계속합니다. 생물의 신진대사처럼, 그룹은 외부로부터 받아들인 모든 입력 항목을 목적에 맞게 변형시켜서 외부에 내놓는 상호 작용을 계속하는 것입니다. 그룹 구성원과 상황에 맞게 그룹의 구조(structure)와 활동 양식(process)이 결정되고, 이러한 구조와 활동 양식이 그룹의 성과를 결정합니다. 그룹의 성과는 다시 피드백되어 그룹 구성원들에게 영향을 미칩니다. 그룹이 형성되면 그룹과 구성원 간에 영향을 서로 주고받고, 그룹과 외부 간에 상호 작용을 지속적으로 하는, 그룹만의 특성을 갖게 되는 것입니다.

개인들은 왜 그룹을 이루려고 합니까?

개인적 욕구 충족과 경제적 효율성을 추구하기 때문에 그룹을 이루려 합니다. 여기에는 몇 가지 이론적 논의들이 있는데, 그 중의 하나는 교환 이론입니다. 개인은 개인으로서는 얻지 못하는 만족을 얻기 위해 그룹에 참여하게 되고, 그룹 안에서는 항상 교환(exchange)이 일어나기 때문에 그로 인하여 그룹이 유지되며, 그것을 이해해야 그룹을 이해할 수 있다고 합니다.

그룹 내에는 항상 상호 작용이 있는데, 그 원리는 얻는 것(보상)과 주는 것(비용)으로 설명될 수 있습니다. 제품과 서비스 교환을 통해 개인이 경제적 이익을 얻는 것처럼, 그룹 참여를 통해 구성원은 각자 얻는 것이 있기 때문에 그룹을 이루려 한다는 것이 골자입니다. 따라서 리더는 그룹 활동을 할 때, 각 구성원들이 어떤 이익을 취하게 할 것인가라는 관점을 가져야 합니다.

왜 인간은 그룹 속에 있을 때 더 잘하기도 하고 못하기도 합니까? 타인의 존재는 충동과 동기를 증대시키기 때문입니다. 이것이 열정을 내게끔 합니다. 또한 타인이 있으면 평가를 의식하여 좀 더 노력할 수 있습니다. 그러나 반대로 타인을 의식하다가 주의가 분산되고 흥분이 되면 잘하던 일도 그르치게 되는데, 이것이 사회적 억제입니다. 그룹이 사회적 촉진을 초래하기도 하고, 사회적 억제를 초래하기도 한다는 말입니다. 당연히 그룹 활동을 사회적 억제보다는 사회적 촉진을 강화하는 방향으로 리드해야 될 것입니다.

여러 사람이 있을 때 책임은 분산됩니다. 10명이 있으면 1/10로, 100명이 있으면 1/100로 책임이 분산됩니다. 수강생이 10명인 경우에는 모두가 출석해서 들을 책임이 있다고 느끼기 때문에 출석률이 좋지만, 100명이 넘어가면 출석률과 수업 분위기가 나빠집니다. 사실은 정작 책임을 안 져도 될 사람에게까지 책임이 분산될 수 있고, 자기 혼자 책임져야 될 일도 다른 사람들이 떠맡게 되기를 희망한다고 볼 수 있습니다. 책임 분산 효과는 그룹 속에서 가속화됩니다. 회사에서 군이 회의를 하지 않아도 되는데 회의를 통해 공유하고자 하는 이유 중의 하나는, 이와 같은 책임 분산의 심리가 있기 때문인 것입니다.

✅ 그룹은 어떤 발달 단계를 거칩니까?

그룹의 발달 단계를 주장한 사람은 터크만입니다. 터크만에 따르면 아래 그림과 같이 Forming(형성기), Storming(적응기), Norming(규범화), Performing(성과 달성) 등으로 발달한다고 합니다. 그룹 발달 단계별 심리적인 측면에서 형성기에는 맹목적 낙관주의가 퍼지고, 적응기에는 공개된 염세주의로 심리상태가 극한 좌절을 경험한 후, 규범화에서는 희망의 마음이 생겨나고, 성과 달성에서는 열정과 몰입이 지배하게 됩니다.

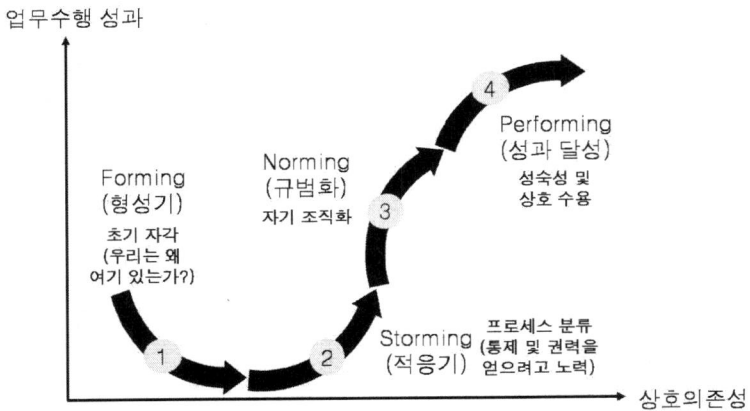

※ B. W. Tuckman (1965) 'Development Sequence in Small Groups'

그룹이 형성되기 시작하면 처음에는 그룹에 대한 자각을 하느라 자신의 노출을 최소화하는 행동 특성을 보입니다. 적응기에는 그룹 내에서 통제와 권력을 얻기 위해 자신의 의견과 감정을 표출하며, 다른 사람들의 의견을 경청하지는 않습니다. 자기 조직화에 들어서면 다른 사람의 아이디어를 수용하려는 태도를 보이고, 자신의 관점도 바꿀 수 있다는 생각을 하면서 참여도를 높이게 됩니다. 성과 달성에 도달하면 리더십을 공유하고, 자신을 적극 개방하고 다른 사람을 신뢰하게 되며, 이에 따라 그룹 전체에 공헌하겠다는 태도를 나타내게 됩니다.

우리는 이처럼 그룹 구성원들의 행동 특성을 살핌으로써 현재 그룹의 발달 단계가 어떤지를 판단할 수 있습니다. 발달 단계가 낮은 단계일 때에는 높은 단계로 신속히 이동할 수 있도록 해야 합니다. 왜냐하면 궁극적으로는 성과 달성 단계의 그룹에 도달할 때 비로소 개인으로서는 하기 어려웠던 과업을 달성할 수 있게 되기 때문입니다. 이와 같은 단계이동의 핵심 성공 요소는 구성원간의 상호 작용 강화인데, 이것이 바로 퍼실리테이션입니다.

✅ 그룹 내 상호 의존성을 어떻게 파악할 수 있습니까?

금세기 초 메이요(E. Mayo)의 호손 실험 결과, 그룹은 개인에게 다음과 같이 유효하게 작용함을 발견했습니다.

- 혼자 할 수 없는 과제를 그룹으로 하면 가능합니다.
- 다양한 의견 제시, 더 나은 의사결정이 가능합니다.
- 특별히 교육하지 않아도 서로 보고 배울 수 있습니다.
- 혼자였으면 누리지 못했을 즐거움을 누릴 수 있습니다.

위의 발견을 기초로 1930년대에 레윈(K. Lewin)은 사회심리학의 한 영역으로 '그룹 다이내믹스'를 창시했습니다. '개인은 소속된 그룹으로부터 어떻게 영향을 받고 저항하는가? 그룹은 개인의 저항을 어떻게 극복하는가?'라는 문제를 연구했습니다. 연구 대상은 구성원들의 상호 의존 관계인데, 그룹 다이내믹스는 그룹의 특성, 그룹 발달의 법칙, 그룹과 개인의 관계 등을 연구하여 그룹 시너지를 높이려는 데 그 목적이 있습니다. 그룹 구성원들은 역할 수행을 통하여 상호 작용(interaction)을 하게 되고, 그 결과 상호간에 일정한 감정(sentiment)이 형성됩니다. 이렇게 형성된 감정은 그들의 태도와 행동에 영향을 주어 상호 관계에 다시 영향을 미칩니다. 이 상호 관계 구조는 소시오그램(sociogram) 기법으로 분석될 수 있습니다.

소시오그램이란 간접적인 질문 또는 생활 과정을 관찰하여 누가 누구와 가까우며 누가 누구와 거리가 있는가를 발견하여 선으로 연결한 도표입니다. 그룹 내에서의 인간관계를 알아보기 위한 방법이지요. 이 기법은 사회학, 심리학, 사회심리학 및 교육현장에서 널리 사용될 수 있으며, 이 방법을 통하여 그룹 내의 친소(親疏) 관계 및 전체적인 인간관계 구조를 알아볼 수 있습니다. 뿐만 아니라 그룹 내의 소그룹 분포와 그룹의 실질적인 리더를 발견할 수 있습니다. (출처 : 네이버 지식사전)

02 아이스브레이킹이 그룹 활동을 하는 데 효과가 있습니까?

『한국위키백과서전』을 찾아보니 아이스브레이킹에 대한 설명이 없고, 네이버사전에서 검색해보니 '실마리 풀기' 혹은 '얼음 깨기'로 나와 있습니다. 『위키피디아』에는 좀더 자세한 설명이 나와 있습니다. "아이스브레이킹이란 그룹 구성원들을 한 팀으로 형성하는 프로세스를 시작하도록 돕기 위한 목적을 가진 퍼실리테이션 기법이다. 이 기법은 흔히 구성원들이 서로를 알게 도와줌으로써 그룹을 워밍업하는 게임으로 제시된다. 구성원들은 사적인 정보, 예를 들면 이름, 취미 등의 정보를 공유하는 데 초점을 맞춘다."

◉ 아이스브레이킹은 꼭 해야 합니까?

아이스브레이킹은 왜 합니까? ➞ ●

원활한 워크숍 진행을 통해 토의 전이나 중간에 팀 효과를 창출하기 위하여, 동기부여를 하거나 긴장을 완화시키고 창의적 사고를 촉진하는 것을 목적으로 하는 일련의 활동을 아이스브레이킹이라고 합니다.

개인들은 저마다 업무를 수행할 때 자신에게 익숙한 분위기가 있습니다. 익숙한 분위기에 들어설 때 업무 능률이 올라갑니다. 저는 고등학교 다닐 때 집에 있으면 머리가 산만하여 독서실에 가곤 했습니다. 집이 시끄러워서는 아니었지만, 집에 있으면 왠지 느슨해지고 쉬려고만 하며 오랫동안 TV를 보게 되었습니다. 그런데 돈을 내고 독서실에 가면 졸리더라도 잠깐 엎드려 잔 후 커피 한 잔 마시고 정신을 차립니다. 그리고 집중하여 내가 하고 싶은, 혹은 내가 해야 하는 과목을 몰입하여 공부했습니다.

임원으로서 현대오일뱅크에 다닐 때 저는 아침 일찍 나가는 습관이 있었습니다. 아침에 나가 하루에 할 일을 미리 생각해보기 위한 것이었습니다. 직원들과 이런저런 얘기를 하다 보면 일상적인 업무를 처리하느라 전략적으로 중요한 업무를 소홀히 할 수 있어, 중요한 업무를 미리 생각하고 전략을 수립하기 위해 아침 시간이 저에게는 참 중요했습니다. 마찬가지로 그룹 활동을 할 때도 업무를 할 수 있는 편안한 분위기를 조성해주어야 합니다. 아이스브레이킹 기법은 그런 용도로 활용할 수 있다고 생각합니다. 회의에 참석하려고 왔는데 그 자리가 불편하다면 적극적으로 참여하려는 마음이 일어나지 않을 것입니다. 하지만 회의에 참석한 것을 환영해주고 내가 아는 사람들이 있고 편안한 분위기가 감지된다면, 상대적으로 그룹 활동에 적극 참여하게 될 것입니다.

이 기법은 대부분의 경우 게임 형식으로 진행됩니다. 게임이 개인적으로 부담을 준다면 역효과가 있을 수 있으나, 일반적으로는 구성원들의 흥미를 유발합니다. 회의를 시작할 때 보통 구성원들의 표정이 굳어 있는 경우가 많습니다. 이제까지 회의에 참가한 경험에 비추어볼 때 새로운 업무를 맡게 되지나 않을까 하는 부담감, 업무상 잘 알지 못하는 사람들에 대한 낯섦, 회의 중에 예상치 못한 돌발 상황이 발발할지도 모르는 데 대한 우려감 등이 작용하기 때문입니다. 그런데 이 기법을 수행하고 나면 대부분의 경우 표정이 밝아지고 웃음꽃이 핍니다. 퍼실리테이터는 이 기법을 적용한 후 좋아진 분위기를 업고 회의를 원활하게 진행할 수 있게 되는 것입니다. 또한 회의를 원활하게 운영할 수 있게 되면 퍼실리테이터도 긴장감을 덜고 역량을 발휘하여 워크숍의 효과를 높일 수 있을 것입니다. 참석자들에게도 적극적으로 참여할 동기를 만들어줌으로써 워크숍 목적을 달성할 가능성이 높아질 것입니다.

아이스브레이킹이 효과를 발휘할 수 있다는 것은 알겠는데, 회의를 할 때마다 이 기법을 꼭 활용해야 하는 겁니까? 하고 생각할 수도 있습니다. 성격이나 행동 유형에 따라 게임과 그다지 친하지 않은 퍼실리테이터가 있을 수 있습니다. 저도 그 중의 한 사람입니다. 심지어 저는 이 기법을 생략하고도 회의를 잘할 수 있는 방법은 없을까에 대해 고민해본 적도 있습니다. 그런데 제가 내린 결론은 이 기법을 의도적으로 꼭 해야 한다는 것입니다. 그 이유는 이 기법을 생략했을 때와 어색하더라도 진행했을 때의 차이가 성과 면에서 아주 크기 때문입니다.

회의에 참석한 구성원들의 입장을 한번 생각해 보겠습니다. 회의 시작 시간에 따라 차이가 있을 수 있지만, 시작 전에 구성원들이 하고 있었던 일이 있었을 것이고, 현재 고민되는 현안들이 머릿속에 가득 차 있을 것입니다. 그런 상황에서 구성원들이 회의에 참석하면, 퍼실리테이터가 회의 주제를 말하더라도 그것이 머릿속에 들어옵니까? 아마도 관심 밖일 것입니다. 육체는 회의 장소에 와 있지만, 정신이나 영혼은 다른 곳에서 헤매고 있을 가능성이 매우 높습니다.

이 같은 상황에서 회의를 시작한다면 어떤 일들이 발생합니까? 순간순간 다른 생각을 할 수도 있고, 회의가 지루할 경우 스마트폰을 보거나 옆 사람과 잡담할 가능성이 높아집니다. 즉 회의에 집중하기가 어려워집니다. 구성원들이 회의에 집중하지 못한다면 회의 결과는 처음 의도한 목적을 달성하지 못할 가능성이 커질 것입니다. 아이스브레이킹은 이와 같이 회의 초기의 산만한 분위기를 한 곳으로 모으는 아주 중요한 역할을 담당하고 있습니다. 절대로 생략해서는 안 되는 절차라고 생각합니다.

아이스브레이킹의 기본 조건은 무엇입니까?

제가 어떤 모임에 초대를 받아 아이스브레이킹 게임을 하나 시연하고 있었습니다. 그런데 유독 한 분이 굳이 그 게임에 참여하기를 꺼려하여, 결국 그분은 제외하고 게임을 진행했습니다. 나중에 그분에게 그 이유를 물어보았습니다. 그분의 대답은 이 기법의 용도를 알겠지만, 내용이 싱겁다는 것이었습니다. 그분은 여행 전문가로서 레크리에이션을 자유자재로 구사할 수 있었기 때문에 퍼실리테이션에서 하는 이 기법이 밋밋하다고 느꼈던 것 같습니다. 여기서 우리는 아이스브레이킹이 가져야 할 조건이 있음을 알 수 있습니다. 우리는 회의 혹은 워크숍의 성공적인 진행이 목적이므로 이 기법이 주가 되거나 너무 강렬한 효과를 주는 것을 의도적으로 피할 필요가 있습니다. 어려운 말이지만, 양념 정도의 역할을 할 수 있도록 이 기법을 활용해야 하는 것입니다. 따라서 다음과 같은 기본 조건을 한번쯤 상기해볼 필요가 있습니다.

1 해당 시간의 목적의식과 교육적 의미가 깃들여져 있어야 합니다.

우선 참석자들의 흥미를 유발해야 한다는 아이스브레이킹 본래의 목적이 있으므로 이 같은 조건을 충족하기는 쉽지 않습니다. 하지만 이 기법과 회의 목적이 연결되도록 할 수 있다면, 단순한 흥미 위주에서 끝나지 않고 동기부여까지 연결되는 효과를 낼 수 있습니다.

2 자발적이며 타인에게 불쾌감을 주지 말아야 합니다.

자발적으로 참여하게 해야 하므로 구성원들의 수준에 맞는 방법을 강구해야 합니다. 게임을 싫어하는 집단에서 복잡한 게임을 하자고 하면 오히려 역효과를 낼 수 있을 것입니다. 그리고 게임에서 진 사람이 참기 힘든 모욕감을 느낀다면 회의 진행에 오히려 방해가 될 것입니다.

3 강제성이 없어야 하며 할 만한 가치와 즐거움이 있어야 합니다.

TV 등에서 접할 수 있는 쉬운 게임이 바람직하며, 이 기법을 수행하고 난 뒤 재미있었다고 느낄 수 있어야 할 것입니다. 그리고 구성원들에게 한번 해보라고 권할 수 있으면 퍼실리테이터도 자신감을 가질 것입니다.

✅ 아이스브레이킹에는 어떤 것들이 있습니까?

아이스브레이킹을 인터넷에서 찾아보거나 혹은 주변의 지인들에게
물어보면 아주 다양한 것들이 있음을 알게 됩니다. 하지만 막상 회의
상황에 맞는 기법을 고르는 것은 쉽지 않습니다. 적절한 기법을 골랐
다 하더라도, 퍼실리테이터가 이를 회의에 적용하려면 정확한 절차를
머릿속에 기억해야 합니다. 또 머릿속에 기억한다고 해도 이를 실제 회
의에 사용하기는 쉽지 않을 것입니다. 그렇다면 퍼실리테이터가 추천
하는 아이스브레이킹에는 어떤 것들이 있는지 알아보겠습니다.

눈치게임 ▸

눈치 게임은 TV '1박 2일' 프로그램에서 많이 활용되는 게임이므로
많은 사람들이 이미 알고 있을 가능성이 높습니다. 1박 2일의 다른 게
임들은 난이도가 높을 경우 구성원들이 따라 하기 힘들 수 있으므로,
그 중 눈치 게임이 가장 평범하게 사용할 만한 것이라고 저는 생각합
니다. 게임의 규칙은 아주 간단합니다. 구성원들이 앉아 있는 상황을
가정했습니다.

날갯짓하고 리듬을 타면서 눈치 게임을 2번 말하고, 각자 순서 없이
1부터 숫자를 부르며 일어났다 앉습니다. 다른 사람의 눈치를 보며 연
이어 숫자를 부르며 일어났다 앉습니다. 동시에 같은 숫자를 말하면서
일어나든지, 혹은 마지막 번호를 부르면 술래가 됩니다. 술래에 대해서
는 처음에 연습 게임으로 벌을 주지 않다가, 본 게임으로 들어가서 벌
을 주어야 사람들이 집중하게 됩니다. 벌은 가벼운 것이 좋은데, 인디
언 밥('인디언~'을 외치며 엎드린 술래의 등을 두드리다가 '밥!' 하면서 손바닥으로 등

을 내리치는 벌)으로 하거나 한 컵 가득 물 마시기 등을 사용할 수 있습니다.

초성 게임도 TV '우리말 퀴즈'에서 나오는 방식을 게임화한 것입니다. 게임의 규칙은 아주 간단합니다.

시작하는 사람이 초성 두 자를 외치고, 그에 맞는 단어를 말하며 엄지손가락을 위로 세워 주먹을 내밉니다(예 : ㅇ[이응], ㄱ[기역], 얼굴). 다음 단어가 생각난 사람이 엄지손가락을 쥐면서 단어를 말합니다(예 : 여가). 차례로 말하다가 앞에 나온 단어를 말하거나 마지막으로 단어를 말할 차례가 된 사람이 술래가 됩니다. 구성원이 적을 때는(5명 이하) 양손을 사용할 수 있습니다. 구성원들이 게임에 적응을 잘한 후에는 세 글자 초성을 쓸 수도 있습니다.

접어 게임도 TV '해피투게더'에서 나온 게임입니다. 게임의 규칙은 간단합니다.

손가락 다섯 개를 펼치고 자신에게는 해당되지 않으면서 다른 사람들에게 공통되는 항목을 말합니다(예 : 넥타이 한 사람 접어!). 항목에 해당하는 사람은 스스로 손가락 하나를 접습니다. 순서에 따라 그 다음 사람이 중복되지 않는 공통 항목을 말합니다(예 : 얼굴이 예쁜 사람 접어!). 돌아가면서 말을 하다가 손가락을 다 접은 사람이 술래가 됩니다. 공통되는 항목은 외양과 관련되는 것이 많은데, 이 게임을 통해 구성원들의 현재 모습을 관찰할 수 있게 됩니다. 하지만 외양과 관계없이 주관적인 항목을 말해도 괜찮습니다(예 : 행복한 사람 접어!).

주먹 탑 쌓기 게임은 지금 시점이 중요한 변화의 시점이라는 것을 강조하는 회의를 할 때 적합합니다. 게임의 규칙은 조금 복잡하지만, 몇 번 연습하면 퍼실리테이터가 충분히 소화할 수 있을 것입니다.

구성원들을 둘씩 짝을 지어 서로 마주하게 하고 주먹을 겹쳐 쌓게 합니다. "위로!" 하면 맨 아래의 주먹을 맨 위로 올립니다. "아래로!" 하면 맨 위의 주먹을 맨 아래로 내립니다. "위로!" "아래로!"를 번갈아가면서 동작을 하다가, "변화!"라고 외치면 맨 아래의 주먹을 펼쳐 맨 위의 주먹을 사정없이 내려칩니다. 이때 맨 위의 주먹은 피할 수가 있습니다. 상대방의 주먹을 내려치거나 혹은 상대방의 주먹을 피하면 이깁니다. 진 사람은 이긴 사람을 향해 등을 돌립니다. 이긴 사람이 '치욕을 느끼게' 진 사람의 등을 주무르고, 등을 두드리고, 목을 조이고, 뒷머리를 가볍게 칩니다. 반대로는 하지 않습니다. 맨 위의 주먹이 언제 피하면 가장 좋을까를 그룹에게 묻습니다. 상대방이 내려치기 직전이라고 설명한 후, 변화의 시점은 너무 빠르지도 너무 늦어서도 안 됨을 강조하고, 지금이 변화해야 할 적절한 시점이라고 말합니다.

이 게임은 그룹이 2개 이상 있을 때 그룹의 단합을 높이기 위해 사용합니다. 게임의 규칙도 역시 간단합니다.

동일한 숫자의 그룹 구성원들을 일렬로 앉게 하되, 퍼실리테이터와 가장 멀리 있는 사람만 퍼실리테이터를 보고 나머지 구성원들은 반대 방향을 보게 한 뒤 손을 잡게 합니다. 야구게임 하듯이 수신호 암호를 정하여 몇 개의 다른 수신호를 보내다가 시작을 알리는 수신호를 보냅니다. 수신호를 받은 멀리 앉은 사람은 말하지 않고 손을 잡은 사람의 손을 꽉 쥐어 시작을 알리고, 쥔 느낌을 받은 사람은 다시 그 다음 사람에게 손으로 느낌을 계속 알려, 마지막에 앉은 사람이 퍼실리테이터 앞에 놓은 공을 잡게 합니다. 먼저 공을 잡은 그룹이 1위가 됩니다.

이 게임을 통해 구성원들은 다른 그룹과 경쟁하여 1위가 되려고 노력하는 과정에서 단합심을 키울 수 있습니다. 그런데 상대적으로 나이가 많은 구성원들에게 이 게임을 하는 경우 불편하게 할 수도 있음에 유의할 필요가 있습니다.

손등 치기 게임

손등 치기 게임은 '가위바위보'를 하고 나서 그 상황을 먼저 말한 후 상대방의 손등을 치는 간단한 게임입니다.

둘씩 짝을 지어 손을 잡게 합니다. '가위바위보'를 한 후 자신의 상황을 먼저 말하고 상대방의 손등을 칩니다(예 : 상대방이 가위, 내가 보를 내면, 내가 먼저 "졌다!"라고 말하면서 상대방의 손등을 칩니다). 계속 '가위바위보'를 하면서 손등을 치게 하고 시간이 좀 지났을 때 '그만!'을 외치고, 손등을 침으로써 혈액 순환이 좋아진다고 설명합니다.

◉ 아이스브레이킹을 할 때 무엇에 유의해야 합니까?

아이스브레이킹 방법에 많은 내용들이 있음을 살펴보았습니다. 아주 쉬운 게임도 있고, 조금 복잡하면서 시간이 많이 걸리는 게임도 있습니다. 시간이 많이 걸릴수록 그 게임이 회의 진행과 연관됨을 강조할 필요가 있습니다. 그렇지 않으면 게임 자체의 흥미로운 요소에만 관심을 갖게 되어 본래의 목적이 무엇인지를 잊어버릴 수 있기 때문입니다. 따라서 일반적으로 회의를 시작할 때 하는 이 기법은 10분을 넘기지 않도록 유의하는 것이 좋습니다. 잘못하면 본말이 전도되어 진지하게 아이디어를 고민하지 않고 자칫 너무 노는 분위기로 치우칠 가능성이 있습니다.

아이스브레이킹은 게임의 방법이 가장 효과적입니다. 특히 스킨십을 자연스럽게 유도할 수 있는 방법이 좋습니다. 제가 지금까지 경험한 바로는 남성보다는 여성들이 이 기법에 더 적극적이었습니다. 따라서 회의 구성원 중에 여성 비중이 많을수록 이 기법을 통해 몰입도를 높일 수 있을 것입니다. 하지만 게임 대신에 짧은 동영상 자료를 보여주어도 괜찮습니다. 동영상 자료의 경우 처음 보는 동영상이면 효과가 높지만, 이미 본 사람이 있을 경우엔 효과가 반감된다는 점에 유의해야 합니다. 또 난센스 퀴즈를 내고 알아맞히도록 하는 것도 좋습니다. 이것 역시 이미 알고 있는 사람이 있으면 효과가 떨어집니다. 결국 위에서 나열한 스킨십 게임을 하는 것이 가장 무난하지 않을까 생각됩니다.

한편 아이스브레이킹의 개념에 대해 이미 알고 있는 구성원들이 있다면, 그 구성원들로 하여금 이를 진행하도록 격려하는 것도 좋습니다. 특히 이는 수평적 회의 문화를 만들어가고자 하는 조직의 경우 누구나 할 수 있다는 자신감을 높이기 위한 수단으로서 아주 중요하다고 생각합니다. 왜냐하면 다른 사람들 앞에 나서서 이 기법을 진행하기가 생각보다는 어렵기 때문에 잘 사용하지 않으려 하는데, 퍼실리테이터의 격려를 등에 업고 시도해볼 수 있기 때문입니다.

이 기법을 처음 할 때에는 주저하기 쉽지만, 몇 번 하여 효과를 보면 중독성이 있어서 계속 하게 되는 경향이 있습니다. 따라서 퍼실리테이터는 구성원들이 잘하도록 도와주고 격려해야 합니다. 경우에 따라서는 퍼실리테이터가 모르는 기법을 알고 있는 구성원이 있다면, 이를 환영하는 제스처를 쓸 필요도 있습니다. 회의에 적극 참여하도록 할 수 있는 좋은 기회이므로, 퍼실리테이터도 구성원으로서 이 기법에 참여하면 다른 구성원들의 참여도를 높일 수 있을 것입니다.

03 아이디어 도출을 잘하려면 어떻게 해야 합니까?

그룹 활동은 회의를 통해 이루어지는데, 회의 절차는 크게 4가지 단계를 가집니다. 회의 열기(opening)-아이디어 발산(diverging)-아이디어 수렴(converging)-회의 닫기(closing) 등이 그것입니다.

4가지 단계 중 많은 사람들이 관심을 갖는 단계는 '아이디어 발산'인 브레인스토밍이라고 생각합니다. 이는 아마도 개인이 생각해내지 못하는 새로운 아이디어가 도출될 수 있기를 기대하기 때문일 것입니다. 하지만 정작 새로운 아이디어가 기대한 것보다는 잘 나오지 않는다고 생각될 것입니다. 어떻게 하면 새로운 양질의 아이디어를 도출할 수 있을까에 대하여, 한번 생각해보도록 하겠습니다.

✅ 회의 열기(opening)에서는 무엇을 해야 합니까?

일반적으로 회의 열기(opening)은 환영 인사, 회의 목적 공유, 참가자 상호 소개, 의제(Agenda) 합의, 기본 규칙(Ground Rules) 합의, 아이스브레이킹 등으로 진행됩니다. 이 중 회의 목적 공유와 의제(Agenda) 합의에 대하여 간단히 설명하겠습니다.

회의 목적의 공유는 회의 열기(opening)에서 가장 중요한 부분입니다. 왜 우리가 회의를 하고자 하는지를 알려주는 것은 참석자들을 회의에 집중하도록 하는 데 있어서 가장 핵심적인 활동입니다. 회의를 왜 하는지, 내가 왜 이 회의에 참석하고 있는지, 회의를 통해 무엇을 도출하려고 하는지 등을 이해하지 못하고 회의를 하면 어떻게 되겠습니까? 회의에 모인 분들을 그룹이라고 이해할 때, 구성원들이 회의 목적을 명확히 이해하지 못하면 그룹 활동의 성과가 낮으리라는 것은 너무 당연한 일입니다. 그런데 의외로 회의 목적에 대한 공유 없이 모든 참석자들이 이해하고 있다고 전제하고 회의를 하는 경우가 많습니다.

회의를 시작한 후 한참 뒤에 참석자들 중의 한 사람이 "지금 왜 우리가 모여 있나요?"라고 물었을 때, "맞아, 나도 그것을 알고 싶었어."라고 생각했던 적이 적어도 한번쯤은 있었을 것입니다. 바쁘게 회의를 진행하여 정해진 시간 안에 회의를 마쳐야 한다는 중압감을 이유로 많은 절차를 건너뛰지만, 적어도 우리가 왜 회의를 해야 하는지를 구체적이고 명확하게 짚은 후 시작해야 할 것입니다.

의제(Agenda) 합의는 퍼실리테이터가 미리 준비한 회의 세부 내용, 시간 계획, 회의 진행 방법 등을 소개한 후 참석자들의 동의를 얻는 과정입니다.

의제는 회의에 앞서 설계 시 퍼실리테이터가 충분히 검토하여 준비할 것입니다. 하지만 참석자들이 혹시라도 더 중요하다고 생각하는 내용이 있을 수 있으므로 유연성을 확보하면서, 진행 내용에 대한 1차적인 동의를 얻기 위해 의제 합의가 필요한 것입니다. 의제 합의를 생략하는 경우 참석자들이 어떤 회의를 할지, 어느 정도의 시간이 소요될지, 참석자가 어떤 준비를 해야 할지가 불확실하므로 적극적인 참여를 이끌어내기 어려울 것입니다.

실제적으로 의제에 이의를 제기하는 경우는 거의 없지만, 회의 열기

(opening) 단계에서 의제 합의는 퍼실리테이터가 필수적으로 해야 할 일 중의 하나라고 생각합니다.

브레인스토밍이란 무엇입니까?

아이디어 발산으로 들어가기 전에 아이디어가 발산되는 원리에 대하여 회의 참석자들에게 설명해주는 것이 좋습니다. 우리는 하루에도 오만 가지 생각을 한다는 말을 합니다. 여기서 오만 가지 생각은 혹시 오만 가지 아이디어일 수 있다는 생각을 해보셨습니까? 만약 오만 가지 아이디어라면 우리는 1.7초마다 한 가지 아이디어를 생각하고 있다고 할 수 있습니다(출처 : 스마트워크를 위한 마인드프로세싱, Think Wise). 만약에 이 아이디어를 다 모을 수만 있다면, 아이디어가 모자란다는 말을 할 수 있겠습니까? 실제로는 아이디어가 모자라는 것이 아니라, 아이디어를 구하는 방법을 모르기 때문은 아닙니까?

유명한 분들의 메모 습관에 대하여 우리는 이미 잘 알고 있습니다. 메모 수첩을 갖고 다니면서 생각이 떠오를 때마다 기록한다는 것이 공통점인 것 같습니다. 그분들은 아이디어의 속성을 깨닫고 아이디어를 구하는 방법을 자신에 맞게 정하여 실행하기 때문에 좋은 아이디어를 잘 활용하고 있다고 생각할 수 있습니다. 스마트폰을 가진 우리나라 인구가 1천만 명을 넘었다고 하는데, 스마트폰을 항상 소지하고 있는 분들은 떠오르는 아이디어를 언제든지 메모할 수 있는 시대가 되었음을 의미합니다. 아니, 혼자만의 메모가 아니라 주위의 친구들과 언제라도 공유할 수 있는 좋은 환경이 이미 마련되어 있는 것입니다. 각종 협업 도구들을 잘 활용한다면 각자가 메모한 아이디어를 충분히 공유할 수 있는 환경이 된 것입니다. 이와 같은 사고방식을 우리가 하는 회의에 가져오면 어떻게 되겠습니까? 적어도 아이디어가 없다는 말은 나오기 힘들지 않을까 생각합니다.

퍼실리테이션에서 활용하는 아이디어 발산의 기본은 브레인스토밍입니다.

"브레인스토밍의 기원은 창의적으로 문제를 해결하려는 방법으로서 1939년에 오스본(Alex Faickney Osborn)이 사용한 것입니다. 그는 직원들이 홍보 캠페인을 위한 창의적인 아이디어를 개인적으로 개발할 수 없음에 실망했습니다. 그래서 그룹 활동을 시작했고, 직원들이 도출한 아이디어의 질과 양이 크게 개선된다는 것을 발견했습니다. 창의적인 문제해결 기법을 체계화하여 1953년에 『응용된 상상력(Applied Imagination)』이란 책을 출판했습니다. 그 후로 브레인스토밍이란 용어가 널리 퍼지게 되었습니다.

오스본의 기법은 4가지 일반화된 규칙으로 정리되었는데, 참석자 간의 사회적 억제를 감소시키고, 아이디어 발산을 촉진하며, 그룹의 전체 창의성을 증가하기 위한 목적을 갖고 있습니다.

1 다다익선(Focus on quantity) : 이 규칙은 '양이 질을 낳는다.'라는 격언처럼 문제해결을 촉진하기 위해 발산을 장려하는 수단입니다. 제안되는 아이디어의 수가 많아질수록 혁신적이고 효과적인 해결안을 도출할 기회가 증가한다는 것을 전제하고 있습니다.

2 비판금지(Withhold criticism) : 브레인스토밍을 할 때 제안되는 아이디어에 대한 비판은 보류되어야 합니다. 참석자들은 아이디어를 확장하고 보태는 데 초점을 맞추어야 하고, 추후 비판하는 단계에서 하게 될

비판을 유보해야 합니다. 참석자들은 이 규칙 덕택에 자유롭게 기발한 아이디어를 제안할 것입니다.

3 자유분방(Welcome unusual ideas) : 많은 아이디어 목록을 얻으려면 기발한 아이디어를 환영해야 합니다. 기발한 아이디어는 새로운 관점과 비판 보류를 통해 창출됩니다. 이와 같은 새로운 사고방식은 더 좋은 해결안을 낳을 수 있습니다.

4 결합거선(Combine and improve ideas) : 1+1=3의 슬로건처럼, 좋은 아이디어들을 합쳐서 하나의 더 좋은 아이디어를 만들 수 있습니다. 연상 과정을 통해 아이디어 형성을 자극한다는 믿음을 갖고 있습니다."

(출처 : 위키피디아, en.wikipedia.org/wiki/Brainstorming)

브레인스토밍은 아이디어 발산의 중요한 기법 중의 하나로 소개되지만, 위의 4가지 브레인스토밍 규칙은 모든 아이디어 발산에 있어서 항상 기억해야 할 필요가 있습니다. 바꿔 말한다면, 아이디어 발산하기의 기본 규칙이라고 할 수 있습니다. 퍼실리테이터는 항상 아이디어 발산하기에 들어가기에 앞서 이 4가지 규칙에 대해 설명하는 것이 좋습니다. 왜냐하면 그룹 활동을 할 때 이 4가지 규칙을 지키면서 아이디어를 발산하기란 어렵기 때문입니다.

우리는 주위에서 아이디어가 많은 사람을 보는데, 그 사람은 좀 특이하고 일반인과 다르다는 느낌을 가질 때가 종종 있습니다. 왜 그렇게 생각합니까? 현실감이 떨어지거나 과거에 해본 적이 없는 의견들을 말해서 불편하기 때문일 수 있는데, 그것이 바로 사회적인 억제입니다. 아이디어 발산에 있어서 가장 큰 적은 바로 이러한 사회적 억제, 즉 비판입니다. 비판이 두려워서 우리는 우리의 좋은 아이디어를 밖으로 꺼내기를 싫어합니다. 아이디어를 내놓으나마나 주위로부터 비판을 들을 것이 뻔하기 때문입니다.

아이디어를 냈는데 다른 사람들이 놀라워하고 환영한다면 어떤 생각이 듭니까? 당연히 더 많은 아이디어를 생각해내려 애쓸 것입니다. 이와 같이 당연한 원리를 우리는 현실에서 실행하기가 너무 어렵습니다. 왜 그렇습니까? 아마도 우리 안에는 정답을 말해야 한다는 강박관념이 뿌리 깊이 박혀 있기 때문이 아닐까 합니다. 학교 교육에서 4지선다형의 문제에서 정답을 찾아내야 하고, 오답 몇 개가 우리 인생을 좌지우지할 수 있다는 부모님과 선생님의 말씀을 어려서부터 들어왔기 때문일 것입니다. 학습 효과를 높이기 위해 시험이라는 것이 현실적으로 불가피하기는 하지만, 현실적 환경 하에서 완벽한 정답을 찾는 것은 불가능하므로 정답은 없다고 생각하는 것이 맞습니다. 정답은 없고 내가 내는 아이디어가 정답일 수도 있다고 생각한다면, 아이디어를 내는 데 주저할 이유가 없습니다. 한편, 아이디어에 대하여 비판하는 사람들의 경험이 풍부하다고 그 사람들의 비판이 항상 맞습니까? 아닐 수 있고, 잘못하면 환경 변화가 극심한 현실 상황에서 아주 중요한 오류를 범할 위험도 있을 수 있습니다.

그렇다면 자유롭게 제안하는 아이디어가 모두 쓸모 있어야 합니까?

제안된 모든 아이디어가 쓸모 있지 않다는 것을 우리는 잘 알고 있습니다. 그런데 우리는 왜 브레인스토밍을 통하여 아이디어를 창출하려고 합니까? 다다익선과 결합개선이 정말로 쓸모 있는 아이디어를 창출할 수 있다고 믿기 때문입니다. 사고 확산형 질문을 통하여 퍼실리테이터가 아이디어를 요청하면, 처음에 참석자들은 자신의 머릿속에 있던 아이디어를 단순히 꺼내기만 합니다. 주위의 비난을 받지 않을 아이디어만 골라서 꺼냅니다. 그런데 퍼실리테이터가 4가지 브레인스토밍의 원칙을 말하면서 더 많은 아이디어를 달라고 요청합니다. 이때 참석자는 망설이다가 다시 곰곰이 생각하여 떠오르는 아이디어를 추가로 꺼내기 시작합니다. 그러다가 아이디어가 빈곤한 지경에 다다르게 됩니다. 그런데 또 퍼실리테이터가 더 좋은 아이디어가 있을 테니 아이디어를 더 생각해달라고 요청합니다. 참석자는 거의 자포자기하는 심정으로 다다익선, 즉 질보다 양이라고 생각하고, 논리적 검증도 없이 그냥 떠오르는 아이디어를 꺼냅니다. 혹은 결합개선을 생각하고 다른 사람들의 아이디어를 보고 편승하여 유사한, 혹은 연상되는 아이디어를 생각 없이 꺼내놓습니다. 이 정도가 되면 사람들은 제안된 아이디어를 보고 낄낄거리고 웃으면서 황당해합니다. 브레인스토밍, 즉 정신착란의 증상을 보이기 시작하는 것입니다. 이때 퍼실리테이터의 얼굴에 미소가 번집니다. 이제 나올 만한 새로운 아이디어들이 나오고 있다는 것을 감지했기 때문입니다.

브레인스토밍 초반에는 분명히 실행 가능한 아이디어들이 나오지만, 전혀 새로운 점은 없고 진부하다는 생각이 듭니다. 중반에 가면 기발한 아이디어이긴 하지만 황당한 아이디어들이 나오고 쓸모없다는 느낌이 듭니다. 하지만 막판에 가면 아이디어들이 결합되거나 연상되면서 현실성도 있고 새롭고 창의적인 것처럼 보이는 아이디어들이 보이기 시작합니다. 장고 끝에 악수가 아닌, 산고 끝에 탄생의 순간을 보는 것입니다. 브레인스토밍을 통해 분명히 새롭고 의미 있는 아이디어가 나올 수 있다는 믿음을 가져야 하며, 이를 위하여 4가지 규칙은 금과옥조로 여겨야 하는 것입니다.

일반적으로 브레인스토밍은 다음과 같은 절차로 진행합니다.

1 주제를 명확하게 정의하고 플립차트에 기록합니다.

2 브레인스토밍 규칙을 별도로 설명합니다.

3 열린 질문(opening question) 혹은 전형적 사례를 준비하여 참석자들이 주제에 집중할 수 있도록 돕습니다.

4 참석자의 모든 발언을 빠르게 기록합니다.

5 아이디어가 막힐 경우 다양한 기법을 동원하여 새로운 아이디어 도출을 시도합니다(예: round robin → freewheeling → rolling paper → stop & go 등).

한 번 더 강조하고 싶은 것은, 사회적 억제에 의하여 사람들이 머릿속에서 떠오른 생각을 밖으로 표출하지 못하는 현재의 상황을 극복하기 위하여 브레인스토밍의 4개 원칙이 필요한 것이며, 퍼실리테이터가 이를 충분히 설명하고 이해시켜 회의 참석자들이 걸러진 상태가 아닌, 그냥 떠오른 대로 의견을 제안할 수 있도록 해야 할 의무가 있다는 점입니다. 이와 같은 원칙이 지켜질 수 있다면 아마도 아이디어가 너무 많아서 고민하는 상황이 발생하지 않을까 생각합니다.

✅ 명목 집단법이란 무엇입니까?

브레인스토밍의 4개 원칙을 잘 설명하고 브레인스토밍을 하더라도 아이디어 도출이 잘 되지 않는 수가 있습니다. 돌아가며 아이디어를 내다 보면, 다른 사람의 말을 듣는 대신 무슨 아이디어를 내야 하나 하고 자신이 아이디어를 낼 것만 생각하게 됩니다. 다른 사람이 자신의 아이디어와 동일한 아이디어를 제시하는 경우 타이밍을 놓치면 다른 아이디어를 내기가 상대적으로 어렵게 됩니다.

함께 아이디어를 내는 그룹의 인원이 많은 경우 개인당 말할 수 있는 시간이 제한될 수 있어서 아이디어를 내기가 힘들 수 있습니다. 이러한 경우 '아이디어의 생산 장애(production blocking)가 있다.'라고 합니다. 아이디어를 생각했는데 이미 다른 사람이 그 아이디어를 생각하고 있을 거라는 막연한 두려움이 있을 수 있습니다. 상사 혹은 전문가가 있고, 누군가가 잘 알고 있는 듯이 얘기를 하면 자신의 아이디어가 틀릴 거라고 생각하여 아이디어를 제시하는 데 소극적 태도를 취하게 됩니다. 이러한 경우를 '사회적 억제(social inhibition)'라고 합니다. 일반적으로 그룹으로 활동하는 경우에 혼자서 일할 때보다는 책임감을 가지지 않는 경향이 있습니다. 이러한 경우를 '사회적 태만(social loafing)'이라고 합니다.

브레인스토밍 자체만으로 아이디어를 도출하려고 하는 경우 위의 3가지 한계 때문에 새로운 아이디어를 도출하는 데 어려움을 겪게 됩니다. 명목 집단법(NGT, Nominal Group Technique)은 이 같은 한계를 극복하기 위한 방법으로 고안되었습니다. 즉 명목 집단법이란 토론 시작 전에 참가자 각자가 다른 사람과 얘기하지 않고 (침묵 속에서) 주어진 토의 주제에 대한 자신의 생각을 정리할 수 있도록 일정한 시간을 부여하는 방법입니다. 다른 사람과 얘기하지 않고 각자 작업하는 시간 동안에는, 명목상으로는 집단이지만 실제로는 개인적으로 작업하고 있으므로 명목 집단법이라 부르게 되었습니다. 이 방법을 사용함으로써 (1) 정제된 단어와 문장 사용을 통한 토론시간 절약 (2) 모든 구성원의 적극적 참가 유도 (3) 타인의 의견 미리 파악 가능 등의 효과를 볼 수 있습니다.

명목 집단법은 포스트잇을 기본적으로 사용합니다. 포스트잇 사용 방법으로는 (1) 한 장에 한 가지 아이디어(분류 쉽게) (2) 인쇄체(읽기 쉽게) (3) 굵은 펜 사용(보기 쉽게) (4) 전지에 부착 사용(이동이 쉽게) 등이 있습니다. 포스트잇을 사용하는 것의 장점으로는 (1) 시간 절약 (2) 다양한 의견의 수렴 (3) 신속한 의사결정 가능 (4) 불필요한 논쟁, 감정싸움 배제 등이 있습니다. 명목 집단법은 활용하기가 용이하고 구두로 의견을 내는 브레인스토밍의 단점을 보강할 수 있어서 널리 사용됩니다. 퍼실리테이션에 관심을 갖고 회의에 활용하는 조직에서 가장 먼저 외형적으로 변화되는 부분은 벽마다 전지가 붙고 아이디어가 적힌 포스트잇이 붙어 있는 모습일 것입니다.

그만큼 퍼실리테이션에서는 명목 집단법을 널리 사용합니다. 퍼실리테이터가 이 기법을 활용하는 일반적인 절차는 다음과 같습니다.

1 회의 주제에 대하여 자유롭게 발언하도록 요청합니다(10분 이내).

2 논의 내용과 각자의 생각을 정리하여 포스트잇에 5개 이상 아이디어를 적어달라고 요청합니다(5분).

3 종료 1분 전임을 알립니다.

4 '그만!' 이라고 외치고 아이디어를 적은 포스트잇을 벽에 붙여진 전지에 붙여줄 것을 요청합니다(3분).

5 참석자들에게 함께 나와 아이디어를 보자고 요청하고 눈으로 읽어 내려가다가, 추가적인 설명이 필요한 아이디어에 대해서는 아이디어를 적은 사람에게 추가적인 설명을 요청합니다. 필요한 경우 참조가 되는 단어를 다른 색깔로 포스트잇에 기입합니다(5분).

6 붙여진 아이디어를 유사한 내용끼리 분류하여 재배치하고, 분류 위에 공통제목을 씁니다(5분).

자신의 생각을 정리하기 전에 자유토론 시간을 짧게 부여하는 이유는, 무엇에 대한 의견을 요청하는지 전혀 모르는 경우 각자가 의견을 제안하기 어려울 수 있기 때문에, 이를 배려하여 무슨 내용에 대한 의견을 제안해야 하는지 생각할 시간을 주기 위함입니다. 만약 이 시간을 길게 허용한다면 일반적인 브레인스토밍과 다를 바가 없으므로, 10분 이내로 제한하는 것이 매우 중요합니다.

✅ 아이디어를 발산하는 원리는 무엇입니까?

사람마다 사고의 속도와 폭은 천차만별입니다. 아이디어 발산의 원리를 알아보기 위하여 다음과 같은 물음을 던질 수 있습니다.

"만약 내일부터 종이가 사라진다면 어떤 일이 벌어질까?"

이 질문을 한 후 각자 5분 동안 몇 개의 답을 쓰는지를 측정합니다. 답을 몇 개 쓰는가에 따라 다른 사람들보다 많이 쓴다면 사고의 속도가 '우수', 평균이라면 '보통', 적게 쓴다면 '부족'이라고 말할 수 있습니다. 다음으로 더 중요한 것은 사고의 폭을 알아보는 것입니다. 다음 9가지 중에 답이 몇 개에 해당하는지를 확인하여 자신의 사고의 폭을 알아봅니다.

1 필기용지 (예 : 편지나 원고 등을 쓸 수 없다.)

2 다른 종이 (예 : 휴지나 색종이 등을 쓸 수 없다.)

3 인쇄물 (예 : 책이나 서류 등을 인쇄할 수 없다.)

4 용구, 기구 (예 : 펜 등의 문구류가 불필요해진다.)

5 관련 기업 (예 : 신문이나 출판사가 곤란해진다.)

6 자원, 원료 (예 : 목재 수요의 감소 등)

7 대체물 (예 : 전자 미디어, 칠판 사용 등)

8 사건, 현장 (예 : 문자의 소멸, 교육의 혼란 등)

9 기타 (1~8 이외의 것)

(출처 : 『아이디어 발상 잘하는 법』, 다카하시 마코토)

과연 어떤 원리로 아이디어가 발산되는 것입니까? 우리가 업무를 수행할 때 어떻게 아이디어를 얻는지를 생각해보겠습니다.

아이디어라고 해서 제한적일 수 있으므로 '어떻게 업무를 배웠는지?'라고 바꿔보겠습니다. 저는 학교에서 기초 지식을 배웠습니다. 또한 회계사 공부를 하기 위해 학원에서, 그리고 대학 선배와 함께 공부하면서 지식을 늘렸습니다. 회사에 들어와서는 회계감사 매뉴얼을 보고, 선배나 상사의 경험을 구두로 듣거나 이미 수행한 결과물을 보고, 고객을 만나 적용을 해보면서 지식과 경험을 쌓았습니다. 컨설팅에서도, 일반 회사업무에서도 접하는 모든 대상으로부터 지식과 경험을 전수받았습니다. 즉 아이디어는 학습과 경험을 통해 이미 우리의 뇌 속에 잠재하고 있습니다. 잠재된 아이디어는 빛을 발하기 위하여 항상 외부 자극을 기다리고 있는 것입니다.

그런데 일반적으로 아이디어를 발산하는 속도와 폭은 훈련에 따라, 그리고 사람에 따라 달라질 수 있습니다. 아이디어 발산 기법은 우리가 평소에 사고하는 폭과 속도를 향상시키기 위하여 고안된 방법입니다. 특히 사고의 폭을 넓힐 경우 뇌 속에 깊이 잠재하고 있던 아이디어들이 표면으로 올라올 수 있게 되는 것입니다. 가장 알기 쉽게 설명한다면, 아이디어 발산 기법을 통해 우리가 평소에 사용하지 않던 사고의 창을 하나 열 수 있습니다. 즉 새로운 관점을 추가함으로써 우리의 뇌 속에 잠재된 아이디어를 쉽게 꺼낼 수 있도록 하는 것이 원리인 것입니다.

💠 마인드맵이란 무엇입니까?

마인드맵은 마치 지도를 그리듯이, 자신이 여태까지 배웠던 내용을 정리하거나 자기가 하고자 하는 계획을 구상할 수 있는 방법입니다. 이것은 영국의 전직 언론인 토니 부잔이 주장하여 유럽에서 선풍을 일으킨 이론입니다. 성공의 비결로 기록하는 습관을 버려야 한다는 이론이 유럽의 여러 기업에서 각광을 받았습니다. 기록하면 시야가 좁아진다는 것이고, 적는 습관은 인간 두뇌의 종합적 사고를 가로막는다는 것입니다. 읽고 생각하고 분석하고 기억하는 그 모든 것들을 마음속에 지도를 그리듯 해야 한다는 독특한 방법입니다

(출처 : 『한국위키백과사전』)

마인드맵은 여러 가지 장점을 갖고 있습니다. (1) 좌뇌와 우뇌의 다른 기능 및 양 기능을 통합하여 두뇌 이용의 효율성을 높이고, 기억력과 창의적 사고를 극대화하며 (2) 방사 사고(Radiant Thinking)의 표현, 즉 중심체로부터 사방으로 뻗어나가는 것이 가능하고 (3) 창의성, 기억력 증진 필기법으로서 '무엇(What)을 배우는가?'보다 '어떻게 학습할 것인가(How to Learn)?'에 동기를 확실히 부여함으로써 자신감과 동기 유발, 보편적인 정신 기능을 증진시킬 수 있습니다.

보통 마인드맵은 개인이 강의를 들으면서 필기할 때, 혹은 업무 계획을 수립할 때 많이 사용하지만, 그룹 활동을 하면서 다양한 아이디어를 발산시킬 때도 활용할 수 있습니다. 왜냐하면 마인드맵의 방사 사고라는 특징이 아이디어 발산 과정과 아주 유사하기 때문입니다.

퍼실리테이터가 이 기법을 활용하는 일반적인 절차는 다음과 같습니다.

1 전지 2장 크기 정도의 종이를 벽에 붙여 준비합니다.

2 아이디어 발산이 필요한 주제를 정하여 가운데 동그라미 안에 적어 넣습니다.

3 퍼실리테이터가 시간을 정한 후 창출해야 할 아이디어 목표 개수(예 : 1인당 5개 이상)를 제시합니다.

4 시작과 함께 소그룹에 속한 참석자들 간에 아이디어를 설명하며 선을 긋고 글씨로 쓰거나 그림을 그립니다(10분).

5 종료 1분 전을 알립니다.

6 '그만!'을 외친 후 소그룹 내에서 제안된 아이디어를 검토하고 소그룹별 발표자를 선정하게 합니다.

이 기법은 직관적으로 이해할 수 있고, 소그룹 내에서 서로 의견을 자유롭게 말하면서 아이디어를 낼 수 있다는 장점이 있습니다. 특히 소그룹이 2개 이상일 때 아이디어 개수에 대한 경쟁심을 자극하여 참석자들이 적극적으로 참여하게 하는 효과가 있습니다. 그림을 그릴 수 있는 상황이 되거나 최종 산출물이 그림이 되어야 하는, 예를 들면 공원 설계도 같은 것일 경우에는 참석자들을 더 몰입하게 할 수 있습니다. 하지만 수동적인 참석자의 경우 상대적으로 참여도가 낮을 수 있으므로, 모든 참석자는 의무적으로 일정 개수 이상의 아이디어를 내야 한다는 요청을 추가하는 것도 좋습니다.

참고로 토니 부잔이 제안한 마인드맵 작성을 위한 가이드라인은 다음과 같습니다.

1 적어도 3가지 색 이상을 사용, 주제를 이미지화하여 중앙에서 시작합니다.

2 마인드맵을 그릴 때 이미지, 상징물, 코드, 선 등을 사용합니다.

3 핵심 단어를 선택하여 대문자와 소문자로 작성합니다.

4 각 단어와 이미지는 가장 잘 구분되게 하고, 자신의 선 위에 표현합니다.

5 중앙의 이미지로부터 시작하여 선들을 연결합니다. 중앙의 선들은 굵고 자연스러우며, 바깥쪽으로 가면서 가늘게 합니다.

6 선의 길이는 단어와 이미지의 길이와 같게 합니다.

7 시각적인 자극을 주고 코드화하고 그루핑(grouping)하기 위하여 마인드맵에 여러 색을 사용합니다.

8 자신만의 마인드맵 스타일을 개발합니다.

9 자신의 마인드맵에 강조와 연상을 나타냅니다.

10 지선들을 포함하도록 방사선의 구조, 순번, 외곽선 등을 사용하여 마인드맵을 명확히 합니다.

04 아이디어를 수렴할 때 유의할 점은 무엇입니까?

브레인스토밍으로 아이디어를 발산하다 보면 더 이상 아이디어가 나오지 않는 상태에 이르게 됩니다. 또는 시간을 갖고 아이디어 발산을 하면 무한정으로 나올 것 같은 상태에 빠지기도 합니다. 하지만 시간적 제약이 있는 보통의 상황에서는 전자보다는 후자의 상태에 직면하게 되는 경우가 많을 것입니다.

아이디어를 발산하는 모드에서 수렴하는 모드로 넘어가야 하는 상황에서는 퍼실리테이터가 우선 아이디어가 나올 만큼 나왔는지에 대해 점검할 필요가 있습니다. 아무리 시간에 쫓기더라도 회의의 목적을 생각하고 이에 맞는 아이디어가 아직 나오지 않았다면 추가 논의를 할지 여부를 판단해야 하는 것입니다.

✅ 발산에서 수렴으로 이행하려면 어떻게 해야 합니까?

추가적인 논의를 해야 할 경우 서로의 입장 차이를 확인하게 하는 방법이 있습니다. 이 방법은 퍼실리테이션 프로세스의 하나의 독립된 단계로 진행하기도 합니다. 간단히 설명하면, 이 방법은 제안된 아이디어를 읽어본 후 가장 이해가 안 가는 다른 사람의 아이디어를 추출하게 합니다. 추출한 아이디어들을 플립차트에 올려놓고 아이디어 주인들이 앞으로 나와 자신이 왜 그런 아이디어를 냈는지 설명하게 합니다.

다른 참석자들은 아이디어에 대한 찬반 의사를 표현하거나 공격하지 않고 아이디어 주인들이 아이디어를 낸 배경이나 입장이 무엇인지, 즉 발표자의 가치관, 사고방식, 두려움, 기대, 경험 등을 이해하기 위한 질문을 돌아가며 합니다. 한 발표자의 설명이 끝나면 시간이 허락하는 한 모두 발표할 수 있도록 합니다. 이와 같이 진행한 후 질문하고 답변하는 가운데 생각하거나 느낀 바를 토대로 다른 아이디어가 있으면 추가적으로 아이디어를 도출하게 합니다. 이렇게 도출된 아이디어들은 대부분 자신의 아이디어와 다른 사람의 아이디어를 통합한 새로운 아이디어가 나오도록 할 수 있습니다.

서로의 입장 차이를 확인하는 동안 갈등 상황이 벌어질 수도 있습니다. 퍼실리테이터에게 갈등 상황은 한편으로는 피하고 싶은 것이기도 하지만, 다른 한편으로는 필요한 것이기도 합니다. 즉 갈등 상황을 바라볼 때 그룹에서 해결되지 않은 새로운 영역이 있다고 해석한다면, 이를 이해하려고 하는 과정에서 새로운 해결 방안이 도출될 수 있는 것입니다. 입장이 다르다는 것은 의사결정을 함에 있어서 합의하기 어려움을 의미하기도 하지만, 서로의 입장을 이해하고 이를 포함할 수 있는 아이디어를 생각하게 한다면 오히려 합의안을 도출할 수 있는 게

기가 될 수도 있을 것입니다. 퍼실리테이터는 긍정적인 마인드를 갖고 각 참석자들이 갖고 있는 에너지를 한 곳으로 모을 수 있도록 끊임없이 조정하는 노력을 해야 할 것입니다.

서로의 입장 차이를 확인하는 과정을 거치는 동안 생각이 발산하는 방향으로만 진행되다가 서서히 수렴하는 방향으로 바뀌게 됩니다. 이 시점에서 아이디어를 수렴하는 단계로 들어가면 좋을 것입니다. 혹시 이렇게 해도 효과가 미흡하다면, 시간을 조정하여 조금 긴 듯한 휴식 시간을 갖는 것이 좋습니다. 아이디어를 도출하는 열기가 휴식 시간을 통해 잠깐 숨 고르기를 할 수 있기 때문입니다. 휴식 없이 아이디어 수렴하기로 들어가면, 참석자들이 여전히 아이디어 발산하기 단계에 있는 것으로 받아들여 퍼실리테이터가 원하는 방향대로 회의가 진행되지 않을 수도 있음을 알아야 합니다. 이 부분은 아주 중요합니다.

✅ 그룹의 아이디어 수렴을 어떻게 해야 합니까?

그룹 활동을 하는 목적은 다양한 관점에서 해결 아이디어를 도출하기 위한 것도 있지만, 도출된 아이디어를 수렴하여 많은 사람들이 합의할 수 있는 최적의 아이디어를 선정하기 위한 것도 있습니다. 혼자서 아이디어 선정을 한다면 다양한 관점에서 검토하기 어려울 것입니다. 다양한 관점의 아이디어를 창출하기 위하여 그룹 활동이 필요하듯이, 발산된 아이디어 중에서 최적의 아이디어를 선별하기 위해서도 다양한 관점의 검토가 필요합니다. 따라서 다수가 모여 다양한 관점을 절차에 잘 반영할 수 있다면, 혼자서 검토하는 것과 비교하여 검토 결과의 질이 훨씬 뛰어날 것입니다.

만약 혼자서 최적의 아이디어를 선정하더라도, 그 아이디어를 실행하려면 여러 사람의 도움을 받아야 할 것입니다. 그런데 다수가 모여 아이디어를 수렴하는 경우에는 이미 그 다수가 아이디어 수렴에 적극 참여했으므로, 수렴된 아이디어를 실행할 때 별도로 설명하거나 요청할 필요 없이 참석자들이 바로 실행에 옮길 수 있을 것입니다. 즉 실행력 측면에서 다수의 힘은 혼자 할 때와는 비교가 무색할 것으로 예상됩니다.

그런데 만약 다수가 아이디어를 수렴하려면, 혼자서 할 때보다는 일반적으로 훨씬 더 긴 시간이 소요될 것입니다. 그리고 다수가 의견 수렴에 참여한다고 해서 항상 더 질 높은 아이디어를 선별한다는 보장이 있는 것은 아닙니다. 그러므로 혼자서 할 때와 비교하여 선정된 아이디어의 질이 항상 더 높다고 볼 수만은 없을 것입니다. 따라서 일반적으로 아이디어 수렴을 위한 그룹 활동을 할 때의 장점을 살리기 위해 체계적인 기법과 절차를 사용하는 퍼실리테이션이 중요해지는 것입니다. 제가 경험한 바로는 아이디어 수렴을 위하여 (1) 아이디어 그루핑 하기 (2) short list 만들기 (3) 우선순위 결정하기 등의 절차를 취하는 것이 좋을 것 같습니다. 그리고 아이디어 수렴의 결과가 그룹 의사결정이라고 한다면, 의사결정 과정에 대하여 먼저 참석자들에게 진행 예정 절차를 제시한 후 참석자들의 동의를 구하는 것이 아주 중요합니다.

아이디어 수렴을 위한 퍼실리테이션 기법은 여러 가지가 있습니다. 대표적으로 아이디어 그루핑 하기에는 친화도법(KJ법, 가와기타 지로법), short list 만들기에는 다중 투표법(Multi-Voting), 스토리보드법(Story Board), Fist-to-Five법 등이, 그리고 우선순위 결정하기에는 Payoff Matrix법, 의사결정 그리드법(Decision Grid) 등이 있습니다. 이하에서는 각 기법들에 대해 설명하겠습니다.

✅ 친화도법(KJ법, 가와기타 지로법)이란 무엇입니까?

친화도법(Affinity Diagram)은 아이디어를 발산한 후 자연스럽게 아이디어를 유사한 것끼리 그루핑 하는 기법입니다. 그루핑은 생각보다 쉽지 않지만, 친화도법, 혹은 KJ법(가와기타 지로법)에 따라 진행하면 자연스럽게 그루핑이 됩니다.

퍼실리테이터는 다음과 같은 순서로 친화도법에 의해 진행할 수 있습니다.

1 주제를 공유한 후 도출된 아이디어들 중에 주제와 관련성이 낮은 아이디어를 주차장(Parking Lot)으로 보냅니다.

2 1차로 2~3개의 유사한 아이디어를 소그룹으로 분류하되, 5개 이상이 한 소그룹일 경우 분리할 수 있는지를 고려합니다.

3 각 소그룹별로 아이디어들의 공통적인 내용을 도출하여 다른 포스트잇에 소그룹 명을 적습니다.

4 소그룹 간에 유사성을 확인하여 중그룹으로 분류하고 중그룹 명을 적습니다. 중그룹은 다시 중그룹 간의 유사성을 확인하여 최종적으로 3~4개의 대그룹으로 분류하여 대그룹 명을 적습니다.

5 전체적으로 검토하여 중복되거나 누락된 내용이 없는지 확인합니다.

6 대그룹, 중그룹, 소그룹 간의 구조도를 그려 주제에 대한 아이디어를 포괄합니다.

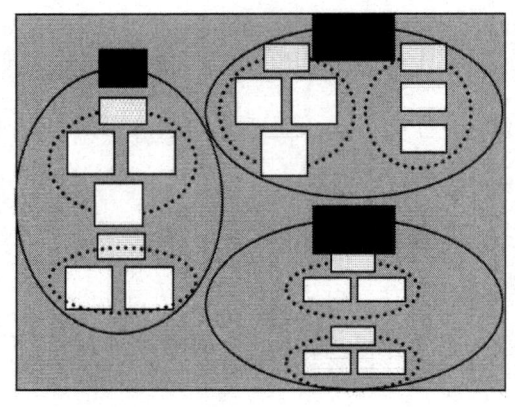

   KJ법으로 아이디어를 분류하는 동안, 참석자들이 서로의 생각을 자연스럽게 교환하도록 격려하는 것이 좋습니다. 특히 그룹별 이름을 적으면서 아이디어 간의 공통점과 차이점에 대해 서로의 생각을 교환하도록 합니다. 퍼실리테이터는 주제와 관련성이 없다고 생각되는 아이디어를 제외시킬 때, 그 아이디어를 제안한 본인의 의견을 존중하게 하는 것이 좋습니다. 아무리 나중에 논의할 아이디어를 모으는 주차장(Parking Lot)으로 분류한다고 하더라도, 정작 본인의 주장을 듣지 않고 옮기는 것은 반감을 일으킬 소지가 있기 때문입니다.

   아이디어를 분류하는 과정에서 분류 기준이 충돌할 수 있는데, 이를 완화하기 위해 보통 참석자 중 소수가 KJ법으로 먼저 분류하게 한 후, 나머지 참석자들이 분류 결과를 검토하여 이의를 제기하도록 역할을 분담하기도 합니다.

   분류가 끝나면 MECE(Mutually Exclusive, Collectively Exhaustive) 기준을 적용하여 주제와 관련하여 나오지 않은 아이디어가 있는지 확인해야 합니다. 중복되는 것을 어느 정도까지는 허용하더라도, 누락되는 아이디어 분류가 있다면 퍼실리테이터는 참석자들에게 추가로 아이디어를 도출해달라고 요청하거나, 혹은 누락되는 부분이 있더라도 주제를 해결하기 위해 크게 문제가 되지 않는다고 생각하는지 확인 질문을 해야 합니다.

🔘 다중 투표법(Multi-Voting)이란 무엇입니까?

투표(Voting)는 일반적으로 다수결로 의사결정을 내리는 데 사용되는 도구입니다. 빠르고 정확한 의사결정 방법으로서, 모든 참석자가 의사결정에 참여하므로 결과에 대한 수용이 용이합니다. 하지만 단점으로서 사표(死票)가 발생하므로 소수 의견을 반영할지의 여부, 반영한다면 어떻게 반영할지를 고민한 후, 합의 혹은 만장일치에 가까운 쪽으로 추가적인 검토를 하는 것이 바람직합니다. 여기서는 발산된 많은 아이디어 중에서 최적의 아이디어를 확정하기 전에 도출된 아이디어의 숫자를 7~15개의 인지 가능한 숫자로 줄이기 위한 용도로 투표를 사용하는 방법을 살펴보기로 하겠습니다.

우선 다중 투표법(Multi-Voting)이 있습니다.

퍼실리테이터는 일반적으로 다음과 같은 절차에 따라서 이 기법을 진행합니다.

1 플립차트에 붙여진 투표할 아이디어들을 참석자들이 전반적으로 검토하게 합니다.

2 투표 대상 항목 수의 1/3만큼 개인별로 선택권을 줍니다. 예를 들어 15개의 항목이 있을 경우, 개인별로 5개의 중요한 항목을 선택하게 합니다.

3 투표수만큼 개인별로 칼라 스티커(Dot Sticker)를 배포합니다.

4 개인별로 한 항목에 한 개의 스티커를 붙이는 방식으로 투표합니다. 그룹에

투표하지 않고, 각각의 아이디어에 투표합니다. 유의할 점은, 한 사람이 한 항목에 스티커 여러 개를 붙일 수 없다는 것입니다.

5 스티커 개수를 합산하고, 표를 적게 받은 항목부터 리스트에서 제외합니다 (일반적으로 상위 1/3 개의 리스트를 선택합니다).

이것은 실무에서 정말 많이 사용하는 방법입니다. 실제 의사결정을 하기 위하여 사용하기도 하고, 참석자들의 생각을 참조해보자는 가벼운 의미를 갖고 사용하기도 합니다. 예를 들면, 모든 아이디어의 중요성을 동일하게 받아들이되 발표 순서를 정하기 위해 이 기법을 사용하기도 합니다. 몇 개의 선택권을 주게 할 것인가도 논란의 여지가 있으나, 위에서처럼 1/3만큼 주기도 하고, n/2-1만큼 주기도 하며, 최소한 개인별 아이디어 수 이상으로 투표권을 주기도 합니다. 결과가 조금씩 달라질 수도 있겠지만, 심각한 차이는 아닐 것으로 생각합니다. 더 중요한 것은, 이 기법이 너무 신속하고 정확하기 때문에 참석자 간에 깊이 있는 대화를 못 하고 의사를 결정할 수 있는 위험이 있음을 미리 알아야 한다는 것입니다. 따라서 이 기법은 아이디어의 수가 너무 많아 의사결정을 바로 하기 어려울 때 short list(7~15개 정도가 적절함)를 만들기 위하여 사용하는 것이 바람직합니다.

그리고 단점을 보완하기 위해 minority report의 방법을 추가로 적용하는 것을 고려할 필요가 있습니다. 즉 패자부활전을 통해 선택되지 못한 아이디어를 다시 선택할 수 있는 기회를 주는 것입니다. 간단히 설명한다면, 선택되지 않은 아이디어를 정하여 찬성발언(positive speech)과 반대발언(negative speech)을 하도록 합니다. 그리고 모든 팀원이 그 아이디어를 추가로 선택하는 데 대해 찬성과 반대를 표현하도록 하고, 그 결과에 따라서 아이디어의 부활 여부를 결정합니다.

✅ 스토리보드(Story Board) 기법이란 무엇입니까?

스토리보드 기법은 도출된 아이디어를 모아 스토리텔링이 가능하도록 분류하는 작업입니다. 퍼실리테이터는 일반적으로 다음과 같은 절차에 따라서 진행합니다.

1 참석자들에게 스티커가 많이 붙은 아이디어를 중심으로 선별하여, 7개 이내의 소그룹 혹은 중그룹으로 아이디어를 분류하도록 합니다.

2 소그룹 혹은 중그룹 별로 분류한 아이디어들의 공통되는 키워드를 뽑아내서 포스트잇에 정리하도록 합니다.

3 키워드를 요약하여 그룹별 아이디어 제목을 적게 합니다. 제목은 주제를 해결할 수 있도록 전체적인 흐름이 보이도록 합니다.

4 그룹별 아이디어 제목을 평가한 후 그 중에서 선택하도록 합니다. 이때 제목과 포함된 키워드, 포함된 세부 아이디어의 내용을 함께 고려하면서, 선택된 아이디어를 포괄하는 주제 해결의 스토리를 구성해보게 합니다.

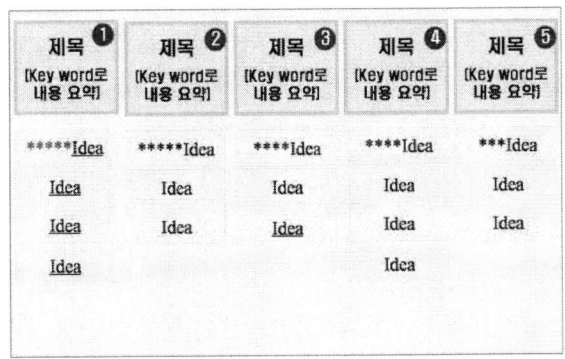

이 방법은 아주 널리 사용하는 아이디어 수렴 기법입니다. 앞서 설명한 투표 기법들과 적절히 함께 사용하는 경우가 많습니다. 다만 그

룹별 아이디어 제목을 적는 과정에서 지나치게 요약되고 추상화되다 보니, 그룹에 속한 정말 실질적인 아이디어들이 최종 선택에서 고려되지 않는 경우가 있다는 단점이 있습니다. 하지만 실행 계획을 수립할 때 세부 아이디어들의 내용을 충분히 검토하여 포함한다면, 일관성 있고 구체적인 실행 계획이 될 수 있을 것입니다. 스토리보드 기법의 장점은 주제 해결을 위하여 어떤 방안들을 실행해야 할지를 스토리 형식으로 구성해보면서, 실행에 필요한 모든 항목들을 점검할 수 있다는 점이 아닐까 합니다.

✅ Fist-to-Five법이란 무엇입니까?

마지막 short list 도출 방법으로서 Fist to Five Voting 기법이 있습니다. 이 기법은 여러 개의 안건이나 쟁점을 신속히 수렴하고자 할 때, 그 지지(동의) 정도를 손가락으로 나타내는 방법입니다. 팀원 모두가 동시에 손을 들고 손가락을 펼침으로써 다른 팀원의 영향을 받지 않습니다. 실시 절차가 간편하여 손쉽게 활용할 수 있으며, 신속한 결정을 내릴 수 있습니다. 퍼실리테이터는 일반적으로 다음과 같은 절차에 따라서 이 기법을 진행합니다.

1 적은 수의 아이디어에 대해 중요도를 평가하게 합니다.
2 손가락으로 1점부터 5점까지 표시할 수 있습니다.
3 각 아이디어에 대해 참가자 별로 점수를 표시하게 합니다.
4 아이디어 별로 점수를 합산하여 많은 점수를 받은 아이디어 순으로 분류합니다.

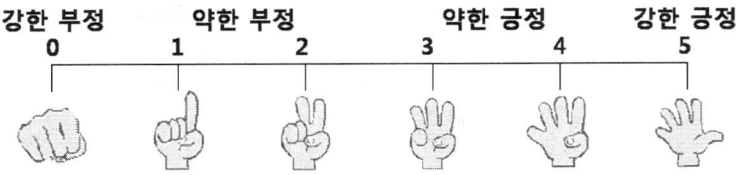

강한 부정	약한 부정		약한 긍정		강한 긍정
0	1	2	3	4	5

너무 신속하게 진행되므로 퍼실리테이터가 사전에 충분한 설명을 해야 합니다. 손가락 수의 합을 계산하도록 담당자 2명을 지정하는 것이 효과적입니다. 이 기법은 그때그때 상황에 좌우되기 쉬우므로 재현성이 떨어진다는 단점이 있습니다. 다중 투표법이 개인별로 일정 수의 투표권을 주는 데 반해, Fist-to-Five법은 투표권의 제한이 없이 아이디어별로 개인의 평가를 할 수 있다는 특징이 있습니다. 하지만 아이디어의 수가 너무 많은 경우 집계에 시간이 많이 걸린다는 단점이 있습니다.

✅ Payoff Matrix 법이란 무엇입니까?

다음으로 우선순위 결정을 위해 Payoff Matrix 기법이 있습니다. 이 기법은 short list에 포함된 아이디어 중에서 우선순위를 정하고자 할 때 사용하는 기법입니다. short list를 선별하는 기법과 우선순위를 정하는 기법의 차이는 크지 않지만, 굳이 비교한다면 전자는 신속히 개인별로 진행할 수 있는 반면, 후자는 신중히 협의하면서 진행해야 하는 기법이라고 할 수 있습니다. 퍼실리테이터는 일반적으로 다음과 같은 절차에 따라서 이 기법을 진행합니다.

　■ 2*2 Matrix를 정하고 가로축과 세로축을 정합니다. 축의 속성은 보통 기대성
　　과(impact)와 필요자원(effort)을 사용합니다.

2 각 아이디어에 대하여 축 별로 투표하도록 합니다.

3 축 별로 나올 수 있는 최댓값과 최솟값을 표시하고, 중간 값을 정하여 4등분합니다.

4 아이디어를 4분면에 한 점으로 표시하여 우선순위를 정합니다.

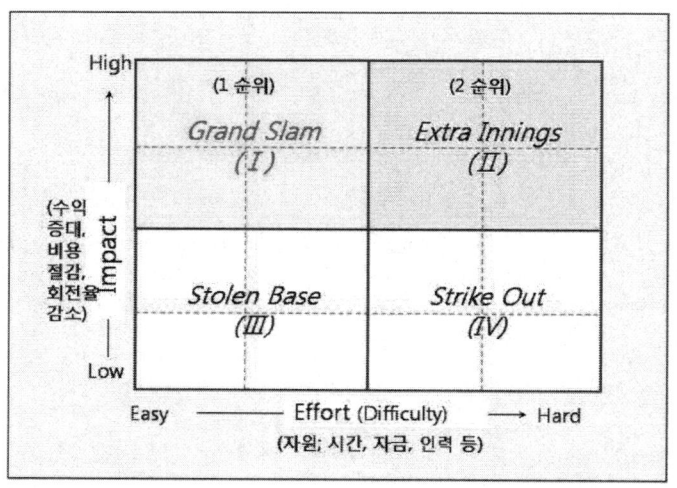

최댓값과 최솟값을 표시하는 대신 투표한 결과의 최댓값과 최솟값을 표시하기도 합니다. 이 기법의 가로축과 세로축은 우선순위 결정기준으로서 주제 혹은 아이디어의 성격에 따라 달라질 수 있습니다. 그러므로 이 기법을 사용하기 전에 참석자들과 기준에 대하여 논의하는 별도의 시간을 가질 수 있습니다. 우선순위는 Grand Slam(고성과, 저비용), Extra Innings(고성과, 고비용)의 순서대로 정할 수 있고, 참석자들 간에 논의를 통해 합의가 가능하다면 우선순위를 변경할 수도 있습니다.

✅ 의사결정 그리드 법(Decision Grid)이란 무엇입니까?

다음으로 의사결정 그리드 기법이 있습니다. 이 기법도 아이디어의 우선순위를 정할 때 사용하는 기법입니다. 투표한 결과를 즉각 반영하기보다는, 참석자들 간의 논의를 통해서 아이디어의 위치를 결정하는 특징이 있습니다. 퍼실리테이터는 일반적으로 다음과 같은 절차에 따라서 이 기법을 진행합니다.

1. 선정된 아이디어를 포스트잇에 적습니다.
2. 가로축에 실현 가능성, 세로축에 사업 성과를 적은 후 낮음, 중간, 높음의 조합으로 9등분합니다.
3. 각 아이디어에 대하여 사업 성과가 낮음, 중간, 높음 중 어디에 해당하는지 논의하여 결정하게 하고, 이어 실현 가능성에도 어디에 해당하는지 논의하여 위치를 결정합니다.
4. 아이디어의 위치를 상대적으로 평가하여 조정합니다.
5. 우 상단 꼭짓점으로부터 동심원을 그려 우선순위를 정합니다. 우 상단으로 갈수록 우선순위가 높습니다.

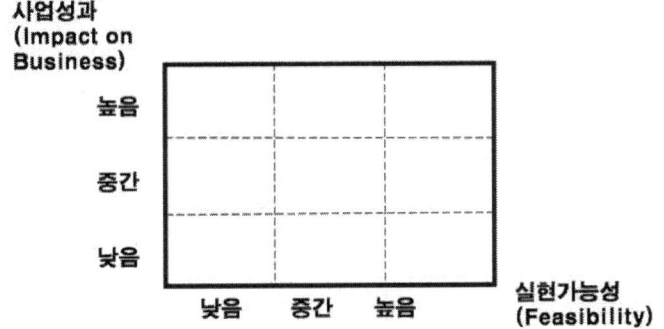

의사결정 그리드는 여러 개의 회의 주제 중 어느 것을 먼저 다룰 것인가를 선정하거나, 회의 주제에 대한 최종 아이디어 중 어느 것부터 실행할 것인가의 우선순위를 정할 때 널리 사용합니다. 사업 성과와 실현 가능성의 기준은 평가 기준으로서 다른 기준들을 단지 2개로 모두 망라할 수 있는 장점이 있습니다.

05 의사결정의 함정을 피하는 방법은 무엇입니까?

의사결정이란 설정한 목표를 달성하는 데 이용 가능한 여러 대안을 개발하고, 그 중에서 의식적으로 하나의 대안을 선택하는 과정입니다.

개인의 의사결정에 영향을 주는 요인으로는 경험, 가치관, 직관, 성격, 판단력, 지식, 정보, 상황 진단, 미래 예측 등 많은 것들이 있습니다. 일반적으로 나타나는 의사결정의 함정으로는 인지적 오류(Cognitive Bias), 단순화 경향(Heuristics), 고정관념(새로운 정보 무시), 자기 능력 과신(과거의 성공에 집착), 과거 결정 합리화(체면 세우기), 문제 해석에 따른 오류(Framing) 등이 있습니다. 함정을 피하고 합리적인 의사결정을 하는 방법으로는 다양성 제고, 정확한 정보 수집, 자신에게 솔직하기, 낙관론 배제(현실 직시), 실수로부터 배우기, 현장 중시, 그룹 의사결정 활용 등이 있습니다. 즉 그룹 의사결정이 합리적인 의사결정 방법 중의 하나인 것입니다.

✅ 그룹 의사결정의 특징은 무엇입니까?

　그룹 의사결정의 특징은, 개인보다 많은 정보를 공유하고, 상호 작용 (영향을 주고받음)을 하며, 상대적으로 정확성이 높고 창의성이 우수하며, 문제해결에 이르는 시간이 많이 소요되고, 어려운 문제 해결 시 모든 자원이 활용 가능하다는 것 등이 있습니다. 잉그리드 벤스가 정리한 6가지 그룹 의사결정 방식과 장단점 및 활용도는 다음 표와 같습니다.

결정방식	장점	단점	활용
자발적 동의	빠르고 용이 통합적	성급 토론부족	간단한 안건
단독 결정	빠르다 명확한 책임	정보부족 낮은 참여도, 시너지부족	전문가 개인적 책임 의지
타협	논의 해결안 도출	반대의견 양성 승패 집단을 분열	의견 분열로 합의 도출이 불가능해 보일 경우
다중 투표	체계적, 객관적, 참여적, 승리감	대화의 한계 선택에 영향 우선순위 안 나타남	다양한 아이디어에서 몇 개를 추려낼 때
다수결	속도 대화를 통해 비교 명확한 결론	성급, 대화 결여 승패, 서로의 선택에 영향 줌	평범한 안건 명확한 두 가지 선택 의견차이가 수용 가능할 때
합의	협력적, 체계적, 참여적, 토론 참여를 고무	시간 걸림 사전 정보 수집 필요 대인관계 스킬 필요	중요한 안건 전체 참여가 중요할 때

　그러나 그룹 의사결정에는 또한 함정이 있을 수 있는데, 그 예는 다음과 같습니다.

- 적당한 수준에서 타협 (무관심, 무의미, 적극적 회피, 자포자기)
- 집단사고 (구성원 간의 상호 관계를 고려한 합의, 동조 압력)
- 집단의 분열과 갈등의 심화 (의사 결정 속도 저하, 비효율적 결정)
- 리더의 비효율적 진행 (소수 아이디어의 무시)
- 시간적 압박 (섣부른 종결과 불일치의 축소)
- 의사결정 시스템에만 의존함

특히 우리는 집단사고(Groupthink)에 대해 유의할 필요가 있습니다. 집단 구성원들이 높은 수준의 응집성을 갖는 강력한 집단정신을 지니고 있을 경우, 구성원들은 집단의 동질성을 유지하기 위해 집단의 결정에 반대하지 않는 경향이 있고, 이때 집단 구성원들은 자신들을 외부의 정보로부터 고립시키게 되어 비판적인 생각을 더 이상 제시하지 않게 됩니다. 집단사고의 모델을 살펴보면 전제와 증상, 그리고 의사결정의 특징들을 확인할 수 있습니다. 먼저 집단사고의 전제 조건들에는 집단 응집성, 구조적 결함(외부로부터의 고립, 비민주적 리더십, 토의 절차 방법 부재, 구성원간의 사회적 배경 및 이념적 동질성) 및 촉진적 상황 요건(외부 위험에 의한 스트레스 급증, 일시적으로 유발된 자존감 저하) 등이 있어 집단사고의 환경을 조성합니다.

집단사고의 증상들을 살펴보면, 집단 역량의 과대평가(자기 집단은 취약성이 없다는 착각, 자기 집단의 도덕성에 대한 신념), 폐쇄적인 아집(우리가 항상 옳다는 식의 집단적 합리화, 타 집단에 대한 부정적 고정관념) 및 획일성 추구 압력(반대 의견을 스스로 자제하려는 자기검열[self-censorship] 심리, 구성원들 간에 만장일치가 이루어져 있다는 착각, 반대자에 대한 직접적 압력, 반대의견을 제시하지 못하도록 하기 위해서 자체 설정한 규제) 등이 있습니다. 이러한 증상들은 결국 비효율적인 의사결정을 하게 합니다. 즉 불완전한 대안을 모색하고, 선호하는 대안의 잠재적 위험성을 간과하며, 대안들에 대한 재평가가 이루어지지 않고, 빈약한 정보 탐색을 합니다. 유리한 정보만을 편파적으로 받아들이고, 상황 대응 계획이 없어지는 결과를 가져오는 것입니다.

집단사고를 극복하는 방법은 자유로운 토론 분위기 조성(반대의견 독려, 경쟁 유도 및 평가, 목소리 큰 사람에 의해 회의가 지배당하는 것을 경계, 리더는 사안에 대한 언급 회피), 건설적 비판자 지명(평가자의 역할 요구, 외부 전문가 참여), 다수의 소집단을 동시 구성, 지나친 시간 압박을 주지 말 것, 대안 재조사를 격려할 것 등이 있습니다. 특히 건설적 비판자는 결론이 한쪽으로 흘러갈 가능성이 있다고 판단될 때, 회의를 시작하면서 퍼실리테이터가 한 사람을 공개적으로 지명하여 의사결정의 균형을 잡는 데 효과적인 방법입니다.

🔵 합의를 도출하는 방법은 무엇입니까?

합의는 전원이 찬성하지는 않더라도, 그룹이 어떤 아이디어를 최종안으로 선정하는 데 동의한다는 의미입니다. 즉 '나는 그것을 받아들일 수 있고, 지지할 것'이라는 의미인 것입니다.

마이클 윌킨슨에 따르면, 의견 차이가 발생하는 이유로는 정보 공유 부족, 가치관·경험 차이, 외부적 요인 등이 있습니다. 이와 같은 의견 차이를 좁히려면 상호 알고 있는 정보를 상세히 설명한 후 정보를 요약해보고, 각각의 의견들의 강점과 약점을 비교한 후, 각 강점을 통합하는 새로운 대안을 제시하는 방향으로 노력하고, 문제의 근본적인 원인을 살펴봄으로써 원인을 공동으로 해결할 수 있도록 해야 합니다.

마이클 윌킨슨이 제시하는 갈등을 해소하는 방법은 다음과 같습니다. 즉 각자의 중요한 문제점, 우려사항, 과거 경험, 현재 상황에 관해 말할 기회를 줍니다(그리고 확인합니다). 협력을 바라는 것에 대해 모두로부터 동의를 이끌어 냅니다. 협력이 잘되면 서로 얻게 될 장점을 파악합니다. 의견 교환을 위한 프레젠테이션을 하고 협력을 위한 방법을 논의합니다. 문제 발생에 대비하여 상호 협력 원칙을 마련합니다. 모니터링을 하고 의도적으로 조정하는 방법을 강구합니다.

일반적으로 의사결정을 하는 회의에 있어서 의사결정 프로세스를 정하고 참석자들과 이를 사전에 공유해야 합니다. 때로는 의사결정 프로세스에 대한 합의를 하기 어려울 경우도 있습니다. 즉 의사결정 프로세스가 자신에게 불리하다고 생각되는 참석자들이 반대의사를 표명하게 되면, 의사결정 프로세스에 대한 합의를 하지 못하는 것입니다. 이 경우 의사결정 프로세스를 진행하는 퍼실리테이터에 대한 신뢰가 중요해집니다. 의사결정 프로세스에 대한 합의를 하려고 노력해야 하겠지만, 근저에는 어떤 프로세스 변화가 있더라도 퍼실리테이터에 대한 신뢰가 없다면 반대를 위한 반대를 할 가능성이 높을 수 있기 때문입니다.

그렇다면 퍼실리테이터는 의사결정을 하는 데 있어서 어떤 역할을 해야 합니까? 의사결정에서 퍼실리테이터의 역할은 다음과 같은 것들이 있습니다. 즉 공동의 목적 확인하기, 진심 어린 대화하기, 본질에 집중하기, 건설적인 관계 유지하기, 다양한 관점 존중하기, 분명하게 생각하도록 촉진하기, 합의 형성에 집중하기, 객관성 지키기 등입니다. 이 중에서 특히 다양한 관점 존중하기가 중요합니다. 일반적으로 소수의 의견을 존중하기보다는 다수결로 속전속결하는 경향이 있는데, 이는 의사결정이 신속하게 내려질 수는 있겠지만, 실행에 있어서는 그 속도가 오히려 더딜 가능성이 커지는 것입니다. 따라서 의사결정을 할 때 소수의 의견을 충분히 경청하여, 아주 조금이라도 소수 의견을 최종 의사결정에 추가로 반영하려고 노력하는 시도를 꼭 해야만 합니다.

✅ 의사결정을 위한 토론 게임

딜레마의 상황을 그룹에 던져주고 합의를 도출하는 게임을 해봄으로써, 합의에 이르기 위하여 퍼실리테이터는 참석자들의 의견 교환을 어떻게 리드해야 하는지를 경험할 수 있습니다.

1 딜레마 상황

폭풍으로 배가 침몰했습니다. 다섯 명의 생존자가 두 개의 구명보트에 올라탔습니다. 선원과 여자, 그리고 노인 한 명이 같은 배에 타고, 여자의 약혼자와 약혼자의 친구가 한 배에 타게 되었습니다. 그날 밤 폭풍이 계속되었고, 두 보트는 서로 다른 섬에 상륙하게 되었습니다. 선원과 여자, 그리고 노인이 탄 배는 무사히 섬에 상륙했으나 심하게 부서져버렸습니다. 여자는 밤새도록 약혼자가 타고 있는 배를 찾아다녔으나 소용이 없었습니다. 다음 날 날이 개었고, 그들로부터 조금 떨어진 곳에 있는 또 다른 섬이 눈에 띄었습니다. 여자는 그 섬에 약혼자가 상륙했을 거라고 생각하고 배를 고쳐 그 섬에 가보기로 합니다.

그러나 배가 몹시 심하게 부서져 여자 혼자서는 고칠 수 없었습니다. 여자는 선원에게 배를 고쳐 건너편 섬으로 데려다달라고 부탁했습니다. 선원은 그날 밤 자기와 동침하면 그녀의 부탁을 들어주겠다고 했습니다. 여자는 선원의 조건이 싫어서 노인에게 다시 부탁해보았습니다. 그러나 노인은 자기와 상관없는 일이니 도와줄 수 없다고 합니다. 여자는 어쩔 수 없이 다시 선원에게 가서 그의 조건대로 했습니다.

다음날 선원은 배를 수선하여 그녀를 그 섬으로 데려갔습니다. 배에서 내린 여자는 약혼자를 만나 기쁨의 포옹을 했습니다. 그녀는 전날 밤에 있었던 일을 약혼자에게 솔직히 털어놓기로 했습니다. 얘기를 들은 약혼자는 그녀에게 "당장 사라져버려! 널 다시는 보고 싶지 않아." 라고 소리쳤습니다. 여자는 울면서 해변 가로 걸어갔습니다. 이를 본 약혼자의 친구는 그녀에게 다가가 그녀의 어깨에 손을 얹으며 이렇게 말합니다. "내가 보니 둘이 매우 다툰 것 같군요. 내가 나서서 도움이 되도록 해보겠소. 그러나 일이 해결되기까지는 내가 당신을 돌보아주겠소."

위의 인물들 중 가장 나쁜 사람이라고 생각되는 사람을 1부터 5까지 순서대로 번호를 매기고, 그렇게 생각하는 이유를 간단히 정리하십시오.

선원   (   )

여자   (   )

노인   (   )

약혼자   (   )

약혼자의 친구 (   )

3 과제 2-그룹의 합의 도출

개인적으로 정리한 순서와 이유를 토대로 그룹 토의를 통해 합의된 순서를 정하시기 바랍니다. 그룹 토의에 임할 때는 다음 원칙을 지켜 주십시오.

· 자기의 의견을 쉽게 양보하거나 타협하지 말고, 상대방을 설득하여 합의를 이루도록 노력할 것

· 다수결로 순위를 정하지 말 것

선원   (   )

여자   (   )

노인   (   )

약혼자   (   )

약혼자의 친구 (   )

합의 도출 후 어떤 절차 혹은 방법을 통해 합의에 도달했는지 정리하여 발표하십시오. 각자 합의한 수준이 다음 중 어디에 해당하는지 표시해주십시오.

☐   나는 정말 이 아이디어가 좋아. (Whole-hearted Endorsement)

☐   완벽하지는 않지만 충분히 괜찮아. (Agreement with a Minor Point of ontention)

☐   그 안으로 결정해도 무리는 없어. (Support with Reservations)

☐   이 문제가 나에게 미치는 영향은 없어. (Abstain)

☐   나는 아직 그 문제를 충분히 이해하지 못했어. (More Discussion Needed)

☐   그다지 좋지는 않지만 그룹 결정을 반대하고 싶지는 않아. (Don't Like But Will Support)

☐   나는 그 결정에 참여하고 싶지 않고, 기대감도 없어(Serious Disagreement)

☐   나는 이 제안을 만류하겠어. (Veto)

아래로 내려오는 수준에 체크한 사람이 많을수록 합의 수준은 낮다고 판단할 수 있습니다. 합의 수준이 낮을 경우에는 실행력이 떨어지므로, 합의 수준을 높일 수 있는 방안이 없는지 재 논의할 필요가 있습니다. 특히 소수 의견을 가진 참석자의 의견을 경청하여 결정을 보완할 수 있는 방안이 있는지 중점적으로 검토할 필요가 있습니다.

06 찬반 의견이 팽팽할 때 어떻게 합의를 해야 합니까?

 의사결정의 방법은 보통 문제 혹은 이슈, 즉 과제에 대한 해결 방안을 도출하여, 여러 가지 대안 중에 상호 비교를 통해 하나 이상을 선정하는 방식이 주를 이룹니다. 이러한 방식은 해결 방안이 합리적으로 도출되고, 거의 모든 사람들이 사실 혹은 기타 증거자료를 보고 합치된 의견이 나올 경우에 가능합니다. 다시 말하면, 합리적이어야 하므로 개인의 입장과 무관한 과제 내용이 많고, 혹은 개인에 미치는 영향이 크지 않은 과제인 것이 대부분입니다.

 그런데 만약 어떤 해결 대안이 나에게 미치는 영향이 커서, 그 해결 방안에 대한 나의 이해관계가 큰 과제인 경우 의사결정은 어떤 특징이 있습니까? 아주 복잡하게 이해관계가 얽힌 경우도 있겠지만, 대부분은 단순히 찬반의 결정으로 귀결될 수 있을 것입니다. 한편, 이해관계가 크지 않은 경우에도 찬반 토론은 다양한 형태로 우리 주위에 존재합니다. 예를 들어 사회적인 이슈가 되는 사안, 즉 '혼전 동거를 인정해야 합니까?'와 같은 주제는 나와 직접 관계가 될 수도 있고, 관계없을 수도 있습니다. 하지만 그 사안에 대하여 의견을 제시할 수 있으며, 왜 그렇게 생각하는지 이유 혹은 근거를 설명할 수 있습니다.

 이와 같이 해결 방안에 대한 찬반양론이 분분할 때 우리는 과연 어떻게 결론을 내립니까? 가장 쉬운 방법은 다수결로 하는 것입니다. 찬성과 반대에 대해 각자의 의사를 표현하게 한 후, 우리 그룹 혹은 모임에서는 찬성으로 혹은 반대로 결정했다라고 하면 가장 쉬울 것입니다. 하지만 이렇게 결정하는 경우 어떤 문제점이 있을까요? 무엇보다도 왜 그런 의견을 표명했는지에 대한 부분이 빠져 있는 것입니다. 결론만 중시하다 보면 나와 다른 의견을 갖고 있는 사람들이 어떤 생각을 갖고 있는지를 전혀 생각하지 않을 수가 있습니다.

물론 사람에 따라서는 다른 사람의 의견에 관심이 없는 경우도 있을 것입니다. 하지만 그룹 활동을 하여 그룹 시너지 효과를 얻기 위해서는 결과만 중요한 것이 아니라 과정이 더 중요합니다. 과정을 알게 되면 어떤 효과가 있습니까? 우선 자신의 생각을 다른 사람들에게 발표하고 설득할 수 있는 기회가 주어질 것입니다. 그 기회를 통해 자신의 의견을 충분히 얘기했다는 만족감을 얻을 것입니다. 그리고 더 중요한 것은 다른 사람들의 의견을 경청할 수 있는 기회가 주어질 것입니다.

보통은 나와 반대되는 의견을 듣기가 불편할 것입니다. 하지만 이를 참고 다른 사람들의 의견을 듣다 보면, 내가 몰랐던 다른 입장이나 근거들을 알 수 있게 되는 긍정적인 효과가 생깁니다. 이 긍정적인 효과를 높임으로써 상호에게 영향을 주게 하고, 결과적으로는 자신의 입장까지도 변경할 수 있는 기회를 주는 것이 과정을 중요시함으로써 얻는 효과일 것입니다.

✅ '한 길 두 마음 토론'이란 무엇입니까?

'한 길 두 마음 토론'의 구조는 간단하지만 서로의 의견을 이해할 수 있도록 설계되어 있는 기법입니다. 더 나아가 찬반 토론으로 인하여 당사자 간에 분열이 발생할 수 있는 일촉즉발의 상황에서도, 서로를 존중하고 이해하면서 결과에 동의할 수 있도록 체계적으로 설계된 방법이라고 생각합니다. 이 방법은 모든 사람이 마음속에 천사와 악마의 양면성을 갖고 있음을 활용하고 있습니다. 우리가 결정해야 할 사항들도 사실상 이런 양면성을 가질 수 있는데, 동시에 찬성할 수도 있고 반대할 수도 있는 상황에서 어떻게 결정하는 것이 좋겠는지를 구조화시켰다고 보면 될 것입니다.

예를 들어 길을 가다가 땅 위에 만 원권이 떨어져 있음을 발견한 상황을 가정해보겠습니다. 우리 마음 한 편에서는 보는 사람이 없으니 만 원권을 주워서 자기 지갑에 넣으라는 악마의 목소리가 들려옵니다. 다른 마음 한 편에서는 이 돈을 잃어버린 사람이 얼마나 애가 탈까 생각하고 파출소에 그 돈을 갖다 주어 주인을 찾아주자는 천사의 목소리가 들려옵니다. 우리는 양쪽의 목소리를 듣고 어떤 식으로든 결정을 내립니다. 구체적인 방법은 조금씩 다를 수 있지만, 악마의 목소리에 귀를 기울이는 경우도 있고, 천사의 목소리에 귀 기울이는 경우도 있을 것입니다. 그룹이 이와 같이 찬반이 나뉘는 상황에 직면했을 때 어떻게 결론 내리는 것이 합리적입니까? '한 길 두 마음 토론' 기법을 실습해보면서 합리적인 방법을 찾아보겠습니다.

✅ '한 길 두 마음 토론'은 어떻게 진행합니까?

1 준비작업

찬반 토론이 필요한 주제를 먼저 선정합니다. 찬반이 한 쪽으로 치우쳐 있을 경우에도 이 토론 방법을 사용할 수 있지만, 찬반 비율이 팽팽할 경우 사용하면 더 효과적입니다. 찬반 토론의 주제는 문제해결 과정에서 자연스럽게 도출될 수도 있습니다. 예를 들어, 공장과 관련하여 전사적인 중요한 문제를 해결하기 위한 방법으로서 새로운 팀을 신설하기로 했을 경우, 신설 팀을 CEO 직속으로 둘 것인가 하는 여부를 결정해야 할 상황이 해결 방안으로 등장할 수 있을 것입니다. 장단점을 비교해보고 결정할 수도 있겠지만, 중요한 사안이라고 생각하여 이해 관계자들의 폭넓은 의견을 수렴해야 할 필요성이 생긴다면, '한 길 두 마음 토론' 방법을 적용할 수 있을 것입니다.

토론 방법을 익히기 위한 실습으로서 주제를 선택할 수 있을 것입니다. 예를 들면 '안락사를 허용하는 것이 옳을까?' 하는 주제를 '한 길 두 마음 토론' 주제로 설정할 수 있을 것입니다. 바로 해결해야 하거나 나에게 바로 영향을 주는 사항은 아니지만, 다른 사람들과 충분히 의견을 나누고 싶고 나의 의견도 말하고 싶은 주제가 좋습니다. 이 경우 토론의 규칙을 설명하기에 앞서 사전 준비 작업을 하는 것도 고려할 수 있습니다.

전지에 주제를 미리 쓴 다음 규칙을 설명하기 직전에, 현재의 상태에서 찬성과 반대의 의사표시를 스티커로 하게 하고, 조사하고자 하는 속성, 예를 들면 성별을 표시하게 합니다. 한 걸음 더 나아가, 조사 결과의 다수가 모인 결론을 대상으로 각자의 합의 수준을 스티커로 표시하게 합니다. 이와 같이 하는 이유는 '한 길 두 마음 토론'을 진행한 후 각자가 내린 결론에 변화가 있었는지를 눈으로 확인해보고자 하는 목적 때문입니다.

2 주제에 대한 찬반 대표 발표

주제에 대한 사전 지식이 필요할 수 있습니다. 우리는 찬반 의사표시를 함에 있어서 의사표현이 너무 간단하므로 왜 찬성인지, 혹은 왜 반대인지를 충분히 알지 못 하고 결론 내릴 위험이 있습니다. 따라서 사전 학습을 위하여 미리 주제에 대해 조사를 해오게 하여 찬반의 근거를 전체 발표하게 하는 절차를 넣을 수 있습니다. 여기서 주의할 것은 자신이 좋아하는 의견 쪽을 성급하게 결론짓지 않도록 주의를 주는 부분입니다. 퍼실리테이터는 '한 길 두 마음 토론'을 모두 거친 후 자신의 의견을 확정해주도록 요청하고, 처음의 의견을 고수할 필요가 없음을 명확히 설명해주어야 합니다. 이는 사전 준비 작업을 할 때에도 마찬가지로 강조되어야 하는 부분입니다. 사전 준비할 시간이 없을 경우에는 생략할 수 있습니다. 그렇더라도 찬반양론에 대한 근거 자료를 퍼실리테이터가 미리 검색하여 찾아보고 갈 필요도 있을 것입니다. 혹은 즉석에서 참석자들 중에 아는 범위 내에서 설명해줄 사람이 있는지 확인해보는 것도 좋습니다.

3 '한 길 두 마음 토론' 절차 설명

퍼실리테이터는 모든 참석자들을 3인 1조로 재편성합니다. 참석자들이 순서대로 돌아가며 1~3까지 번호를 말하게 하고 자신의 번호를 기억하도록 합니다. 보통 조를 임의로 나눌 때 많이 사용하는 방법입니다.

퍼실리테이터는 지금부터 진행할 내용이 역할 연기(role play)임을 명확히 해야 합니다. 즉 자신이 어떤 의견을 가졌는지에 관계없이, 주어진 역할에 충실하게 역할을 수행해야 함을 강조합니다. 1번은 찬성 역할, 2번은 중립 역할, 3번은 반대 역할을 부여합니다. 역할 부여를 더 시각적으로 하기 위하여 명패(name plate)를 준비하면 좋습니다. 토론을 하다 보면 자신의 역할을 잊고 자신의 실제 의견을 얘기하는 경우가 간혹 있습니다. 이를 방지하려면 명패를 준비하여 자기도 보고 상대방도 볼 수 있게 해야 합니다.

다음으로 찬성끼리, 반대끼리 모여 승리 전략을 짜도록 토의시간을 줍니다. 이 경우 결과적으로 승리할 경우 인센티브가 있도록 설계하면, 참석자들이 더욱 연기에 몰입할 수 있습니다. 역할 연기임을 강조하고 합리적으로, 때로는 감성적으로 중립 역할자를 움직일 수 있는 근거를 마련하도록 격려합니다. 이때 중립 역할을 부여 받은 참석자들을 한 군데로 모아 유의사항을 전달합니다. 중립은 자신의 의견에 따라 판단하면 안 됩니다. 이를 명확히 하려면 각자 자신의 이름과 현재의 의견을 적도록 하는 것도 한 방법일 것입니다. 찬성과 반대에게 공정한 시간 안배를 하도록 합니다. 질문이나 말을 해서는 안 되며, 찬성과 반대의 의견을 귀담아 들은 후 들은 사항에 근거하여 합리적인 판단을 합니다. 나중에 판단 결과를 전체 앞에서 발표할 것이라고 말해주고, 최종적으로 각자의 개인 의견이 없음을 질문으로 확인한 후, 찬성과 반대의 주장만을 듣고 판단하겠다는 선서를 하도록 합니다.

전략회의가 끝난 후 조별로 위치를 잡고 토론에 들어갑니다. 중립은 고개를 좌우로 돌려 찬성과 반대에게 발언 기회를 줍니다. 찬성과 반대 의견을 말할 때 상대방이 아닌 중립을 보고 말하도록 유의사항을 전달합니다. 다시 한번 중립에게 말을 하지 말라고 주의사항을 전달합니다. 마지막으로 찬성과 반대에게 발언 기회를 주도록 한 후 토론을 종결합니다. 중립은 들은 결과를 정리하여 종합적으로 판단한 후, 자신의 의견과 관계없이 합리적이라고 생각하는 의견을 포스트잇으로 적어 제출할 것을 요청합니다. 퍼실리테이터가 포스트잇을 수거한 후 중립의 역할을 한 사람 별로 발표 기회를 주어, 왜 그런 판단을 하게 되었는지 전체적으로 공유하도록 합니다. 발표가 끝난 후 종합적인 결과를 중립의 의견을 종합하여 토론 결과를 공표합니다.

4 사후 변화 여부 측정

결론이 난 뒤에 각자의 의견에 변화가 있었는지를 파악해봅니다. 각자 토론 시간을 거치면서, 그리고 토론의 결과를 확인한 후 자신의 의견을 찬반으로 표현하여 스티커를 붙입니다. 그리고 스티커 옆에 성별을 적습니다.

토론 전과 비교하여 어떤 변화가 있는지를 한번 검토해봅니다. 왜 그런 변화가 있었을까, 혹은 왜 아무런 변화가 없었을까를 그룹별로 토의해보게 합니다.

⊘ '한 길 두 마음 토론'을 하면 어떤 효과가 있습니까?

'한 길 두 마음 토론'을 활용하는 경우는 다음과 같습니다.

· 짧은 시간 안에 결론을 내야 할 때
· 속내를 말하기 어려울 때
· 다양한 의견과 논리가 필요할 때
· 서로의 의견이 너무 견고할 때
· 전체적 합의가 필요할 때

'한 길 두 마음' 토론의 특징은 다음과 같습니다.

· 입장 혹은 지위 없음
· 소수의 의견 고려할 수 있음
· 결론이 남
· 합리적 논리가 모색됨
· 효율을 최대화함

✅ 반대 의견을 어떻게 포용할 수 있습니까?

결론은 찬반으로 나뉘 하긴 했지만, 소수의견 혹은 패(?)한 의견을 어떻게 고려해줄 것인가에 대한 추가적인 논의가 필요합니다. 이를 위해 모든 그룹들이 결론은 유지하면서도 결론으로 채택되지 않은 의견을 수용할 수 있는 방안을 마련해보도록 하면 좋습니다. 여기서 전제는 결론을 유지한다는 것입니다. 즉 토론 결과에 대해서는 전체가 합의했음을 명확히 할 필요가 있습니다. 추가적으로 합의 수준을 높이기 위하여 새로운 안을 모색해보자는 것이 취지인 것입니다. 추가적인 방안을 포함한 최종 결과에 대하여 자신의 합의 수준을 생각한 후 스티커로써 표현합니다. 이를 위하여 앞에서 설명한 의사결정 합의의 수준을 활용할 수 있습니다.

이와 같은 합의 수준이 토론 전과 비교하여 어떻게 달라졌는지, 혹은 왜 달라지지 않았는지를 토의해봅니다. '한 길 두 마음 토론'을 진행해본 후, 학습 과정의 하나로 했다면 마지막에 성찰을 해보는 것이 좋겠습니다. 즉 토론을 진행하면서 느꼈던 사항을 포스트잇에 적어 전지에 붙이고 서로 읽어보면서 성찰하는 것이 좋은 방법이라고 생각합니다. 하지만 이 토론은 숫자가 적을 경우 진행하기가 어렵다는 단점이 있고, 주제가 찬반으로 나뉘지 않는 경우에는 적용하기가 곤란한 측면도 있습니다. 하지만 모든 참석자들이 자신의 역할을 수행하면서 충분히 주제에 대하여 생각해보고 자신의 의견을 정리할 수 있는 좋은 기법이긴 합니다.

지금까지 리더들이 그룹 활동을 통해 성과를 내기 위하여 그룹 활동에 참석한 사람들과 함께 사용할 수 있는 퍼실리테이션에 대하여 알아보았습니다. 제가 다룬 내용들은 직장인 대학생들과 한 학기 동안 함께 연구하거나 혹은 CEO들과 산업 현장에서 함께 고민하면서 현실 상황에서 적용할 수 있다는 공감을 확보한 내용만 엄선하여 기술했습니다. 퍼실리테이션이 모든 경우에 적용될 수 있지는 않겠지만, 최근 추세를 고려할 때 현재 사람 관계와 관련하여 업무 성과를 내기 어렵다는 생각이 든다면, 대안으로서 검토해보기를 꼭 권고하고 싶습니다. 저는 다른 사람들과 함께 목표를 함께 이루어가는 즐거움을 느낄 수 있어야만 자신의 분야에서 초월적인 성과를 이룰 수 있다고 확신합니다.

CHAPTER 3

비상장회사 투자론
(명함 한 장 받았어요)

Sucess
Biz Consulting
Note

이 현 수 (hyunsoo94lee@naver.com)

업무 영역 : (CRC-기업 구조조정 전문회사) -. 기업 구조조정 로드맵 작성 업무

주요 경력 : 現 ㈜ 코어픽스 등기감사

　　　　　現 ㈜ 씨베스트 등기이사(최고 재무 책임자 CFO)

　　　　　現 ㈜ 블루마린엔젤에셋 대표이사

　　　　　現 임순호 변호사 법률사무소 기업법무연구소 실장

　　　　　현) 서울대학교 경영 전문대학원 경영과정 총동문회 부회장

　　　　　전 ㈜ 현대훼미리리조트 영업본부장,

　　　　　전 ㈜ 미래증권연구소 Business Analyst

　　　　　전 ㈜ 현대캠핑카 등기감사

　　　　　전 ㈜ 삼진탑테크엔지니어링 등기감사

저서 :『성공 BIZ Consulting 노트』(라온북) - 2012년 4월 출간

서문 (기업 주인으로의 초대)

21세기는 무한경쟁의 시기라고 한다. 융합·복합·다변화·세계화의 시기에 국가의 근간인 중·소기업을 어떻게 지원하고 육성하여 국민의 복리를 증진시킬 것인가가 국가의 최대 관심사이자 목적인 시대에 우리는 살고 있다. 저자는 십 수 년 동안 국가 경제 발전에 이바지하고자 살신성인의 정신으로 척박한 환경 속에서도 기업을 설립하고 고용을 창출하며, 세계 시장에서 'KOREA'라는 이름을 드높이는 많은 벤처 회사들을 초기에 발굴하고 컨설팅하며 지원했다.

초기 투자회사와 함께 성장하고 함께 고민하며 함께 수익을 나눌 수 있었던 많은 경험 중에서, 기본적으로 좋은 회사 평가방법에 대하여 나름대로 부족한 지식과 식견을 공유하고 싶었다. 그래서 좋은 회사를 평가할 수 있는 간단한 방법으로 새내기 투자자가 투자의 세계에 입문할 수 있는 가장 기초적인 입문서를 내기로 마음먹었다.

'백문이 불여일견'보다 '백견이 불여일행'이라는 말처럼, 수많은 이론을 겸비해도 실제적으로 행하고 고민하며 수업료를 '톡톡히' 치르면서 배우는 산 교육이 실제적으로 자신의 금융 및 경제 지식을 한 단계 업그레이드시킨다는 소신으로, 가장 기본적인 사항에 대해 초심자도 이해하기 쉽게 기술하고자 했다. '기업은 살아 있는 유기체'이다. 인간의 수명은 한정되어 있지만, 기업은 세대를 뛰어넘어 영원불멸하게 살아가는 것이다. 수백 년을 이어 내려오는 큰 기업이 나오기 위한 토양을 만들어야 한다. 무수히 많은 기업들이 시대와 환경에 적응하지 못하여 도태되고 새롭게 리모델링하지만, 짧게는 몇 년, 길게는 몇 십 년 만에 기업의 생을 마감하는 모습을 우리는 목격할 수 있다. 한때 세계를 호령했던 많은 기업도 내부적인 문제, 세계 경제현상의 문제를 미리 간파하지 못하여 쓸쓸히 무대 뒤편으로 퇴출되는 모습도 숱하게 목격했을 것이다.

21세기는 정보의 전달 및 활용이 빛처럼 빠르게 소통하며 새로운 정보(information)를 만들고, 그것이 다시 재생산되는 초유의 시대에 살고 있다고 본다. 누구나 본인의 역량과 재능만으로는 불확실한 세상에서 쓸쓸히 인생의 뒤안길로 물러설 수도 있다는 불안감을 느끼고 있다. '고용불안', '창업실패', '경험부족'을 해결할 수 없는 가운데 무리하게 소규모 자본으로 준비 없이 떠밀려 창업하여, 가족들에게 끔찍한 경제적 부담을 지우는 오판을 하게 되는 경우도 많다. 그러므로 저자는 투철한 기업가 정신 없이 창업하여 많은 고통을 경험하는 것보다는, 함께 공유하고 상생할 수 있는 '협력적 투자자', '현명한 투자자'가 될 수 있도록, 투자에 앞서 기초적인 지식을 맛볼 수 있게 설명하고자 한다. 회사를 경영하거나 다른 회사에 투자했을 때 투자로 인한 책임은 모두 본인에게 귀속된다는 생각을 잊지 말자. 투자의 수익도 본인 것이고, 투자의 손실도 본인의 몫이다. 그러므로 투자에 앞서 많은 이론적 무장으로 무한경쟁 시대에 살아남을 수 있는 유능한 사람이 되었으면 하는 바람이다.

누구나 자신이 경영하는 회사의 주인으로서 많은 사람을 통솔하고, 누구나 부러워하는 회사를 소유하고픈 욕망을 갖고 있을 것이다. 그러나 사전에 자신이 그것을 이룰 수 있는 능력·재력·운이 있는지를 객관적으로 살펴본 후, 없다면 함께 동참할 수 있는 방법을 찾아야 할 것이다. 기업이라는 큰 배에 뱃삯을 치르고 함께 망망대해를 여행하더라도, 선장의 리더십과 그 배의 강·약점을 잘 알고 승선한다면, 다가올 가까운 위험을 회피할 수 있을 것이다.

이 책을 통하여 독자 여러분들이 '기업'이라는 존재에서 옥·석을 분간하는 기초를 얻어 어느 정도 자신만의 내공을 쌓게 된다면, 그를 통해 불과 10년도 되지 않은 '구글'과 '페이스북'처럼, 성장·발전하는 기업의 주인, 즉 주주가 될 만한 식견을 마련하여, 여러분의 삶이 조금 더 윤택해지리라 믿는다. 좋은 기업의 선정은 많은 경험과 노력 없이는 이루어지지 않는 꿈과 같기에, 열심히 지식을 습득하고 습득한 지식에 맞춰 실행함으로써 많은 달콤한 과실을 함께 공유하자는 것이 저자의 생각이다.

불과 10여 년 전에 있었던 IMF 때에 당신이 1,000만 원 정도를 삼성엔지니어링 주식에 투자를 했다면, 지금 당신의 생활은 완전히 달라져 있을 것이다. 주주가 된다는 것은 자신이 투자한 지분만큼 그 회사를 소유한다는 마음으로, 가슴 뛰는 기업을 찾아 투자할 수 있도록 지금부터라도 경제 공부를 시작하자. "늦었다고 생각할 때가 가장 이른 때"라는 말처럼, 인생은 평생 공부하며 지식을 쌓아가는 과정에서 경제적 윤택함을 찾는 멀고 먼 항해와 같다고 믿는다. 이 책에서 저자는 멋진 기업을 찾을 수 있는 혜안을 여러분에게 제시하고자 한다.

끝으로, 이 책이 나올 수 있도록 가정살림과 내조에 힘써주며 묵묵히 본인을 믿고 지켜봐준 세상의 반쪽이자, 내가 우주에서 가장 사랑하는 아내 김효훈과 사랑스러운 아들들, 첫째 이재용, 둘째 이수현에게 사랑한다는 말을 전한다. 또 책의 출간을 위하여 물심양면으로 교정과 아이디어를 제공한 후배 최문영 사장에게 심심한 감사를 드리며, 물질적·정신적으로 지원해준 친구 박동규에게 고맙다는 말을 전한다.

"자! 이제 기업투자의 바다를 향해 새로운 항해를 시작하자"

2012년 6월 25일(월)

저자 **이 현 수**

01 법인 등기부 등본 열람에서 알 수 있는 모든 것

우리가 사업을 하며 거래처 내지 투자할 회사의 사람을 처음 만나서 자연스럽게 하는 일은 서로 간에 인사와 함께 각자 명함을 교환하는 행위일 것이다. 명함을 받게 되면 자연스럽게 그 사람의 직책 및 회사 이름을 알게 되고, 명함을 받은 회사가 무엇을 하는 회사이며 어느 정도 규모의 회사인가 하는 것이 무척 궁금해질 것이다. 대부분 어느 정도의 매출 및 규모가 있다면 개인 사업자가 아닌 법인 사업자로서 회사 이름 앞 또는 뒤에 주식회사라는 명칭이 자연스럽게 붙어 있을 것이다. 간혹 주식회사가 아니라 유한회사 또는 합자, 합명 회사인 경우가 있는데, 이는 거의 보기 힘든 회사의 형태이다. 궁금하다면 인터넷에서 그런 회사가 어떤 의미의 회사인지 확인해보면 된다.

대부분의 법인 사업자는 주식회사 형태이기 때문에 주주와 경영진이 다른 경우도 많다. 자본금에 따라 이사의 수나 감사의 수가 차이는 있지만, 대부분 자본금 규모가 10억 원 이하의 법인은 이사의 수가 1인 내지 3인 사이가 보통이다. 그럼 명함을 받고 그 명함에 있는 주식회사가 어떤 목적으로 설립되었는지, 무슨 일을 할 수 있는지 확인하는 방법을 알아보자.

참고 : 예제 회사로 코스닥 상장 법인인 ㈜ 디테크놀로지 직원과 상담을 했다는 가정 하에 모든 절차를 진행하는 것으로 하겠다.

대법원 인터넷 등기소에 접속하여 명함에 적혀 있는 회사 이름을 법인열람 신청 란에 적으면, 실제로 설립된 법인인지 아닌지 확인할 수가 있다. 대법원 인터넷 등기소에서 검색이 되는 회사라면, 우선적으로 유령회사는 아니라는 안도감이 들 수 있다.

그렇다고 상담자의 말을 100% 믿을 수 있는 상황은 아니므로, 인터넷 등기소에서 법인 등기부 등본을 떼어보자. 비용은 500원이다. 법인 등기부 등본을 떼어서 보게 되면 많은 사실을 알 수 있게 된다. 법인 등기부 등본을 떼어볼 때는 법인의 현재 유효 사항만 떼지 말고, 반드시 말소 등기사항까지 볼 수 있도록 선택해야 한다.

왜냐하면 법인의 많은 과거의 행적을 알 수 있을 뿐 아니라, 지금까지 법인이 걸어온 길을 어느 정도 유추해낼 수도 있기 때문이다.

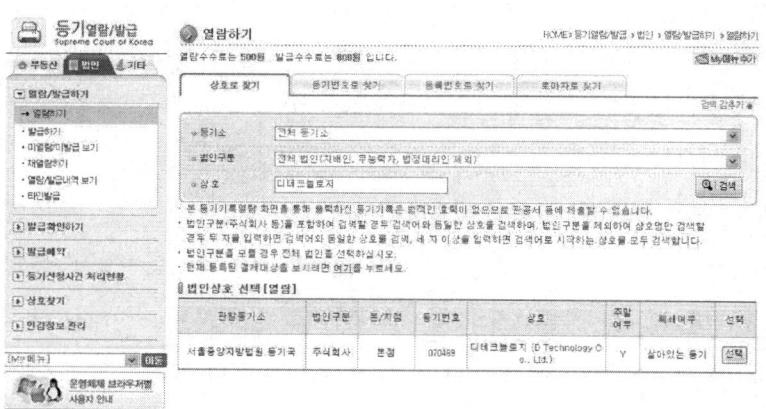

또한 열람 항목에서 지점과 지배인 란을 클릭하여 법인의 지점 또는 지배인을 두고 있는지도 반드시 확인해볼 필요도 있다.

열람 항목

항목	등기기록 열람 구분
등록번호	말소포함
상호/명칭	말소포함
본점/영업소	말소포함
공고방법	말소포함
1주의 금액/출자 1좌의 금액	말소포함
발행할 주식의 총수/자본(금)의 (총)액	말소포함
발행주식의 총수와 그 종류 및 각각의 수	말소포함
회사성립연월일/법인성립연월일/조합계약의 효력 발생일	말소포함
등기기록의 개설 사유 및 연월일	말소포함
목적/영업의 종류	말소포함
임원/사원,조합원,청산인/무능력자/영업주	말소포함
기타사항	말소포함
지점	말소포함
지배인/대리인	말소포함
전환사채	말소포함
신주인수권부 사채	말소포함
이익참가부 사채	말소포함

위에서 보는 바와 같이 말소 항목을 포함하여 모든 열람 항목을 출력할 수 있도록 주의를 기울여서 선택하여 출력하도록 하자. 법인 등기부 등본을 처음 떼어보는 사람도 있으리라고 생각된다. 항상 거래 전에 거래하고자 하는 회사의 이력을 알아보는 것이 사업의 첫 걸음이자 투자의 첫 단추이다.

위의 법인 등기부 등본을 출력해보면 41장이 출력된다는 것을 알 수 있다. 법인 등기부 등본은 개인으로 따지면 인감 증명서와 주민등록 등본을 합해놓은 것으로 이해하면 편하다. 자, 그러면 출력한 등기부 등본을 천천히 확인해보자.

처음 나오는 것이 등록번호로서 110111-0704896이라는 숫자가 보일 것이다. 이 번호는 개인으로 따지면 주민등록 번호와 같은 역할을 한다. 등기번호 밑으로 '상호' 란을 보면, 그동안 이 법인이 지속되어오면서 상호를 변경한 사항에 관해 자세히 나타나 있다.

이 밖에도 본점 소재지, 공고 방법, 1주의 금액, 발행할 주식의 총수, 발행 주식의 총수와 종류 및 각각의 수(자본의 총액을 말함), 회사가 추구하는 사업의 목적, 임원에 관한 사항, 기타 사항, 지점에 관한 사항, 전환사채 발행에 관한 사항, 신주인수권부사채에 관한 사항, 회사 성립 연월일 등으로 구성되어 있으므로 회사의 기본적인 사항을 간단히 알 수 있다. 상담자에게 받은 명함 한 장을 보고 법인 등기부 등본 하나만 출력해봐도, 그 회사의 규모 및 재정 사항을 어느 정도는 파악해볼 수 있다. 이 법인 등기부 등본을 통해 여러 가지 유익한 정보를 얻을 수 있는 것이다.

예제 : 씨베스트 법인 등기부 등본(저자가 등기이사로 재직하고 있는 법인)

- 자본금 32억 원으로 나타나 있으며, 2009년 9월 4일자로 등기이사로 취임함.

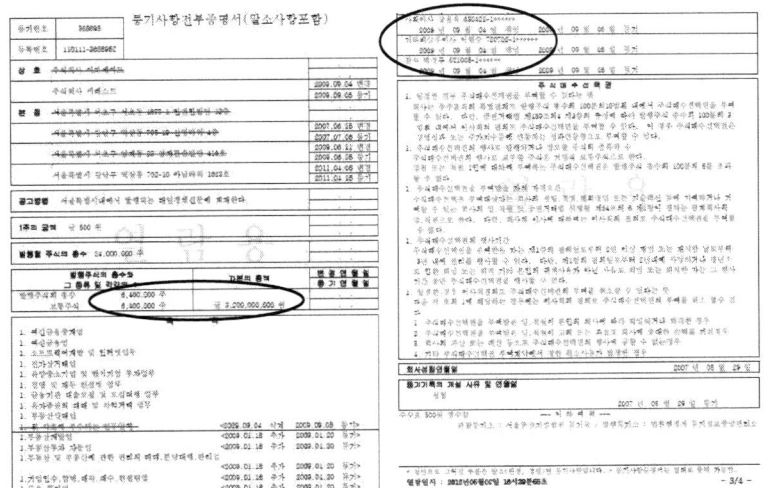

부동산 등기부 등본을 활용하여 회사의 정보 및 법인 대표자(오너)의 재정 사항 및 현재 재무 상태와 경영 마인드를 간접적으로 확인할 수 있다. 부동산 등기부 등본도 대법원 인터넷 등기소에서 출력할 수 있다. 위의 예제로 선택한 법인의 주소를 활용하여 회사의 사업자 부동산 등기부 등본을 출력해보자. 부동산 등기부 등본을 활용하면 많은 정보를 얻을 수 있다.

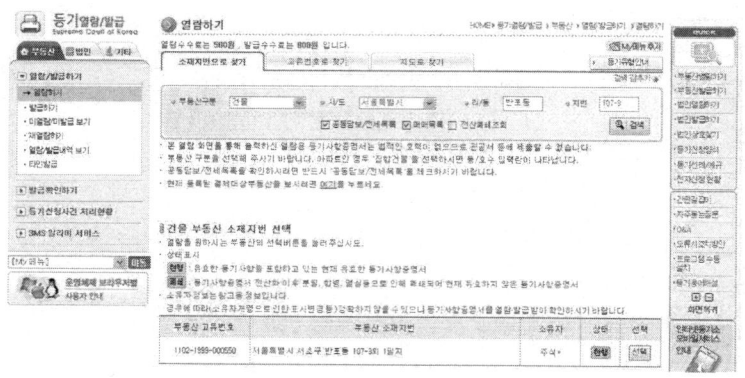

부동산 등기부 등본 발급 시에도 법인 등기부 등본을 발급받는 것과 같이 말소 사항을 포함한 등기부 등본을 발급받는 것이 여러 가지로 유리하다. 또 담보 목록(공동 담보/전세 목록)과 매매 목록도 체크하여 함께 발급받는 것이 유리하다.

선택 □	No.	결제일시	열람발급 가능일시	부동산 고유번호	부동산 소재지번	(주민)등록 번호/등기 사항요약	잔여/ 결제 통수	회망 발급 통수	열람 /발급	소재 지번 수정	결제취소 /확인서
□	1	2012-05-22 1 7:08	2012-08-22 1 7:08	1102-1999 -000550	전부 현행 [건물] 서울특별시 서초구 반포동 107-3외 1필지	공개 요약 ☑	1/1통		열람	수정	가능 확인서

또한 출력하기 전에 요약 부분을 클릭하여 신청하면, 한눈에 등기부 등본의 요약 부분 및 결점을 미리 파악해볼 수가 있다.

발급된 부동산 등기부 등본을 확인하며 기본적인 사항을 보도록 하자. 부동산 지식이 없다고 너무 주눅 들지 말고, 편안한 마음으로 있는 내용에 관해 확인할 부분 위주로 쭉 한 번 열람해보고, 모르는 용어라든지 어려운 부분이 있으면 전문가에게 문의하여 정확한 상황을 숙지하도록 하자.

등기사항전부증명서(말소사항 포함) - 건물

고유번호 1102-1999-000660

[건물] 서울특별시 서초구 반포동 107-3외 1필지

【 표 제 부 】		(전물의 표시)		
표시번호	접 수	소재지번 및 건물번호	건 물 내 역	등기원인 및 기타사항
1	1999년4월22일	서울특별시 서초구 반포동 107-3, 107-14	철근콘크리트조 슬라브 및 전시시설, 판매시설 부동산시설 1층 923.19㎡ 2층 866.90㎡ 3층 860.10㎡ 6층 886.60㎡ 지하1층 1,339.26㎡ 지하2층 614.08㎡ 옥탑1층 118.66㎡(연면적제외) 옥탑2층 54.65㎡(연면적제외)	
2	2000년9월15일	서울특별시 서초구 반포동 107-3, 107-14	철골조 및 철근콘크리트조 슬라브 철근콘 6층 전시시설, 판매시설 및 부동산시설 1층 1018.18㎡ 2층 949.41㎡ 3층 860.10㎡ 4층 860.10㎡ 6층 886.60㎡ 지하1층 1,339.26㎡ 지하2층 614.08㎡ 옥탑1층 118.66㎡(연면적제외) 옥탑2층 54.65㎡(연면적제외)	증축

열람일시 : 2012년06월23일 17시13분22초

1/4

주요 등기사항 요약 (참고용)

[주 의 사 항]
본 주요 등기사항 요약은 증명서상에 말소되지 않은 사항을 간략히 요약한 것으로 증명서로서의 기능을 제공하지 않습니다.
실제 권리사항 파악을 위해서는 발급된 증명서를 필히 확인하시기 바랍니다.

[건물] 서울특별시 서초구 반포동 107-3외 1필지

고유번호 1102-1999-000660

1. 소유지분현황 (갑구)

등기명의인	(주민)등록번호	최종지분	주 소	순위번호
주식회사반포골프해저정 (소유자)	110111-1021106	단독소유	서울 서초구 반포동 107-3	1

2. 소유지분을 제외한 소유권에 관한 사항 (갑구)
- 기록사항 없음

3. (근)저당권 및 전세권 등 (을구)

순위번호	등기목적	접수정보	주요등기사항	대상소유자
2	임차권설정	2004년1월13일 제2034호	임차보증금 금138,000,000원 임차권자 야가하류피씨라아주식회사	주식회사반포골프 배미정

[참 고 사 항]
가. 등기기록에서 유효한 지분을 가진 소유자 혹은 공유자 현황을 가나다 순으로 표시됩니다.
나. 최종지분은 등기명의인이 가진 최종지분이며, 2개 이상의 순위번호에 지분을 가진 경우 그 지분을 합산하였습니다.
다. 지분이 통분되어 공시된 경우는 전체의 지분을 통분하여 공시한 것입니다.

부동산 등기부 등본은 토지, 건물, 집합 건물로 나뉘어 있어서 용도에 맞게 선정하여 출력해야 한다. 위의 등기부 등본을 통해 명함에 있는 주소의 소유자가 타인이라는 것을 확인할 수 있다. 또한 3층에 본사가 있는데, 법인 등기부 등본에 있는 본사 주소를 비교해보면, 법인이 전세 내지 월세로 세 들어 있다는 것을 간접적으로 알 수 있다. 그리고 부동산 등기부 등본 표제부를 통하여 3층의 크기(860.10 ㎡= 260평)를 확인할 수 있다. 결국 사업장의 크기와 회사의 규모, 직원 수, 임차료 등을 간접적으로 확인할 수 있게 되는 것이다. 부동산 등기부 등본은 기본적으로 표제부, 갑구, 을구로 구성되어 있는데, 중요한 소유권 권리에 해당하는 사항은 갑구를 보면 알 수 있다. 을구는 소유권 이외의 사항을 기술해놓은 부분이기 때문에, 만약 회사 소유의 건물이라면 을구를 통하여 대출관계를 알아낼 수 있다. 부동산 등기부 등본을 확인하고 좀 더 부동산의 가치를 역산해보고 싶을 때는 '부동산 공시지가 조회(한국 토지정보 시스템)'를 통해 더 많은 정보를 알 수 있다.

부동산 공시가격 정보

지역명	부동산정보	지역명	부동산정보
서울	종합정보열람, 토지이용계획, 공시지가조회	부산	종합정보열람, 토지이용계획, 공시지가조회
대구	종합정보열람, 토지이용계획, 공시지가조회	인천	종합정보열람, 토지이용계획, 공시지가조회
광주	종합정보열람, 토지이용계획, 공시지가조회	대전	종합정보열람, 토지이용계획, 공시지가조회
울산	종합정보열람, 토지이용계획, 공시지가조회	경기	종합정보열람, 토지이용계획, 공시지가조회
강원	종합정보열람, 토지이용계획, 공시지가조회	충북	종합정보열람, 토지이용계획, 공시지가조회
충남	종합정보열람, 토지이용계획, 공시지가조회	전북	종합정보열람, 토지이용계획, 공시지가조회
전남	종합정보열람, 토지이용계획, 공시지가조회	경북	종합정보열람, 토지이용계획, 공시지가조회
경남	종합정보열람, 토지이용계획, 공시지가조회	제주	종합정보열람, 토지이용계획, 공시지가조회

각 지역별로 종합적인 토지이용 계획안뿐만 아니라, 그 건물의 공시지가(땅값)까지 알아볼 수가 있다. 회사의 주소뿐 아니라 내가 알고

싶은 대표자 내지 등기 임원의 부동산 소유 사항도 합법적으로 알 수 있으므로 여러 모로 유용하다.

예제 : 코스닥 퇴출업체(엠엔에프씨의 공장 등기부 등본 요약 사항)

순위번호	등기목적	접수정보	주요등기사항	대상소유자
28	가압류	2010년9월2일 제42524호	청구금액 금636,200,396 원 채권자 주식회사국민은행	주식회사엠엔에프씨
29	강제경매개시결정	2010년9월7일 제43805호	채권자 신용보증기금	주식회사엠엔에프씨
30	임의경매개시결정	2010년10월21일 제62348호	채권자 주식회사 신한은행	주식회사엠엔에프씨
31	압류	2010년11월3일 제54596호	권리자 경기도평택시	주식회사엠엔에프씨
32	가압류	2011년4월6일 제18270호	청구금액 금139,387,204 원 채권자 주식회사 세방더지탈월	주식회사엠엔에프씨
34	가압류	2011년4월5일 제18442호	청구금액 금40,000,000 원 채권자 주식회사스카이크라이스트더기발엔	주식회사엠엔에프씨
35	가압류	2011년5월2일 제24635호	청구금액 금1,000,000,000 원 채권자 보스톤글로벌제일상전헨조투자조합	주식회사엠엔에프씨
38	가압류	2011년5월2일 제24635호	청구금액 금2,000,000,000 원 채권자 보스톤행상전헨즈건분투자조합	주식회사엠엔에프씨
40	압류	2012년3월27일 제16500호	권리자 국	주식회사엠엔에프씨
41	압류	2012년4월12일 제18678호	권리자 국	주식회사엠엔에프씨
42	압류	2012년6월3일 제22710호	권리자 국	주식회사엠엔에프씨

3. (근)저당권 및 권세권 등 (을구)

순위번호	등기목적	접수정보	주요등기사항	대상소유자
1	근저당권설정	2005년6월6일 제26072호	채권최고액 금2,600,000,000원 근저당권자 주식회사신한은행	주식회사엠엔에프씨
3	근저당권설정	2005년6월24일 제45874호	채권최고액 금2,600,000,000원 근저당권자 주식회사신한은행	주식회사엠엔에프씨

위에서 출력한 부동산 등기부 등본의 요약을 보면, 많은 권리 관계가 얽혀 있음을 알 수 있다. 여러분들이 이러한 부동산 등기부 등본을 보게 되면 미리 겁을 먹고 자료를 덮을 수도 있겠지만, 자세히 관찰해 보면 생각보다 쉽게 내용을 이해할 수 있는 부분도 많으니 너무 걱정하지 말기 바란다. 위의 부동산 등기부 등본을 보면, 이 부동산은 경매가 진행되고 있다는 사실을 알 수 있다. 또 많은 근저당이 잡혀 있어서 대출 내지 채무에 관한 사항을 간접적으로 알 수가 있게 된다.

주요 등기사항 요약 (참고용)

[건물] 경기도 평택시 세양읍 수탈리 396-3   고유번호 1313-2002-001032

1. 소유지분현황 (갑구)

등기명의인	(주민)등록번호	최종지분	주 소	순위번호
주식회사밤엔예프씨 (소유자)	164811-0007462	단독소유	서울특별시 마포구 서교동 376-11	1

2. 소유지분을 제외한 소유권에 관한 사항 (갑구)

순위번호	등기목적	접수정보	주요등기사항	대상소유자
9	가압류	2009년6월2일 제24948호	청구금액 금350,000,000 원 채권자 주식회사 하나은행	주식회사밤엔예프씨
20	가압류	2010년3월29일 제14505호	청구금액 금2,100,000,000 원 채권자 기술신용보증기금	주식회사밤엔예프씨
22	임의경매개시결정	2010년7월12일 제33846호	채권자 신용보증기금	주식회사밤엔예프씨
23	임의경매개시결정	2010년7월13일 제34154호	채권자 중소기업은행	주식회사밤엔예프씨
24	가압류	2010년7월16일 제34839호	청구금액 금745,460,855 원 채권자 주식회사 국민은행	주식회사밤엔예프씨
25	압류	2010년7월19일 제34933호	권리자 국	주식회사밤엔예프씨
26	가압류	2010년7월21일 제35456호	청구금액 금1,046,620,548 원 채권자 주식회사 엔키비젼트웍스	주식회사밤엔예프씨
27	가압류	2010년9월1일 제40736호	청구금액 금1,000,000,000 원 채권자 한국주택보증공사	주식회사밤엔예프씨

순위번호	등기목적	접수정보	주요등기사항	대상소유자
8	근저당권설정	2008년12월22일 제54628호	채권최고액 금1,500,000,000원 근저당권자 주식회사산업은행	주식회사밤엔예프씨
12	근저당권설정	2008년6월2일 제27019호	채권최고액 금3,120,000,000원 근저당권자 중소기업은행	주식회사밤엔예프씨
12-2	근저당권일부이전	2010년8월26일 제41730호	근저당권자 기술신용보증기금	주식회사밤엔예프씨
13	근저당권설정	2008년6월11일 제28680호	채권최고액 금3,000,000,000원 근저당권자 주식회사신한은행	주식회사밤엔예프씨
14	(1)근저당권설정	2009년4월2일 제14186호	채권최고액 금1,000,000,000원 근저당권자 기술신용보증기금	주식회사밤엔예프씨
14	(2)근저당권설정	2009년4월2일 제14186호	채권최고액 금1,000,000,000원 근저당권자 신용보증기금	주식회사밤엔예프씨
15	근저당권설정	2009년6월29일 제29676호	채권최고액 금1,100,000,000원 근저당권자 기술신용보증기금	주식회사밤엔예프씨
16	근저당권설정	2009년7월2일 제30290호	채권최고액 금338,000,000원 근저당권자 신용보증기금	주식회사밤엔예프씨

---

03 회사와 대표이사 신용상태 체크 방법

-신용 보고서 활용법, 크레탑 이용 방법

법인회사 내지 회사 대표자의 신용정보를 확인하는 방법으로서 신
용평가 회사가 발행하는 유료 신용평가 리포트를 이용할 수 있다. 신

용평가 회사에서 발행하는 유료 리포트는 전자공시 시스템으로 검색되지 않는 소규모 업체를 확인하는데 유용하다. 전자공시 시스템을 이용하여 알아볼 수 있는 회사는 대략적으로 자산 규모가 100억 원 이상은 되어야 한다. 다만 신용평가 리포트로도 확인하기 어려운 회사는 신규법인 또는 은행거래가 전무한 회사로서, 알고자 하는 내용이 부실할 수 있다는 단점이 있다.

개인 신용평가 회사를 크레디트 뷰로(Credit Bureau)라고 한다. 이는 금융기관의 개인 금융거래 자료 및 일반 기업의 개인 상거래 자료 등, 개인의 신용 관련 정보를 토대로 종합적인 개인 신용도를 평가해 제공하는 신용정보 집적 기관이다. 금융기관 및 비 금융기관과 공공기관이 제공하는 개인의 신용거래 내역 및 관련 정보를 수집하여 데이터베이스로 축적하고, 이를 평가 가공해 신용정보 제공기관 및 이용자에게 제공하는 서비스이다. 즉 개인 신용평가 회사 회원사들은 자사에 모인 개인 고객의 모든 신용정보를 크레디트 뷰로에 집중시켜주고, 크레디트 뷰로는 회원사들로부터 취합된 정보를 관리, 가공해 다시 회원사에 나눠주는 시스템이다.

이 시스템을 이용하면 금융회사 입장에서는 개인의 신용도를 제대로 파악할 수 있어 대출 위험을 줄일 수 있게 된다. 미국 등 대부분의 선진국은 개별 금융회사가 크레디트 뷰로(CB)로부터 제공받은 개인 신용정보를 활용해 대출과 카드발급 등 거래승인 여부와 한도를 자율 결정하는 시스템을 갖추고 있다. 우리나라도 2002년부터 한국신용정보와 한국신용평가정보에서 크레디트 뷰로(CB) 기능을 맡고 있다. 다만 아쉬운 점은 유료(11,000원정도)라는 점과 세부적인 사항이 부족하다는 점이다.

신용평가 리포트보다 활용도가 좋은 것이 크레탑(http://www.

cretop.com)이라는 한국기업데이터에서 운영하는 사이트이다. 법인이 일정 금액을 지불하고 개인 및 기업의 신용도 및 거래 사항, 채권 사항, 신용위반 사항, 카드발급 사항 등을 종합적으로 기록해놓아, 여러 모로 거래 회사의 신용도 및 거래 상대방의 간접적 신용을 확인하는 데 유용하게 사용할 수 있다.

인터넷에 '신용평가회사'를 입력해보면 많은 신용평가 회사와 함께 신용평가 기관을 볼 수가 있다. 아래는 크레탑 초기 화면이다.

CRETOP
A leading Credit Information Provider

한국최고의
기업신용정보서비스
고객과 함께 성장하는
CRETOP이 되도록 노력하겠습니다.

기업신용의 모든것!
CRETOP이 함께 합니다.

투명한 기업,
건강한 기업,
도전하는 기업

기업정보검색	조기경보	기업신용평가	대표자신용정보	주요관련정보
CRETOP	CRETOP-EW	국내기업신용평가	CEO 경영이력정보	재무자료 전송
간별 기업분석보고서	Global User	당좌신청신용평가	KCB 개인신용정보	채무불이행자로 등록

◈ 아래의 요금제는 2006년 12월1일 개편, 적용된 것입니다. (부가세별도)

요금제도	기업구분	정보분류	월이용료
정액제	중소기업	기본 정보 + 부가정보	250,000원
		모든 정보	300,000원
	대기업	기본 정보 + 부가정보	500,000원
		모든 정보	600,000원
종량제	중소기업	모든 정보(월기본 4시간)	100,000원 (분당 초과 이용료 1,000원 추가)
		모든 정보(월기본 12시간)	200,000원 (분당 초과 이용료 1,000원 추가)

◈ 1년분 수수료 선납시 10%할인해 드립니다. 이용요금은 선납경이며 납기일은 매월 25일 입니다.
◈ 기본정보는 기업정보+대표자정보+신용정보로 구성 / 부가정보는 산업정보+뉴스정보+경영지원정보로 구성
◈ 모든 정보는 기본정보+부가정보+거래처신용관리로 구성
◈ 종량제 월납의 경우는 월사용시간이 월 기본시간을 초과하는 경우 분당초과수수료를 납부하여야 합니다.
　다만, 연선납의 경우는 이용누적시간이 "월 기본시간 × 12" 이내라면 적용을 배제될 수 있습니다.

◎ 거래처 신용관리 등록기업 초과수수료 (매월부담)

요금제도	기업구분	기본등록건수	초과등록건수에 따른 이용료
정액제	중소기업	1,000건	매 1,000건당 1만원
	대기업	2,000건	매 1,000건당 1만원
종량제	중소기업	300건	매 300건당 1만원

정보서비스	내용
거래처신용관리	변동내역조회, 거래처 동정, 거래처등록관리, 이용안내
기업정보	기업브리핑, 기업체개황, 주주현황 사업현황, 영업현황, 재무제표, 주석사항, 재무분석, 종합재무진단, 기업동정, 기업평가정보, 기업여신정보, 기업신용정보, 소송정보, 휴폐업정보, 대표자정보
CEO정보	CEO Profile, CEO 경영이력정보, CEO 신용정보
신용정보	기업신용정보, 개인신용정보, 신용정보일괄조회, 당좌거래정보, 소송정보, 휴폐업정보
산업정보	산업합산정보, 산업재우순위, 산업통계정보, 산업동정정보, 산업분석정보
뉴스정보	뉴스속보, 주제별 뉴스, 뉴스검색
경영지원정보	정책자금정보, 액각정보, 입찰정보, 발주정보, 서식정보, 공시지가

세무조정 계산서(statement of tax adjustment, 稅務調整計算書)는 기업회계 상의 당기 순이익을 기초로 조정 과정을 통하여 법인 세법상의 각 사업 연도의 소득을 계산하는 조정 절차를 표시한 서식이다. 법인세 신고 시에 필수적인 부수서류에 해당하는 "세무조정 계산서는 법인세법 시행규칙 제82조 제1항 제3호의 서류, 즉 법인세 과세표준 및 세액 조정 계산서만을 의미한다."라고 백과사전에 나와 있지만, 우리가 필요로 하는 사항은 세무조정 계산서에서 알 수 있는 주주명부와 지분이동 사항 및 회사의 전반적인 회계처리, 그리고 시산서를 볼 수 있다는 장점이 있다. 세무조정 계산서는 1년에 한 번 2월 정도면 세무사 사무소(회계 처리를 외주를 줄 경우)에서 법인을 대신하여 세무 및 회계를 정리한 내용이다. 결산 보고서(감사 보고서)보다 좀 더 법인의 속을 들여다볼 수 있다는 장점이 있다. 세무조정 계산서만 판독할 수 있는 능력이 있어도, 회사를 운영할 때 80% 이상의 내공이 있다고 판단되며, 회사의 신용 상태 및 운영 상태를 객관적으로 판단할 수 있게 된다.

세무 조정 계산서의 표제부에는 회사의 업력을 나타내는 'XX기 세무조정 계산서'라고 표시되어 있으므로, 법인이 성립되고 운영되어온 연차를 알 수 있다. 세무조정 계산서 내부를 간단히 살펴보면 다음과 같이 구성되어 있다.

1 법인세 과세표준 및 세액 신고서

2 법인세 과세표준 및 세액 조정 계산서

3 원천납부 세액 명세서(갑)

4 수입금액 조정 명세서

5 조정 후 수입금액 명세서

6 소득금액 조정 합계표

7 과목별 소득금액 조정 명세서

8 접대비 등 조정 명세서(갑)

9 접대비 등 조정 명세서(을)

10 세금 공과금 명세서

11 퇴직급여 충당금 조정 명세서

12 특수 관계자 간 거래 명세서(갑)

13 주요계정 명세서

14 자본금과 적립금 조정 명세서(갑)

15 자본금과 적립금 조정 명세서(을)

16 주식 등 변동 상황 명세서

17 주식, 출자 지분 양도 명세서

18 표준대차 대조표

19 합계 표준대차 대조표

20 표준 손익 계산서

21 이익 이여금 처분(결손금 처리) 계산서

22 중소기업 기준 검토표

23 전산 조직운용 명세서

24 조정반(지정서/변경 지정서)

25 결산 보고서(XX기)

- 재무상태 표
- 손익 계산서
- 결손금 처리 계산서
- 합계 잔액 시산표

- 현금과 현금 등가물 명세서
- 매출채권(미수금) 명세서
- 단기 대여금 명세서
- 선급 비용 명세서
- 선납 세금 명세서
- 임차 보증금 명세서
- 기타 보증금 명세서
- 매입채무(미지급) 명세서
- 예수금 명세서
- 부가세 예수금 명세서
- 선수금 명세서
- 단기 차입금 명세서
- 퇴직급여 충당금 명세서
- 집기비품 고정자산 감가상각 명세서

26 법인세 접수증 상세내역

등으로 구성되어 있다. 이 중에 더 중요하고 필요한 사항은 더 첨가해서 자세히 기록하고 있으니 좋은 참고 자료가 될 것이다. 만약 투자자로서 회사의 주인인 주주가 된다면 반드시 확인해봐야 할 사항이다. 투자는 나를 대신하여 대리인이 나의 재산을 불려주는 행위를 하는 것이기 때문에, 귀찮고 복잡하다고 세무조정 계산서를 읽는 것을 게을리 한다면, 눈감고 코끼리 다리 만지는 격이다. "권리 위에 잠자는 자는 구제받지 못한다."라는 말처럼, 자신의 회사 내부사정을 매일매일 체크하기는 어렵지만, 일 년에 한 번 발간하는 세무조정 계산서를 항상 침대 곁에 두고 시간 나는 대로 열심히 읽도록 하자.

05 전자공시 시스템(http://dart.fss.or.kr)활용 방법

-사업 계획서, 감사 보고서, 공시사항

전자공시 시스템(http://dart.fss.or.kr)은 어느 정도 자산 규모를 가진 회사의 내부 정보를 파악해보는 데 도움이 많이 되는 사이트이다. 미국 등 선진국에서는 대부분 유료로 운영되지만, IT 강국인 우리나라에서는 많은 정보와 실속 있는 자료를 모아둔 사이트를 무료로 이용한다는 것만으로도 대단한 축복일 수 있다. 대부분의 일반인들은 이런 사이트가 있는지도 모르고, 알아도 어떻게 활용하는지 모른다. 그래서 자신의 피 같은 돈을 투자해놓고도 손 놓고 회사의 발표만 기다리는 경우가 허다하다. 이제 전자공시 시스템을 100% 활용하여 기업의 내부 정보와 함께 미래 발전사항을 미리 점쳐볼 수 있도록 그 구성도를 알아보자.

예제로 우리나라 대표기업인 삼성전자에 투자할 생각으로 기업조사를 한다고 가정 해보자.

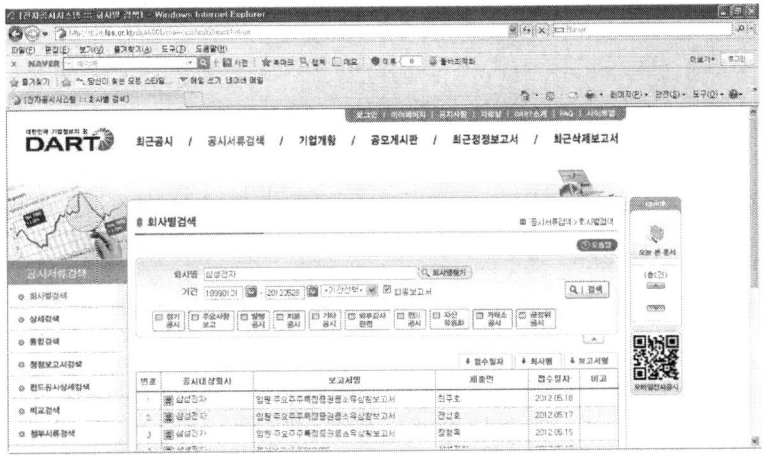

전자공시 시스템에 접속하여 회사명 입력란에 '삼성전자'를 입력하면, 삼성전자에 관한 공시내용이 최근 발표내용 위주로 시간대 별로 공시되어 있는 것을 볼 수 있다. 전자공시 시스템은 유가증권 시장 내지 코스닥 시장에 상장되어 있는 법인뿐만 아니라, 상장되어 있지 않은 회사 중에도 어느 정도 규모가 있는 회사는 검색할 수가 있다. 일정 규모 이상의 회사라면 전자공시 시스템을 통하여 감사 보고서 및 사업 보고서, 그리고 회사의 중요 사항을 공시하는 내용을 볼 수가 있다. 전자공시 시스템을 통하여 삼성전자의 2012년도 공시내용을 클릭해서 필요한 부분을 읽어보도록 하자.

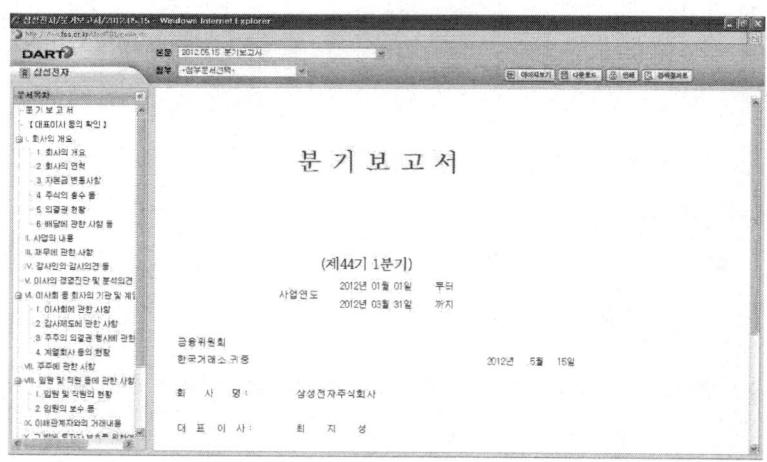

위의 화면은 삼성전자의 2012년도 5월 15일자 분기 보고서를 볼 수 있는 화면이다. 여기서 알 수 있는 내용들은 삼성전자가 제44기 1분기를 보내고 있다는 내용으로, 삼성전자 법인 설립일이 45년 되었다는 점과 더불어 2012년 1사분기(1-3월)에 삼성전자가 사업을 어떻게 전개하고 있으며 어느 부분에서 수익을 냈는지, 회사 운영 시스템이 어떻게 진행되고 있는지 알 수 있다. 현재 삼성전자의 대표이사는 최지성

씨로 나와 있다. 우리가 알고 있는 '이건희' 씨는 미등기 임원이고, '이저용' 씨 또한 미등기 임원으로 나와 있다.

그러면 삼성전자의 등기 임원은 몇 명이나 될까? 하는 의문을 가질수 있을 것이다. 그것은 삼성전자의 2012년 5월 15일자 분기 보고서에서 찾아보면 된다. 여러분들은 몇 명의 등기임원이 있을 거라고 생각되는지 궁금하다. 세계적인 탑 브랜드 회사이자 우리나라 1위 기업인 삼성전자를 이끌고 있는 회사의 경영진이라 무척 많을 거라고 생각하겠지만, 생각보다 적은 사람이 법인 등기부 등본 상에 등재되어 있다.

위에서 보는 바와 같이 삼성전자의 등기임원은 7명으로 구성되어 있다. 이 중 4명은 사외 이사로서 비상근하는 것으로 되어 있고, 상근하는 임원은 대표이사를 포함하여 3명으로 구성되어 있다. 국내의 직원이 8만 5천 명이 넘고, 전 세계 지사에서 근무하는 직원까지 따지면 수십만 명의 직원이 근무하는 삼성전자를 이끌어가는 임원진이 비상근 사외 이사를 포함해서 7명 남짓밖에 안 된다는 것이 조금 의아할 것이다.

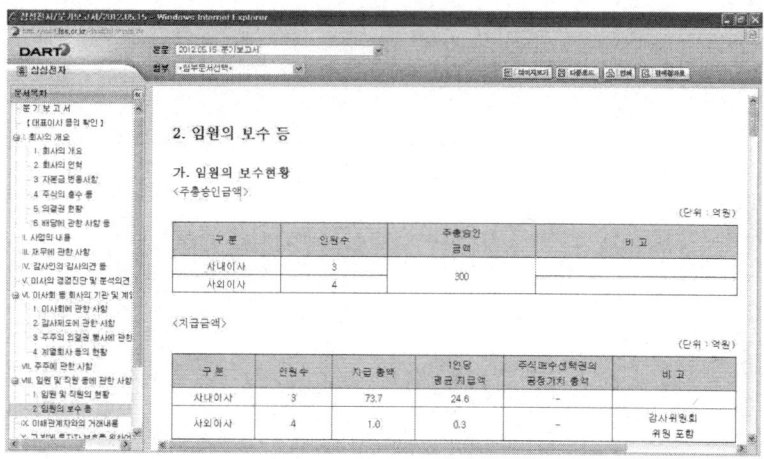

가. 등기임원

[기준일 : 2012.3.31]　　　　　　　　　　　　　　　　　　　　　　[단위 : 주]

직 명	성 명	생년월일	주요경력	담당업무	소유주식수		선임월
					보통주	우선주	(임기)
대표이사 (상근)	최지성	'51.02.02	삼성전자 DMC 부문장	이사회 의장 전사 경영전반 총괄	9,000	0	'12.03.16 (임기 3년)
사내이사 (상근)	권오현	'52.10.15	삼성전자 반도체사업부장	DS부문 경영전반 총괄	5,500	0	'12.03.16 (임기 3년)
사내이사 (상근)	윤주화	'53.02.26	삼성전자 감사팀장	전사 경영지원업무 총괄	9,000	0	'12.03.16 (임기 3년)
사외이사 (비상근)	윤동민	'45.04.04	법무부 보호국 국장	전사 경영전반에 대한 업무	0	0	'12.03.16 (임기 3년)
사외이사 (비상근)	이인호	'43.11.02	신한은행 은행장	전사 경영전반에 대한 업무	0	0	'10.03.19 (임기 3년)
사외이사 (비상근)	김한중	'48.11.02	연세대학교 총장	전사 경영전반에 대한 업무	0	0	'12.03.16 (임기 3년)
사외이사 (비상근)	이병기	'51.05.12	서울대학교 전기공학부 교수	전사 경영전반에 대한 업무	0	0	'12.03.16 (임기 3년)

※ 2012.3.16 정기 주주총회 결과, 사내이사 1인(이윤우)과 사외이사 2인(이재용, 박오수)이 임기만료 퇴임하였으며,
　사내이사 2인(최지성, 윤주화)과 사외이사 1인(윤동민)이 재선임 되었습니다.

그렇다면 등기임원들이 받는 보수가 갑자기 궁금해질 것이다. 이것도 전자공시 시스템에 다 나와 있다. 삼성전자를 이끌고 있는 경영진이 일 년에 연봉을 얼마나 받을까? 필자도 궁금하다.

2. 임원의 보수 등

가. 임원의 보수현황

＜주총승인금액＞

　　　　　　　　　　　　　　　　　　　　　　　　　　　　　　　(단위 : 억원)

구 분	인원수	주총승인 금액	비 고
사내이사	3	300	
사외이사	4		

＜지급금액＞

　　　　　　　　　　　　　　　　　　　　　　　　　　　　　　　(단위 : 억원)

구 분	인원수	지급 총액	1인당 평균지급액	주식 매수선택권의 공정가치 총액	비 고
사내이사	3	73.7	24.6	-	
사외이사	4	1.0	0.3	-	감사위원회 위원 포함

삼성전자의 임원 보수 현황을 보면, 사내이사 3명, 사외이사 4명으로 구성되어 있는데, 주주총회의 승인 금액으로는 300억 원이 책정되어

있다. 또 사내이사 지급 총액은 73.7억 원으로서, 평균 일인당 지급 금액이 24.6억 원으로 나타나 있다. 일반 봉급쟁이로서는 입이 다물어지지 않는 금액이지만, 세계적인 기업 등기임원의 보수로 생각해보면 그렇게 많다고 느껴지지는 않는 금액이다. 모든 상장된 기업의 임원이 급여로 받는 보수보다는 스톡옵션으로 받는 주식의 평가 차액이 더 크다.

많은 성장이 필요한 상장회사에서 경영진이나 직원들에게 스톡옵션을 제공하는 이유는 주주와 경영진의 괴리감에서 생길 수 있는 대리인 리스크를 줄이자는 것이다. 회사 주인인 주주와 경영진이 공동의 목적으로 회사의 발전을 만들어나가자는 의미에서, 급여보다는 스톡옵션 평가액이 회사의 발전으로 인해 막대한 자본 이득을 얻을 수 있도록 조치해두었을 거라고 생각된다.

그렇다면 우리나라 대표 기업인 삼성전자의 주인인 주주들은 어떻게 구성되어 있을까? 주주에 관한 사항에 관한 사항은 전자공시 시스템에 그대로 나와 있다. 주주에 관한 사항을 분류해보면 아래와 같다.

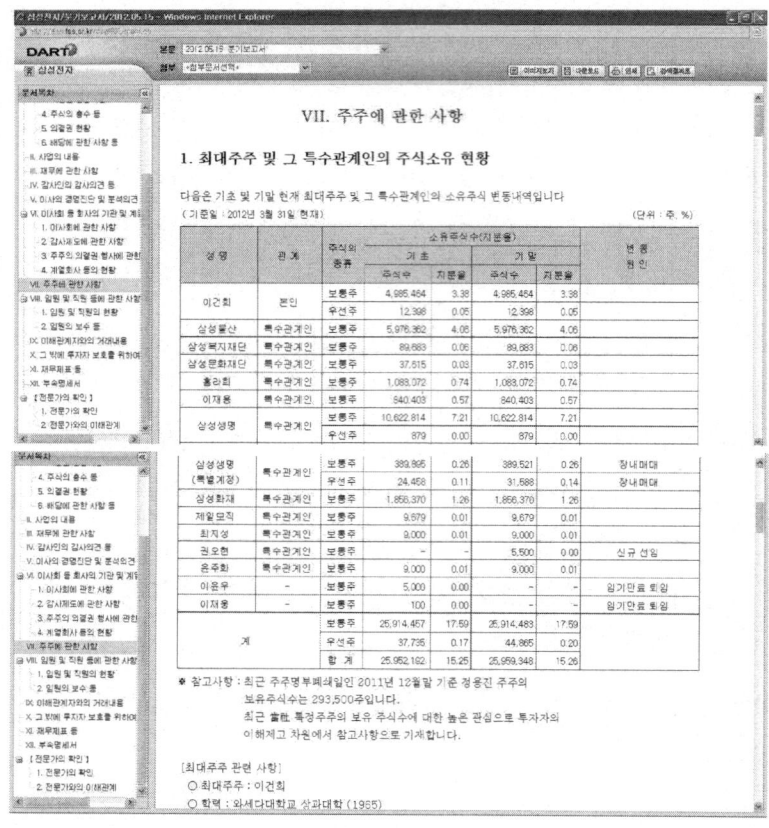

우리가 예상한 바와 같이 이건희 회장과 특수 관계인이 삼성전자의 15% 정도의 지분을 가지고 있는 것으로 나와 있다. 생각보다 많은 지분을 가지고 있지 않지만, 그 지분의 주식 수를 지금 현재의 삼성전자의 주가로 곱해서 계산하면 그 금액은 어마어마할 것이다. 참 부러운 일이다. 위의 전자공시 자료에서 보는 바와 같이 이건희 회장의 지분(3.38%)과 이재용 사장의 지분(0.57%)이 나타나 있다. 다음으로는 소액 주주 현황을 보면, 우리 같은 소액 투자자(개미 투자자)의 숫자와 지분율을 볼 수 있다.

주주에 관한 사항을 열어보면,

1 최대 주주 및 그 특수 관계인의 주식 소유 현황

2 주식의 분포 현황

3 소액 주주 현황

4 주식사무

5 주가 및 주식거래 실적

등으로 구성되어 있다. 이 중에 가장 궁금한 사항인 최대 주주 및 그 특수 관계인의 주식 소유 현황은 확인해보았으니, 다음으로 소액 주주 현황을 살펴보자.

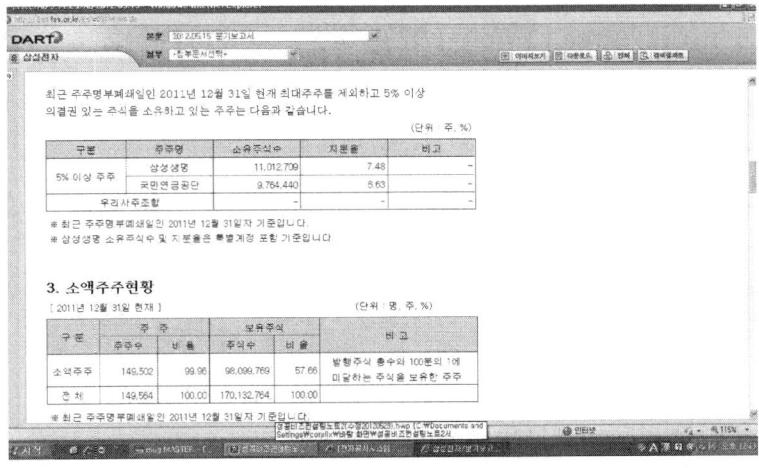

위에서 보는 바와 같이 2011년 12월 31일자 주주 명단을 보면, 5% 이상의 지분을 가지고 있는 삼성생명(7.48%)과 국민연금공단(6.63%)의 기관을 제외하고, 소액 주주 현황에서 나타나 있는 소액 주주의 숫자는 149,502명으로 되어 있다. 지분으로 따지면 98,099,769주로, 발행 주식 총수의 1%에 미달하는 주식을 보유한 주주로 나타나 있다. 그런데

2012년 5월 28일 현재 삼성전자 주식을 소유하고 있는 외국인 및 외국계 기관이 50%를 소유하고 있으니, 우리와 같은 소액 주주(개미주주)는 8% 남짓 소유하고 있는 것으로 추정된다. 아래의 그래프는 2012년 5월 28일자 삼성전자 그래프로 외국인 지분율이 50%임을 나타낸다.

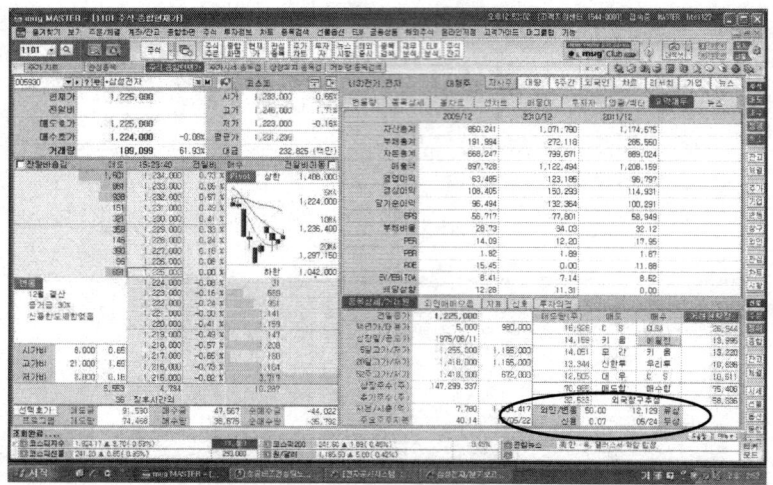

이외에도 보고서를 통해 확인할 수 있는 사항은 무척 많다.

   I. 회사의 개요

   1. 회사의 개요
   2. 회사의 연혁
   3. 자본금 변동사항
   4. 주식의 총수 등
   5. 의결권 현황
   6. 배당에 관한 사항 등

   II. 사업의 내용

   III. 재무에 관한 사항

   IV. 감사인의 감사의견 등

V. 이사의 경영진단 및 분석의견

VI. 이사회 등 회사의 기관 및 계열회사에 관한 사항

1. 이사회에 관한 사항
2. 감사제도에 관한 사항
3. 주주의 의결권 행사에 관한 사항
4. 계열회사 등의 현황

VII. 주주에 관한 사항

VIII. 임원 및 직원 등에 관한 사항

1. 임원 및 직원의 현황
2. 임원의 보수 등

IX. 이해 관계자와의 거래내용

X. 그 밖에 투자자 보호를 위하여 필요한 사항

XI. 재무제표 등

XII. 부속 명세서【전문가의 확인】

1. 전문가의 확인
2. 전문가와의 이해관계

위와 같이 그 회사의 사업내용을 전체적으로 쭉 한번 훑어보면, 내가 관심을 가지고 있는 회사의 사업내용과 비전을 어느 정도는 확인해볼 수 있을 것이다. 또한 이러한 자료를 PDF 파일로 다운받을 수가 있어서, 틈나는 대로 출력하여 읽어보면 많은 도움이 될 것이다. PDF 파일로 다운받는 것도 무료(공짜)이니, 이 어찌 즐겁지 아니한가?

위에서 제시했던 삼성전자뿐만 아니라, 어느 정도 규모가 있는 회사는 분량의 차이만 있을 뿐 꼼꼼하게 회사의 내부 사정을 일반인에게 알려준다. 그러므로 좀 더 관심 있는 사람은 전자공시 시스템을 주기적으로 연결하여 확인해보는 것도 좋다.

삼성전자가 2012년 3월 8일에 보고한 감사 보고서 내용이다. 2011년
도 회사의 내부성과를 알 수 있는 자료이다. 간단하게 2010년도의 성
과와 2011년도의 성과를 숫자로 비교해놓은 자료이다.

위의 자료는 삼성전자가 전자공시 시스템에 회사의 상황을 수시로
일반 주주 및 기관에 알리려는 목적으로 발표한 공시자료 화면이다.

공시자료 화면을 클릭하면 상세한 내용을 알 수 있다.

06 법인 통장과 대표이사 통장을 활용한 현금 흐름도 작성 방안

회사에 투자할 생각이 있든지, 아니면 처음 거래하는 회사의 재정 상태를 알고자 할 때에는 확실한 자금흐름이 궁금할 것이다. 이러한 궁금한 자금흐름 상태를 속 시원하게 확인할 수 있는 방법으로는 앞에서 기술한 신용평가 방법과 전자공시 시스템을 이용하는 방법이 있지만, 우리가 알고자 하는 소규모 법인이라면 이러한 사이트 및 방법이 별로 도움 되지 않을 것이다. 그래서 어느 정도 확실한 신뢰감을 쌓기 위해서는 그 회사의 사업내용보다는 자금의 운영 방안을 들여다보는 것이 무엇보다 중요하다.

조그마한 영세 법인은 회사와 대표자의 통장이 분리되어 있지 않는 경우가 많으므로, 회사 법인통장의 거래내역 못지않게 대표자의 주거래 은행의 자금흐름도 꼼꼼히 들여다볼 필요가 있다. 이러한 자금흐름의 방법을 알아내는 방안 및 실증 사례는 다음 저자의 책에 상세히 기술하도록 하고, 이번에는 필요성만 언급하는 수준에서 정리하도록 하겠다.

이제까지 배워온 모든 기업평가 방법 및 회사의 내부적인 정보와 외부적인 정보를 이용하여 기본적으로 법인을 평가하도록 하겠다.

예제로 솔본(코스닥 상장업체)이라는 회사를 검토해보자.

먼저 자신이 거래하고 있는 증권회사 인터넷 증권 사이트를 통하여 기본적인 사항을 체크해보자. 밑에 이용하는 사이트는 필자가 이용하는 우리투자증권 온라인 거래 사이트로서 참고하는 화면이다(각자에게 맞는 증권 사이트를 활용하도록 한다).

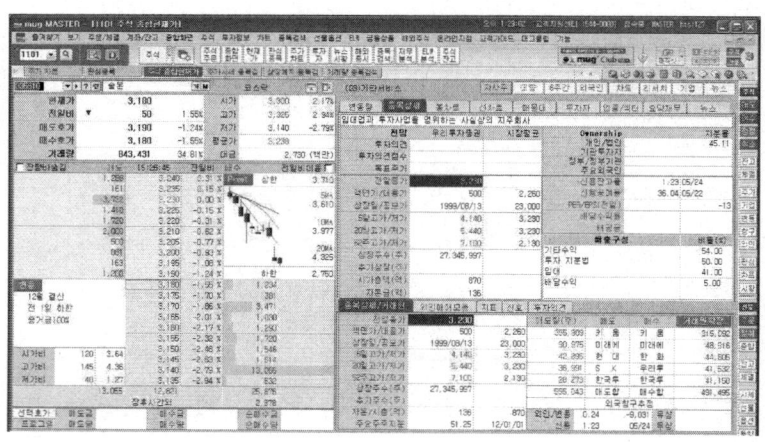

솔본이라는 회사는 필자와 인연이 깊은 회사이다. 대부분의 독자들은 회사 이름만 들어서는 어떠한 회사인지를 알 수 없을 것이다. 우선적으로 화면에서 보는 바와 같이 솔본이라는 회사는 임대업과 투자사업을 영위하는 사실상의 지주회사라고 나와 있다. 회사의 상장일을 보면 1999년 8월 13일에 공모가격 23,000원에 상장되었고, 현재 거래가격(주가)은 3,180원으로 나와 있다. 주요 주주 지분은 51.25%이고,

상장 주식 수는 27,345,997주, 자본금 136억 원에 시가총액 870억 원으로 기본적인 데이터가 나와 있다. 다음으로 3년간의 요약 재무제표를 확인해보자.

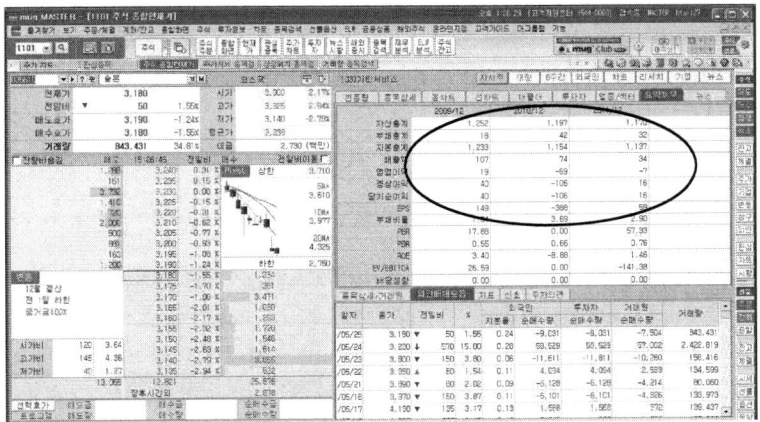

요약 재무제표를 보면 2009년, 2010년, 2011년 회사의 운영 상태가 간단히 나타나 있다. 2011년도 운영 상태를 앞의 2개년 치와 비교해보면, 매출액이 형편없이 줄고 있다는 것을 알 수 있을 것이다. 다만 자산 총계에서 부채 총계가 차지하는 비율이 낮고, 자본 총계가 시가 총액보다 많다는 것을 알 수 있다.

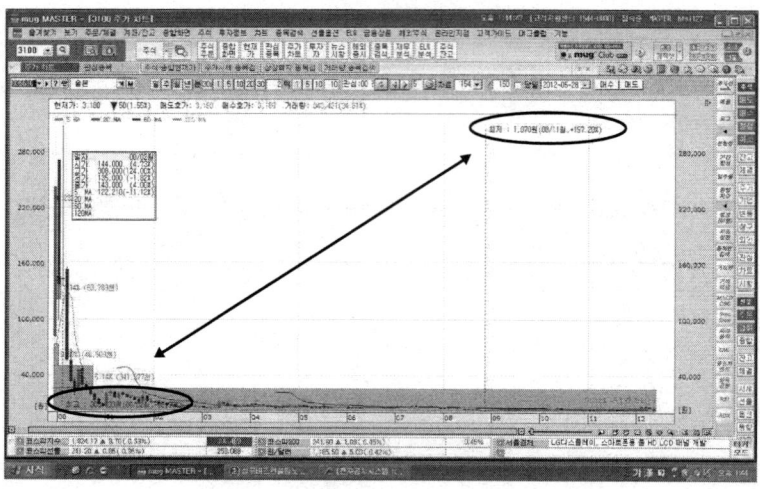

한때 2000년대에는 주가가 308,000원 할 때도 있었던 것으로 그래프가 나온다. 그러면 솔본이라는 회사는 어떤 회사일까? 앞서 배운 모든 평가법을 동원하여 알아보자.

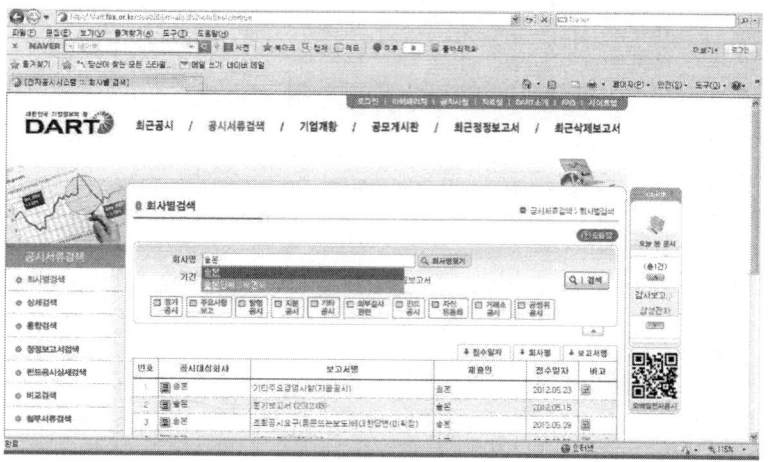

전자공시 시스템을 통하여 '솔본'이라는 회사를 입력해보니 공시내용이 나온다. 코스닥 상장업체이기 때문에 솔본 이름 앞에 '코'라는 수식어가

붙어 있다. 그러면 회사의 내용을 알아보자. 전 장에서 공부했던 삼성전자의 예제를 기억해가면서 2012년 1사분기 사업 보고서를 열어보자.

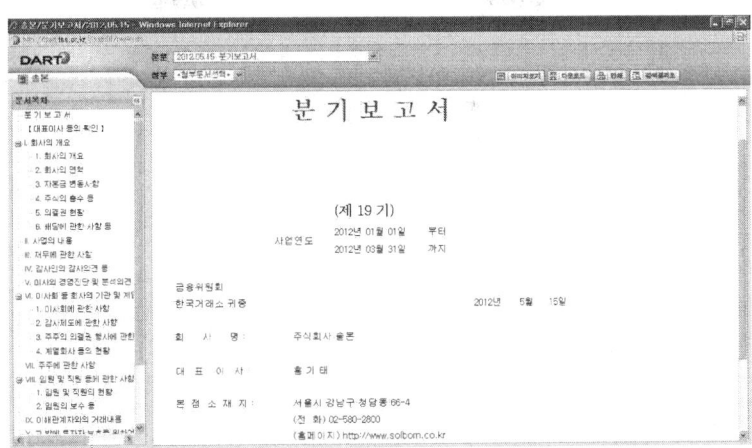

2012년 5월 15일 분기 보고서를 보면 제19기로 적혀 있으니, 법인 설립 후 20년이 되는 회사라는 것을 어느 정도 알 수 있을 것이다. 금융위원회 한국거래소에 제출한, 어느 정도는 사실에 입각하여 대내외적으로 공표하는 서류이므로 자세한 내용을 하나하나 천천히 읽어보도록 하자. 읽는 순서는 삼성전자의 보고서 읽는 법과 같다.

문서 목차는

분기 보고서

【대표이사 등의 확인】

I. 회사의 개요

1. 회사의 개요
2. 회사의 연혁
3. 자본금 변동사항
4. 주식의 총수 등

5. 의결권 현황
6. 배당에 관한 사항 등

II. 사업의 내용

III. 재무에 관한 사항

IIII. 감사인의 감사의견 등

V. 이사의 경영진단 및 분석의견

VI. 이사회 등 회사의 기관 및 계열회사에 관한 사항

1. 이사회에 관한 사항
2. 감사제도에 관한 사항
3. 주주의 의결권 행사에 관한 사항
4. 계열회사 등의 현황

VII. 주주에 관한 사항

VIII. 임원 및 직원 등에 관한 사항

1. 임원 및 직원의 현황
2. 임원의 보수 등

VIIII. 이해 관계자와의 거래 내용

X. 그 밖에 투자자 보호를 위하여 필요한 사항

XI. 재무제표 등

XII. 부속 명세서【전문가의 확인】

1. 전문가의 확인
2. 전문가와의 이해관계로 구성되어 있다.

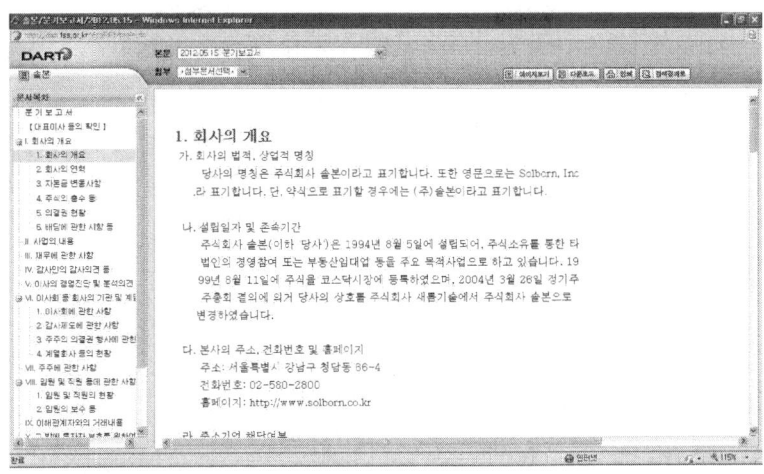

먼저 '1. 회사의 개요'를 보면, 회사의 법적·상업적 명칭을 표시하고 설립일자 및 존속기간과 본사의 주소, 전화번호, 홈페이지를 기술하고 있다. 1994년 8월 5일에 설립되었고, 1999년 8월 11일에 코스닥 시장에 등록되었다고 나와 있다. 솔본이라는 회사의 전 명칭은 '새롬기술'이라고 나와 있다. 필자와 같이 30, 40대 사람이라면 1999년과 2001년에 있었던 IT 버블을 기억하는 사람들이 많을 것이다. 그시기에 상장되었던 회사로서 '다이얼패드' 사업으로 이슈를 만들었던 회사이다. 벤처 광풍이 불어서 수많은 벤처 갑부를 양산한 이 시기에 코스닥에 입성한 회사임을 알 수 있다.

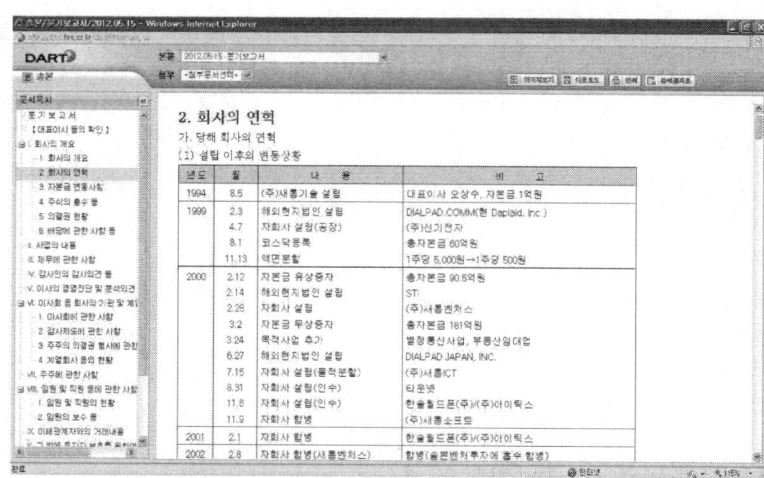

계열 회사로 25개 업체가 있으며, 기타 투자회사로 5개 회사가 있다. 연결대상 종속회사 개황도 나타나 있다.

✅ 회사의 연혁

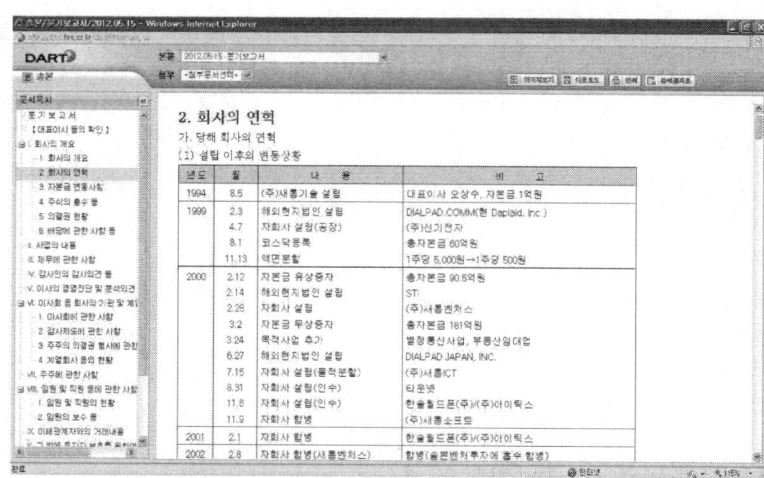

다음으로 회사 연혁을 보면, 당해 회사 설립 이후의 변동 상황이 자세히 기술되어 있다. 내용으로는 당해 회사의 연혁 (1) 설립 이후의 변동 상황 (2) 상호의 변경 (3) 합병, 분할(합병), 포괄적 주식교환·이전, 중요한 영업의 양수·도 등 (4) 경영 활동과 관련된 중요한 사실의 발생에 관한 내용, 회사가 속해 있는 기업집단, 기업집단에 소속된 회사 등으로 상세히 기술되어 있다. 수많은 자회사의 명칭 및 하는 일에 관하여 개략적인 사항을 공시하고 있으며, 필요에 의해서 자회사의 기업분석도 전자공시 시스템을 통해 알아볼 수 있는 귀한 자료가 있는 곳이다.

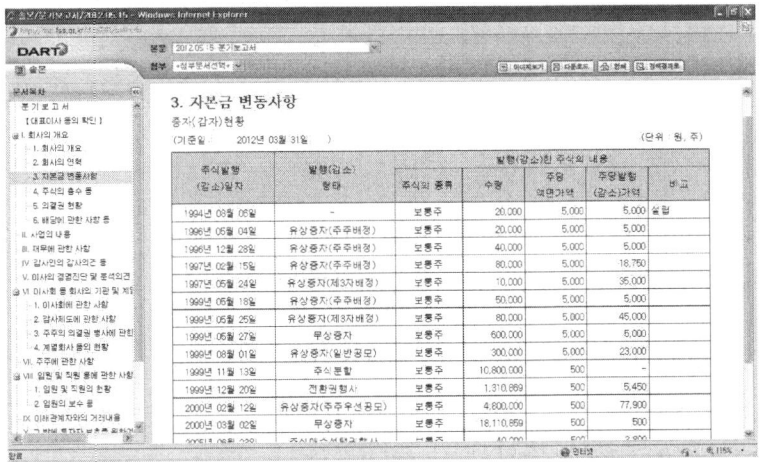

다음으로는 자본금의 변동에 관한 사항을 기술해놓은 자료로서, 회사의 주식 총수의 기초가 되는 사항을 시간의 흐름으로 기술해놓았다.

회사의 주식 총수와 발행할 주식의 총수 및 자기 주식 취득, 처분 현황을 기술해놓았다.

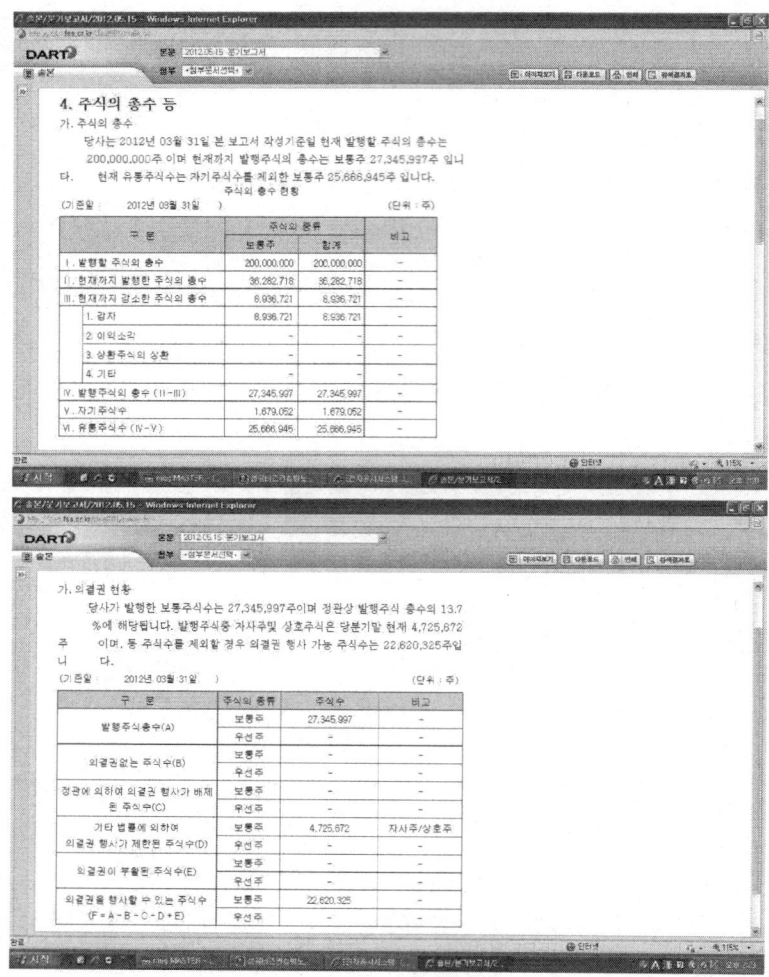

다음은 총 발행 주식에서 의결권 현황과 기타 법률에 의하여 의결권 행사가 제한된 주식 수를 확인할 수 있는 사항이다. 대부분 자사 주로 주식을 취득하고 있든지, 아니면 다른 법인 내지 자회사가 보유하고 있어서 의결권 행사가 안 되는 주식의 수를 제외하고, 의결권을 행사할 수 있는 주식의 총수를 나타내고 있다. 주식회사의 주인은 주주이므로 1주권(주식)마다 의결권을 가지고 회사를 지배하며 경영에 직, 간접

적으로 간섭할 수 있다. 이러한 주식은 법의 테두리 안에서 법적 효력을 발생시킨다.

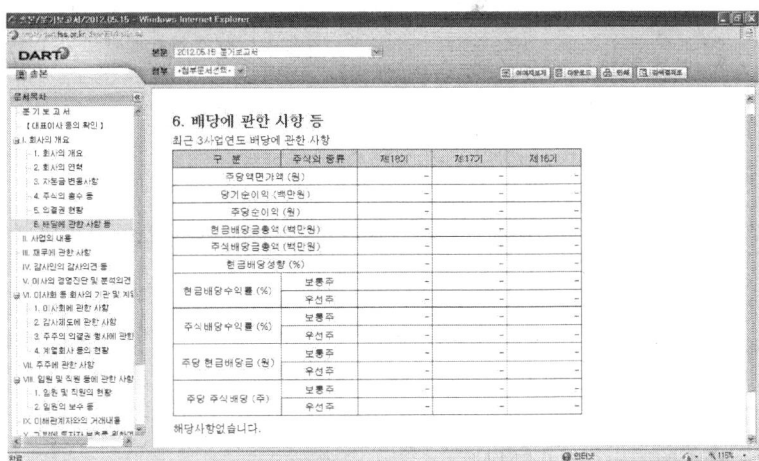

다음으로 배당에 관한 사항이다. 법인이 일을 잘해서 수익이 발생하게 되면 회사의 주인인 주주에게 일정 부분 배당을 통해 수익을 나눠주는 행위의 기초가 되는 상황인데, 상기회사는 3년 동안 주주에게 배당을 하지 않았음을 알 수 있다.

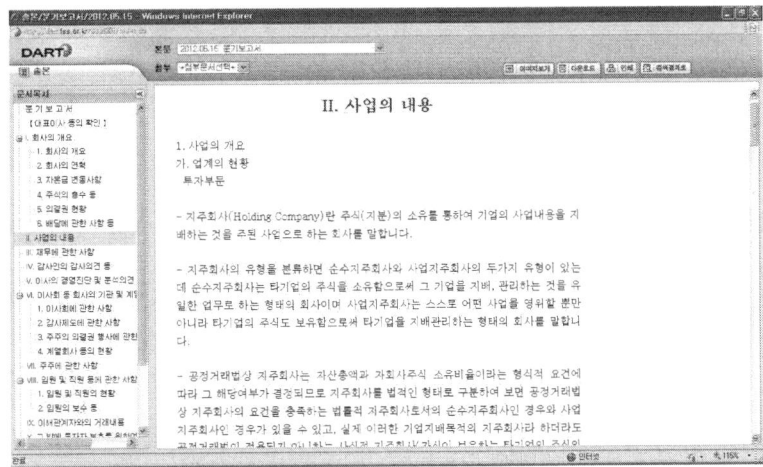

제2단락은 회사가 추구하고 있는 사업 내용을 사업의 개요로서 업계의 현황과 투자 부문, 그리고 회사의 현황 공시대상, 사업 부문의 구분, 영업수익에 관한 사항으로, 사업 부문별 영업 손익과 사업 부문 및 품목별 영업수익 추이, 판매경로 및 수익구조 등으로 설명하며, 경영상의 주요 계약과 영업양수·도 계약, 회사가 노출된 시장 위험 등으로 나타내고 있다.

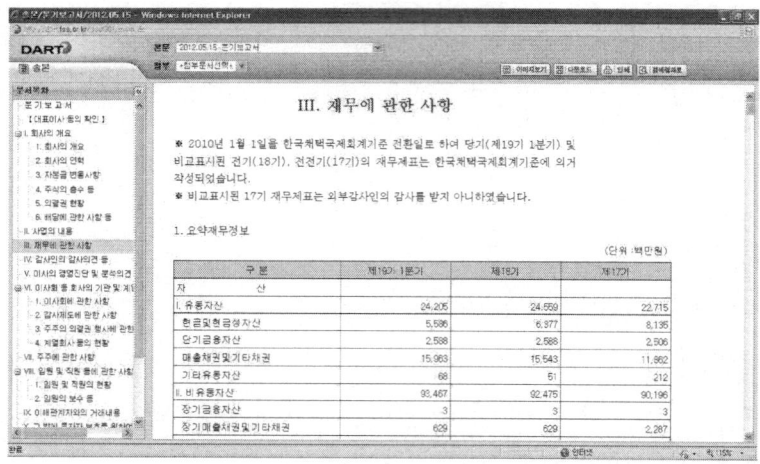

제3단락은 재무에 관한 사항을 설명하는 부분으로서 우리가 가장 유심히 봐야 하는 장이다. 지금껏 회계 및 재무에 관한 공부를 한 목적의 90% 이상이 제3장에 공시한 재무에 관한 사항을 읽기 위해 준비한 사항에 불과하다고 해도 과언이 아니다. 재무에 관한 사항은 3개년 치를 비교하여 숫자로 나타낸다. 첫 번째로 요약 재무정보와 개별 재무제표에 대한 중요한 회계정책을 회사에 맞게 설명하는데, 그 실례를 들면 다음과 같다.

1. 요약재무정보 (단위 : 백만원)

구 분	제19기 1분기	제18기	제17기
자 산			
I. 유동자산	24,205	24,559	22,715
현금및현금성자산	5,586	6,377	8,135
단기금융자산	2,588	2,588	2,506
매출채권및기타채권	15,963	15,543	11,862
기타유동자산	68	51	212
II. 비유동자산	93,467	92,475	90,196
장기금융자산	3	3	3
장기매출채권및기타채권	629	629	2,287
매도가능금융자산	5,217	4,475	1,007
종속기업투자주식	51,922	51,922	51,922
유형자산	7,649	7,371	6,760
투자부동산	27,528	27,555	27,632
무형자산	519	520	585
자 산 총 계	117,672	117,034	112,911
부 채			
I. 유동부채	411	680	1,116
매입채무및기타채무	383	579	1,058
기타유동부채	28	101	58
II. 비유동부채	2,599	2,616	3,134
퇴직급여채무	1,005	1,022	934
기타충당부채	1,594	1,594	2,200
부 채 총 계	3,010	3,296	4,250
자 본			
I. 자본금	13,673	13,673	13,673
II. 기타불입자본	117,753	117,753	124,640
III. 기타자본구성요소	(4,780)	(5,521)	(8,990)
IV. 결손금	(11,984)	(12,167)	(20,662)
자 본 총 계	114,662	113,738	108,661
부 채 와 자 본 총 계	117,672	117,034	112,911

구 분	제19기 1분기	제18기 1분기
I. 영업수익	818	828
배당금수익	56	276
임대수익	522	417
용역수익	228	134
기타영업수익	12	1
II. 영업비용	847	971
영업비용	54	58
판매비와관리비	782	913
기타영업비용	11	-
III. 영업이익(손실)	(29)	(143)
IV.금융수익	211	205
V.금융비용	-	-
VI. 법인세비용차감전순이익(손실)	182	62
VII. 법인세비용	-	-
VIII. 당기순이익(손실)	182	62
IX. 기타포괄손익	742	-
X. 총포괄손익	924	62
XI. 주당손익		
기본주당이익(손실)	7	2

위에서 예제로 든 회사 외에도 대부분의 상장회사나 비상장회사들이 비슷한 회계 기준에 맞춰 보고서를 작성하고 있다. 기본적인 데이터를 읽기 위해서라도 세무·재무에 관한 기본 사항은 숙지하고 있어야 한다.

제4단락에서는 회사를 감사했던 감사인의 감사의견과 함께 감사를 담당했던 회계법인의 명과 사업 연도별로 감사의견 내용이 나온다. 대부분의 우량 회사는 감사의견 표명에서 적정이 표시되지만, 한정 내지 거절로 감사의견이 나온다면 그 법인은 내부에 빨간 불이 켜졌다고 생

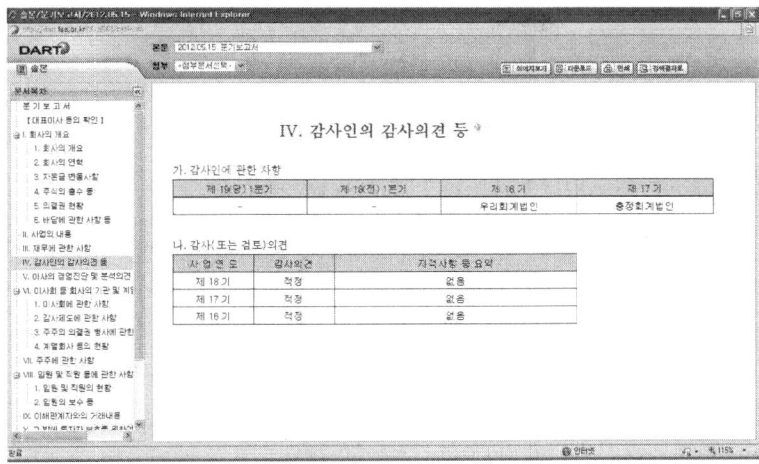

각하면 된다. 이러한 법인은 절대로 눈길조차 줘서는 안 된다. 상장회사라면 한정 내지 거절로 감사의견이 나오면 거래소 내지 코스닥 시장에서 상장 폐지의 위험이 대단히 높은 회사이다.

　다음으로는 이사회 등 회사의 기관 및 계열회사에 관한 사항, 감사제도에 관한 사항, 주주의 의결권 행사에 관한 사항, 계열회사 등의 현황, 타법인 출자 현황 등이 기술되어 있다.

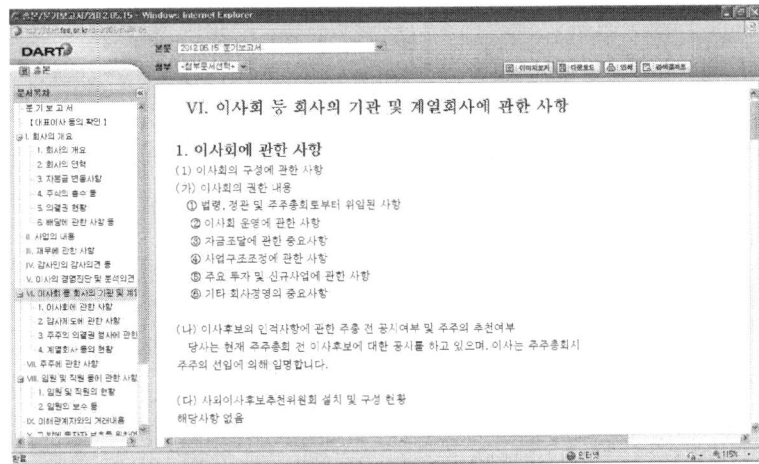

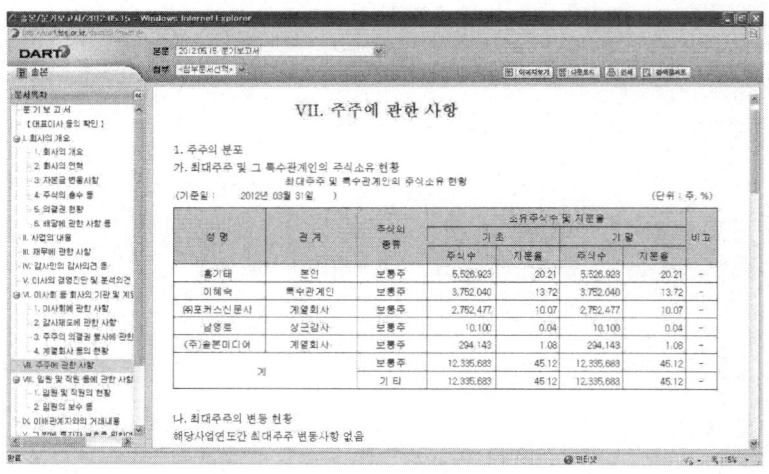

위의 자료는 주주에 관한 사항이 함축적으로 담겨 있는 7단원으로
서, 3단원의 재무에 관한 사항 못지않게 관심 있게 봐야 할 단원이다.
주주에 관한 사항은 주주의 분포에 따른 최대 주주 및 그 특수 관계
인의 주식 소유 현황과 최대 주주의 변동 현황, 5% 이상 주주의 주식
소유 현황, 소액 주주 현황, 주식 사무, 최근 6개월간의 주가 및 주식
거래실적(국내 증권시장/해외 증권시장)을 나타내고 있다. 앞의 삼성전
자의 경우에서도 알아본 바와 같이, 소액 주주의 구성도와 5% 이상의
대주주의 구성도를 알 수 있을 뿐 아니라, 우리나라 주식시장의 큰 손
인 외국인 주주의 구성비도 알 수가 있다.

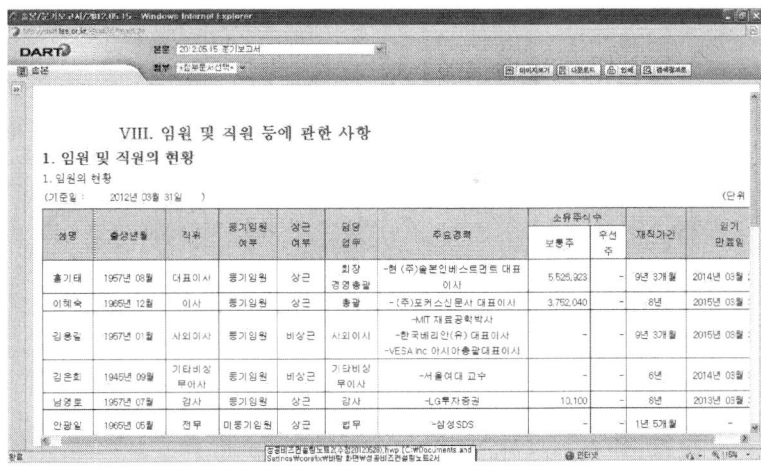

다음으로 임원 및 직원 등에 관한 사항으로, 임원 및 직원의 현황과 임원의 보수, 주주총회 승인 금액과 지급 금액을 알 수 있다.

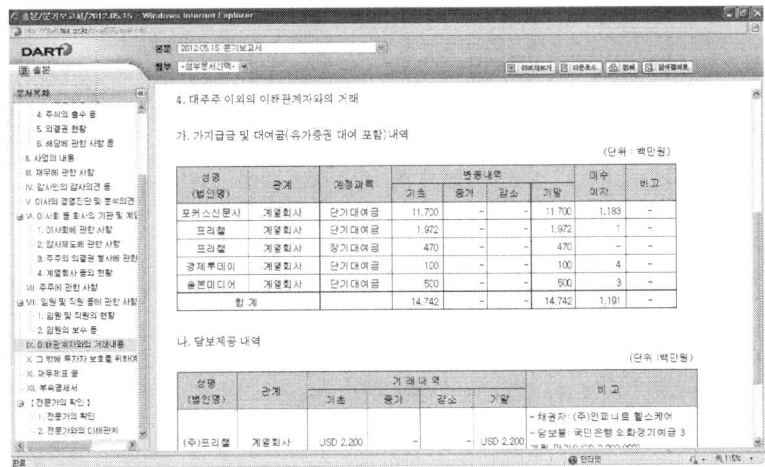

다음은 이해 관계자와의 거래 내용으로서 내부적 거래 및 대주주 이외의 이해 관계자와의 거래를 알 수 있다. 회사의 가지급금 및 대여금의 거래 상대방, 이자 비율과 회수한 사항을 알 수 있으며, 회사가 타인에게 회사의 자산을 담보로 제공한 사항도 알 수 있다. 또한 대주주 등에 대한 신용공여, 대주주와의 자산 양수도 , 대주주와의 영업거래와 같이 대리인 비용이 발생할 수 있는 사항에 관해 꼼꼼하게 점검할 필요가 있다.

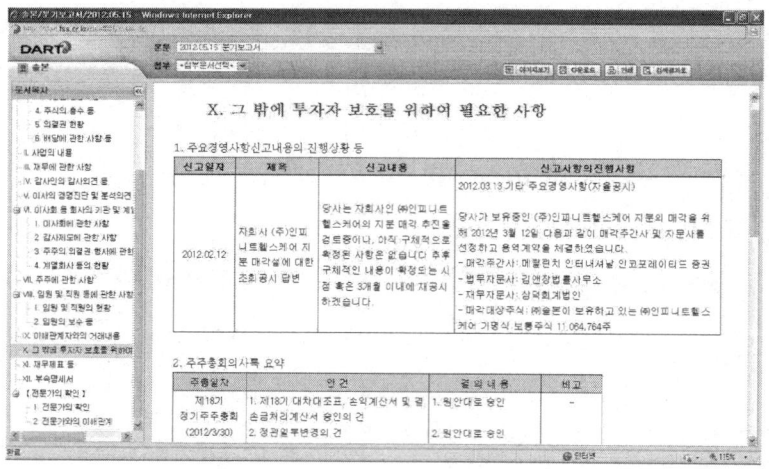

10단락은 그 밖에 투자자 보호를 위해 필요한 사항으로서 주요 경영사항 신고 내용의 진행 상황과 주주총회 의사록 요약, 우발부채(중요한 소송사건/견질 또는 담보용 어음·수표 현황), 채무보증 현황, 제재 현황 등의 사항 등이 있다. 작성 기준일 이후 발생한 주요 사항에 관해 실시간은 아니지만 따끈한 정보들로 꽉 차 있다.

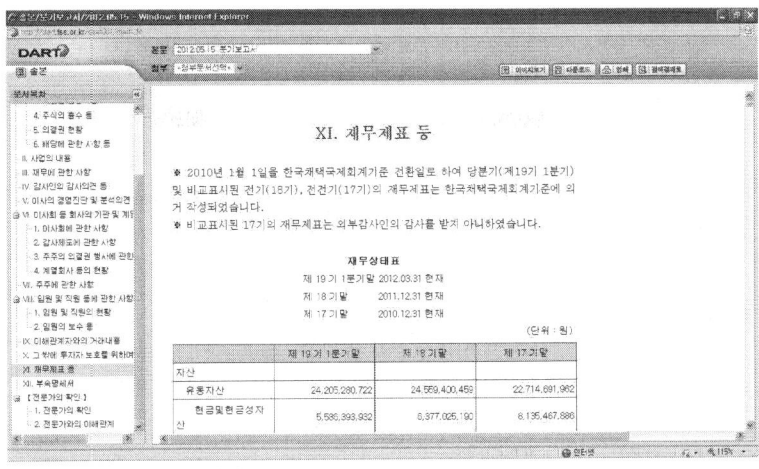

다음으로 재무제표를 보는 방법으로 위에서 예시로 든 코스닥 등록 법인인 '솔본'은 2010년 1월 1일을 한국채택국제회계기준 전환일로 하여 당 분기(제19기 1분기) 및 비교 표시된 전기(18기), 전전기(17기)의 재무제표는 한국채택국제회계기준에 의거 작성되었다. 코멘트와 함께 감사한 회계법인의 주요 감사 포인트와 회사의 자산, 부채, 자본 및 매출액 순이익 등을 알 수 있는 내용이다.

무엇보다도 재무제표에 대한 주석의 내용을 꼼꼼히 살펴봐야 한다. 한국채택국제회계기준은 회사의 재량권을 많이 부여하고 있으므로, 다른 회사와 비교하여 분석할 때는 기준을 어떻게 잡고 있는지를 무엇보다도 중요하게 나타내고 있다. 그러면 예제 회사의 재무제표에 대한 주석 부분을 확인해보자. 3단락에서 이미 알아봤던 회사의 재무제표 작성 방안도 그 내용에 따른 회계처리 부분을 꼼꼼히 분석해보고, 그 중에서도 대손 충당금에 관해서 살펴보자.

대손 충당금 설정 현황

가. 계정 과목별 대손 충당금 설정 현황

(단위 : 천 원)

구 분	계정과목	채권금액	대손충당금	설정율
제19기 1분기	매출채권	6,477,575	(3,603,109)	56%
	단기대여금	14,303,587	(2,600,287)	18%
	미수금	576,752	(415,427)	72%
	미수수익	1,234,718	(10,565)	1%
	장기대여금	470,000	(470,000)	100%
	합 계	23,062,632	(7,099,388)	31%
제18기	합 계	23,062,632	(7,099,388)	31%
	매출채권	6,179,607	(3,534,077)	57%
	단기대여금	14,303,587	(2,600,287)	18%
	미수금	568,177	(414,673)	73%
	미수수익	1,049,466	(9,069)	1%
	장기대여금	470,000	(470,000)	100%
	합 계	22,570,837	(7,028,106)	31%
제17기	매출채권	4,835,971	(3,289,681)	68%
	단기대여금	13,170,776	(3,596,011)	27%
	미수금	750,332	(412,750)	55%
	미수수익	407,724	(4,384)	1%
	장기대여금	2,217,516	(528,758)	24%
	합 계	21,382,318	(7,831,584)	37%

나. 대손 충당금 변동 현황

(단위 : 천 원)

구 분	제19기 1분기	제18기	제17기
1. 기초 대손충당금 잔액	7,028,105	7,831,584	3,645,921
2. 순대손처리액(1)-(2)±(3)	71,282	233,487	4,199,952
(1)대손처리액(상각채권액)	71,282	233,487	4,199,952
(2)상각채권회수액			
(3)기타증감액			
3. 대손상각비 계상(환입)액		(1,036,966)	(14,289)
4. 기말 대손충당금 잔액합계	7,099,387	7,028,105	7,831,584

다. 대손 충당금 설정 기준

당사는 분기 말 현재 매출채권 등의 회수 가능성에 대한 개별분석 및 과거의 대손 경험률을 토대로 하여 예상되는 대손 추정액을 대손 충당금으로 설정하고 있습니다.

라. 당해 사업연도 말 현재 경과 기간별 매출채권 잔액 현황

(단위 : 천 원)

구 분	6개월미만	1년이하	1년초과	합 계
금 액	2,559,317	825,000	3,093,259	6,477,575
구성비율	39.5%	12.7%	47.8%	100.0%

이렇게 구성되어 있다. 회사의 계정 과목별 대손 충당금 설정 현황, 대손충당금 변동 현황, 대손 충당금 설정 기준, 당해 사업연도 말 현재 경과 기간별 매출채권 잔액 현황이 나타나 있다. 대손 충담금은 회

사가 매출을 했으나 회수하기 어려운 매출에 대하여 미리 대손 경험률을 통해 예상되는 대손 추정액을 경과 기간별로 산정해놓은 것이다. 만약 예상과 달리 채권을 회수하게 된다면, 회사의 수익으로 다시 편입되어 회사의 자산 건전성에 도움이 된다.

다음으로 회사의 감사 보고서 요약을 확인해보자.

[연결재무제표 기준 감사의견 및 재무요건]

(단위:원)

구분	당해사업연도	직전사업연도
1. 연결 감사의견 등		
-감사의견	적정	적정
-계속기업 존속불확실성 사유 해당 여부	미해당	미해당
2. 연결 재무내용		
-자산총계	214,110,374,446	192,230,837,255
-부채총계	66,088,703,186	46,563,248,376
-자본총계	148,021,671,260	145,667,588,879
-자본금	13,672,998,500	13,672,998,500
3. 연결 손익내용		
-매출액	153,949,377,744	126,156,646,993
-영업이익	8,562,636	-3,676,539,062
-법인세비용차감전계속사업이익	-294,300,439	-2,696,077,397
-당기순이익	-999,264,284	-6,705,035,232
-지배기업 소유주지분 순이익	-361,787,864	-10,449,466,469
4. 연결대상 종속회사 수(단위:사)	20	16

[최근 3사업연도의 법인세비용차감전계속사업손실률]

(단위:%, 원)

구분	당해사업연도	직전사업연도	전전사업연도
(법인세비용차감전계속사업손실/자기자본)×100	0.1	9.1	–
	–	–	–
법인세비용차감전계속사업손실	294,300,439	10,600,461,175	–
자기자본[연결재무제표 작성대상 법인의 경우 비지배지분 포함]	148,021,671,260	115,450,523,766	123,314,959,280

[최근 4사업연도의 영업손실]

(단위:원)

구분	당해사업연도	직전사업연도	전전사업연도	전전전사업연도
영업손실	–	6,965,629,644	–	6,677,764,360

[손상차손비율 50%이상 해당여부]

손상차손비율 50%이상 여부※손상차손비율(%) = [해당사업연도 매출채권이외의 채권에서 발생한 손상차손 누계액/자기자본]×100	아니오

[횡령·배임 관련사항]

감사보고서상 횡령·배임사항 기재여부	아니오

사업 보고서와 함께 반드시 검토해야 할 사항인 감사 보고서는 주주총회의 안건이 되고, 회사 경영진의 선출 및 해임뿐만 아니라 연결재무제표 기준 감사의견 및 재무요건, 자본 잠식률, 최근 3사업연도의 법인세 비용 차감 전 계속사업 손실률, 최근 4사업연도의 영업 손실, 손상차손 비율 50% 이상 해당 여부, 횡령·배임 관련사항에 관해 알 수가 있다. 물론 상장된 회사의 전자공시 내용만으로 확실히 그 회사를 안다고는 말할 수 없지만, 기본적인 사항을 모르는 가운데 더 많은 정보를 분석하기란 더 어렵다고 할 수 있다. 우선적으로 전자공시 시스템을 통하여 상장회사의 사업 보고서 및 감사 보고서를 확인하는 방법에 대해 알아봤다. 이 외에도 법인 등기부 등본을 통해서 회사의 내용을 알아보는 것과 크레탑을 이용하여 회사의 신용도를 정밀하게 알아보는 방법도 있다. 기업의 정보를 많이 알고 있으면 그만큼 투자의 실패도 줄일 수 있다.

평소에 쓰지 않는 어려운 내용과 모르는 단어들이 나열된 것을 보면서 끝까지 이 자리까지 오신 독자 여러분들에게 경의를 표한다. 새롭고 생소한 부분에 대한 동경으로 여기까지 오셨든지, 아니면 오기로 여기까지 어렵게 오셨든지 간에, 필자가 하고자 하는 말에 대한 의미를 어느 정도는 이해했으리라고 생각한다. 앞으로의 세계에서 여러분들이 느낄 경제적인 부분과 생활의 패턴은 지금까지 우리가 알고 있는 세상과는 많이 다를 것이라고 필자는 생각한다.

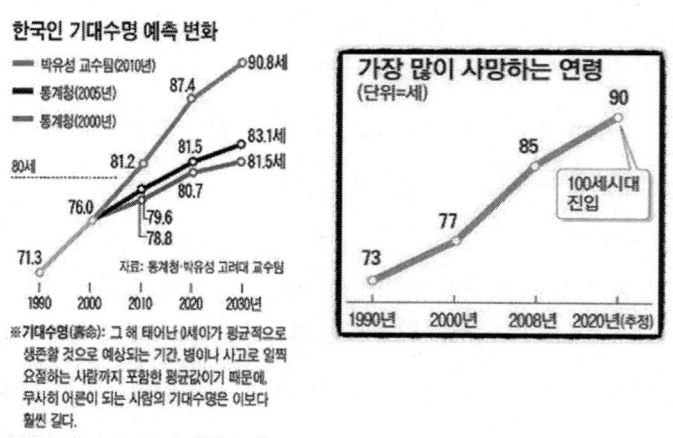

* 출처 : 국무총리실, 경제/사회 인문연구회 보고서 7인의 연구진

위에서 보는 그래프처럼 앞으로 1970년대 초반에 태어난 40대는 큰 사고가 없다면 100세까지 무난하게 살 것이라는 것이 통계에서도 나타나고 있다. 우리보다 먼저 고령화 사회에 진입한 일본만 보더라도, 고령화 사회에서 제일 고민되고 걱정되는 문제로서 퇴직 내지 은퇴 후

의 경제적인 문제를 최고로 꼽고 있다. 옛날처럼 장수가 축복이 아닌, 재앙의 시대에 접어들었다고 모두들 걱정만 하고, 미래가 아닌 빠른 시일에 닥쳐올 현실을 애써 외면하고 있는 실정이다. 이 책을 읽는 독자만큼이라도 지금부터 경제적인 마인드를 새롭게 정립할 필요가 있다고 필자는 충언 드리고 싶다.

무난하게 이 책을 읽었다면 어느 정도의 경제적 EQ가 있다고 생각된다. 항상 공부하는 자세로 인생을 살아간다면 언제나 청춘으로 살수 있다고 필자는 확신한다.

끝으로 이 책의 전문적인 법률사항을 조언해주신 임순호 변호사 사무소 사무장이신 윤창준 사무장님께 심심한 감사를 드린다. 모두들 축복된 100세의 삶을 자신의 의지로 멋지게 설계하길 기원드린다. 조만간 저자의 3번째 책에서 다시 만날 것을 기원하며, 본인만의 '투자론'을 확립하는 좋은 시간이 되길 당부한다.

* 참고문헌

1. 손정현/정영걸 공저, 『마스터 기업자금관리사』 (한국가치서비스(주))

2. 중소기업청(KCA)(사)한국컨설팅협회, 『엔젤투자입문』

3. ㈜파트너아이인베스트, 『파트너아이 엔젤 아카데미』 (2011년)

4. K3DI 한국제3금융개발원(주), 『제3금융과 장외주식(부제 : 제3금융의 연금술)』

5. KBAN 사무국, 『엔젤투자 아카데미』

6. 하상주, 『영업보고서로 보는 좋은 회사 나쁜 회사』 (도서출판 돈키호테)

7. 주용철, 『세상에서 가장 재미있는 세금이야기』 (원앤원북스)

8. 우승호, 『코스닥 M&A 여행』 (새빛인베스트먼트)

9. 김 건, 『엉터리 재무제표 읽는 비법』 (우용출판사)

10. 하워드 슐릿, 『재무제표에 숨어 있는 회계 속임수』 (리딩리더)

11. 김동하, 『개미들이 꼭 알아야 할 코스닥 비밀노트』 (한스미디어)

12. 박경철, 『시골의사의 주식투자란 무엇인가』 (리더스북)

13. 갈정웅, 『중소기업의 M&A 전략』 (창해)

14. 이동호, 『M&A 매뉴얼』 (매경미디어)

15. 정규재, 『기업 최후의 전쟁 M&A』 (한경미디어)

16. 갈정웅 외, 『M&A 사례집』 (창해)

17. 김화진, 『M&A와 경영권』 (박영사)

18. 임재연, 『증권거래법』 (박영사)

19. 제해진, 『알기 쉬운 M&A와 주식투자』 (한국경제신문)

20. 윤종훈 외, 『M&A를 알아야 경영할 수 있다』 (매경미디어)

21. 김창일 외, 『M&A 핸드북』 (조세통람사)

22. 성보경, 『M&A와 월가의 정글게임』 (한국경제신문)

23. 김동환 외, 『21C 최신 M&A 이론과 실체 및 전략』 (무역경영사)

24. 유승한, 『증권거래법 강의』 (삼일인포마인)

25. 이관재, 『주식이동과 세무』 (세경사)

26. 박정우 외, 『M&A와 자본거래의 세무』 (영화조세편람)

27. 최상우외, 『기업금융과 M&A』 (삼일인포마인)

28. 코스닥상장법인협의회, 『적대적 M&A의 방어방법에 관한 연구』

29. 박상호, 『블루오션 M& A전략』 (두남출판사)

30. 홍복기, 『회사법 강의』 (법문사)

31. 임재연, 『회사소송』 (전영사)

32. 한만용, 『경리회계 원리와 세무비법 노트』 (지식만들기)

33. 강기석 외 8인, 『성공 BIZ Consulting 노트』 (라온북)

34. 『삼일회계법인의 경제적 부가가치 분석자료』

35. 네이버카페(http://cafe.naver.com/copy5243- '엉터리 경제 뒤집어보기')

Sucess
Biz Consulting
Note

CHAPTER 4

학원 프랜차이즈 운영 전략

Sucess
Biz Consulting
Note

김 성 민 (mrconsulting@naver.com)

업무 영역 : 학원 컨설팅 / 입시 컨설팅 / 교육 컨설팅
　　　　　 blog.naver.com/mrconsulting
주요 경력 : 현) 열린EDU컨설팅 대표 컨설턴트
　　　　　 한국교육컨설턴트협회 정회원, 진로진학상담사
　　저서 : 『학원 내비게이션』(2012, 에세이퍼블리싱)
　　　　　 『성공 BIZ Consulting 노트』(2012, 라온북)

경쟁사를 압도하는 기술을 가진 제조업은 그 기술을 '특허'로 보호받고 제품을 독점적으로 생산하며 성장합니다. 반면에 서비스 산업의 경우 특별한 노하우를 갖고 있는 기업이 그 노하우를 독점하기보다는 많은 사업자와 공유하면서 성장하는 경우가 더 많습니다. 시간과 공간의 제약을 받는 서비스 산업의 특성 때문에 동시에 많은 지역에서 자사의 서비스를 제공하는 우군이 많을수록 브랜드의 가치가 커지고 회사도 성장할 수 있기 때문입니다.

특정 지역의 학원이 획기적인 강의 방식을 개발하여 그 지역에서 성공을 거두었더라도, 프랜차이즈화를 통해 다른 지역으로 확대하지 않으면, 그 성공은 국지적인 성공 사례로만 남게 됩니다. 그 학원이 다른 지역의 학원에 교재 및 강의 시스템을 제공하여 전국적인 학원 체인으로 확대될 때, 그 학원의 성공은 전국적인 성공으로 확대되는 것입니다. 이처럼 새로운 교육시스템을 만든 학원 및 교육 기업이 다른 학원과 가맹점 계약을 맺고, 브랜드와 교재 사용권에 대한 권리를 주고, 그 대가를 받는 것이 교육 프랜차이즈 시스템입니다.

프랜차이즈 시스템이 확산되면서 이제는 교육 프랜차이즈 프로그램 없이 학원을 운영하는 것은 사실상 불가능한 상황이 되었습니다. 이처럼 프랜차이즈 도입이 학원 운영에 필수적이다 보니, 프랜차이즈의 도입 및 운영이 학원 성공의 가장 중요한 요인으로 인식되고 있습니다. 프랜차이즈가 학원 운영의 핵심 경쟁력으로 인식되면서, 인기 프랜차이즈를 도입하기 위해 본사에 억대의 가맹비를 납부해야 하는 경우도 있습니다. 또한 대부분의 프랜차이즈는 매년 재 가맹비와 광고비 등을 납부해야만 가맹 학원으로서의 자격을 유지할 수 있습니다. 가맹 학원은 적지 않은 가맹비와 재 가맹비를 납부하면서도 매달 사용해야 할 교재 권수를 규제받고 있으며, 본사의 일방적인 결정으로 재계약 과정에서 탈락하는 경우도 발생되고 있습니다.

그러나 브랜드 파워가 약한 프랜차이즈 회사의 경우는 정반대의 상황이 전개되기도 합니다. 공식적으로는 가맹비가 있지만, 계약을 하고 교재만 구입하면 브랜드 사용권을 주는 프랜차이즈도 있습니다. 말이 프랜차이즈 계약일 뿐 교육 방법에 대한 노하우 제공은 없으며, 단순한 교재판매 계약과 다를 바 없는 경우도 많습니다. 이런 프랜차이즈 계약의 경우 본사가 가맹 학원에 제공하는 것은 단지 교재에 불과합니다. 이처럼 다양한 수준의 프랜차이즈 회사가 있는 것처럼, 프랜차이즈를 도입해 운영하는 학원의 수준도 너무도 다양합니다. 경쟁력 있는 프랜차이즈 브랜드를 도입하고 본사의 교육 시스템을 100% 활용하여 높은 성과를 내는 학원이 있는가 하면, 이름뿐인 프랜차이즈의 현판만 내걸고 운영하는 학원도 상당 수 있습니다.

학원 사업의 프랜차이즈 시스템은 학원의 성장 여부를 결정할 만큼 중요한 경쟁력이 됩니다. 따라서 어떤 브랜드의 프랜차이즈를 도입하고, 그 시스템을 어떻게 잘 활용할 것인가 하는 것은 학원 운영의 가장 핵심적인 부분입니다.

✅ 학원 프랜차이즈 도입 방식

학원에서 프랜차이즈를 도입하는 경우는 첫째, 프랜차이즈 프로그램을 먼저 결정하고 입지를 나중에 결정하는 경우와 둘째, 입지를 먼저 결정하고 해당 입지에 가장 적합한 프랜차이즈를 결정하는 경우로 나누어 생각할 수 있습니다. 첫 번째 방식은 새롭게 개원하는 학원에서 활용되는 방식이며, 입지를 먼저 결정하는 방식은 기존 학원이 새로운 프랜차이즈를 도입할 때 적용되는 방식입니다.

학원 개원과 동시에 프랜차이즈를 정하고 그에 맞는 학원 운영 시스템을 도입하는 경우는 아무것도 없는 상황에서 시작하기 때문에 기존의 학원 운영 방식과의 충돌이 발생되지 않지만, 기존에 운영하던 프로그램을 버리고 새로운 프랜차이즈를 도입하는 경우 적지 않은 문제를 해결해야만 합니다. 기존의 프랜차이즈 가맹비와 시설 등에 소요된 투자비를 포기하고, 새로운 프랜차이즈 도입을 위해서 새로운 투자를 해야 합니다. 또한 기존의 교육방식이 학생들의 성적 향상에 효과적이라는 상담을 했지만, 이제는 그 방식과 상반된 학습방법이 효과적이라고 학부모를 설득해야만 하는 경우도 발생됩니다.

🔖 프랜차이즈 중심의 개원 방식

주로 대형 프랜차이즈 학원과 인기 프랜차이즈 학원을 개원하는 경우 이 같은 방식이 주로 사용됩니다.

종로M, 페르마, 청담어학원, ECC 등 대형 프랜차이즈는 광역 상권을 대상으로 하기 때문에 가맹 희망자가 원하는 지역에 무조건적으로 개원할 수는 없습니다. 예비 창업자는 서울의 A지역에 학원을 출점하려고 하지만, 그 지역에 그 회사의 직영 학원 및 가맹 학원이 운영되고 있다면 그 지역에 개원하는 것이 불가능합니다. 그 지역에 출점하려는 의지가 강한 경우 회사가 직영으로 운영하던 학원을 인수할 수도 있지만, 이는 예외적인 상황일 뿐입니다. 이처럼 인기 있는 프랜차이즈 학원을 개원하고자 하는 경우 학원장의 의지대로 입지를 결정하지 못하는 경우가 대부분입니다. 예비원장은 희망하는 입지를 포기하고 본사가 추천하는 지역에 출점할 수도 있고, 과감하게 다른 브랜드로 방향을 돌려 학원을 개원할 수도 있습니다.

그러나 인기 있는 브랜드를 도입한다고 해서 학원이 반드시 성공하는 것도 아니며, 지역에 따라 특별히 인기를 모으는 프랜차이즈 프로그램도 있기 때문에, 가맹 계약 전에 충분한 정보 수집과 조사는 필수적입니다. 다양한 회사의 사업설명회에 참석하여 학원산업의 흐름을 이해해야 하며, 희망하는 프랜차이즈 본사와 가맹 학원의 상황에 대한 정보를 수집해야 합니다. 공정거래위원회가 제공하는 프랜차이즈 가맹정보 공개서는 반드시 읽어봐야 하며, 금융감독위원회에서 운영하는 전자공시(DART) 사이트를 활용해 회사의 안정성을 확인해야만 합니다. 또한 실제로 운영하는 학원을 직접 방문하고 상담도 해봐서 직접 운영해도 좋을지 스스로 판단해야만 합니다.

가장 성공적인 프랜차이즈 회사로 손꼽히는 G 편의점 프랜차이즈 본사는 가맹점 희망자와 면접을 먼저 실시하고, 가맹 희망자에 대한 합·불을 결정한 다음 입점 지역을 확정하는 방식을 사용합니다. 사업성이 확실하고 성장성이 좋은 회사일수록 가맹 희망자에 대해 엄격한 기준을 적용하고 있습니다. 만약 프랜차이즈 회사와의 상담이 너무 쉽게 이루어지고 가맹 허가가 너무나 쉽게 이뤄진다면, 그 프랜차이즈는 시장에서 인정받지 못한다는 것을 의미할 수도 있고, 회사의 재무 건전성에 문제가 있을 수도 있다는 것을 말해줍니다. 그러므로 본 계약 전에 신중하게 결정해야 합니다. TV 광고도 많이 하고 너무나 많이 알려진 학원이라고 안심해서는 안 됩니다. 대한민국에서 가장 평판이 좋은 학원인데도 가맹 학원이 문을 닫게 되는 경우가 너무도 많습니다.

특정 지역에 개원하여 학부모의 관심이 증폭되면서 단시간에 2관까지 확장한 학원이 다음해 2관의 간판을 내리는 경우도 있습니다. 본사의 성공이 가맹 학원의 무조건적인 성공을 보장하는 것은 아님을 항상 생각해야 합니다.

본사에 내는 가맹비가 많을수록 다소 시간이 걸리더라도 가맹 계약에 더 많은 노력과 수고를 해야만 합니다. 자칫 서두르다 보면 중요한 내용을 간과할 수 있고 잘못된 판단으로 인해 엄청난 손실이 발생될 수도 있기 때문입니다. 상장된 회사라고 100% 믿어서는 안 됩니다. 회사 차원의 매출 및 손익과 가맹 학원의 매출 및 손익은 전혀 별개의 것입니다. 프랜차이즈 회사가 연간 수백억 원의 흑자가 나고 주가가 매년 상승한다고 해도, 가맹 학원 개별 수준에서 살펴보면 대박 학원도 있고 폐업 직전의 학원도 있기 마련입니다. 충분한 사전 준비와 정보수집, 그리고 실제로 운영하고 있는 많은 학원을 직접 방문하여 학부모 입장에서 상담 받고 가맹 희망자 차원에서 생각해야 합니다. 일단 계약을 하고 가맹비를 내면, 가맹비를 돌려받지 못한다는 사실을 생각하고 결정해야 합니다.

✔ 입지를 먼저 결정하고 프랜차이즈를 도입하는 경우

상당수의 학원장들은 어떤 프랜차이즈를 도입할 것인가 하는 것보다 어느 건물에 학원을 낼 것인가를 먼저 결정하는 것이 일반적입니다. 프랜차이즈 본사의 경우에도 아직 상가를 확보하지 못한 희망자에게는 구체적으로 계약을 진행시키지 않습니다. 특정 지역에 대한 계약을 진행하는 중이라도 예비원장이 하고자 하는 상가를 임차할 수 없는 상황이 되면 계약은 이루어지지 않습니다. 이처럼 입지를 먼저 결정하고 프랜차이즈를 선택할 때에는 현실적으로 자신이 선택할 수 있는 것이 어떤 것인지 확인하는 작업부터 시작해야 합니다. 상권 내에 이미 다른 학원이 희망 브랜드를 운영하고 있다면, 그 브랜드를 도입하는 것은 불가능하기 때문입니다. 선택할 수 있는 프랜차이즈를 확인하기 위해서는 우선 본인이 생각하는 상권을 정한 다음, 그 범위에 있는 모든 프랜차이즈 프로그램을 조사해야 합니다. 학원에 전화도 하고 방문도 하여 상권 내에서 운영되고 있는 프랜차이즈 리스트를 만들어야 합니다.

일반적으로 프랜차이즈 회사는 가맹 학원에게 행정 구역상의 구분에 따라 독점권을 보장합니다. 가맹비가 1천만 원 이하인 경우 통상적으로 하나의 동에 한 학원을 입점시키는 것이 일반적이며, 가맹비가 1천만원 이상인 경우 몇 개의 동을 묶어서 출점하거나 구 단위의 광역 상권을 독점권으로 보장하게 됩니다. 따라서 동일 상권이라도 행정 구역이 다르면 도입 가능성이 변할 수 있다는 것을 생각하고 조사해야 합니다.

상권 내 프랜차이즈 프로그램 명단이 만들어졌다면, 학원이 도입 가능한 프랜차이즈 리스트에서 그것들을 지워나가면서 현실적으로 도입 가능한 리스트를 만들 수 있습니다. 가장 쉬운 방법은 학원 전문 포털인 '훈장마을' 사이트를 활용하는 것입니다. '훈장마을'에는 많은 학원들이 강사 모집광고를 게재하고 있습니다. 학원은 광고 문구에 프랜차이즈 프로그램을 공지하며 강사를 모집합니다. 따라서 이렇게 신규강사를 모집하는 학원이 어떤 프랜차이즈를 도입하고 있는지를 과목별로 살펴보면, 학원이 도입할 수 있는 최대의 프랜차이즈 리스트를 만들 수가 있게 됩니다.

학원에서 도입 가능한 프랜차이즈 리스트를 만들었다면, 희망 지역 상권과 비슷한 지역의 학원을 방문하여 학부모 입장 및 학원장 입장에서 정보 조사와 분석을 해야 합니다. 그러나 현실적으로 수십 개의 도입 가능 프랜차이즈 브랜드 모두를 학원장이 분석하는 것은 쉽지 않으며, 이를 원장 혼자서 하는 것도 비효율적입니다. 이때는 학원 컨설팅 업체의 도움을 받는 것도 좋은 전략입니다.

훈장마을 구인란을 활용한 프랜차이즈 리스트 확보

<훈장마을 www.hunjang.com 화면캡쳐>

✅ 학원 컨설팅 활용 전략

학원장으로 출발하기 전에 충분한 조사와 분석을 하지 않은 채, 학원 강사 경험만 믿거나 학원 프랜차이즈 회사만 믿고 학원 창업을 시작하면, 개원 후 1년 정도는 시간과 돈을 낭비하게 될 가능성이 높습니다. 교육 서비스업을 하겠다는 결심을 하면, 먼저 어떤 컨셉트 (concept)의 학원을 할 것인지 결정해야 합니다. 교습소를 할 것인지 학원을 할 것인지, 보습 학원을 할 것인지 어학원으로 개원할 것인지를 결정해야 합니다. 미리 준비하지 않으면 보습 학원 인가를 낼 수 없는 상가를 임차하여 어쩔 수 없이 교습소를 운영하는 경우가 발생하기도 합니다. 영어 학원을 개원하면서 어학원과 보습 학원의 차이를 제대로 이해하지 못한 채 원어민 강사 없이 운영하다가, 결국 문을 닫는 사례도 적지 않습니다. 보습 학원은 원어민 강사를 채용할 수 없으며, 어학원은 보습 과목을 강의할 수 없습니다. 이런 법적인 규제까지 생각하지 않으면 안 됩니다.

학원은 정부의 규제가 가장 많은 분야로서 '분당 수강료'까지 규제 받고 있습니다. 자본주의에서는 이루어질 수 없는 규제가 학원에서는 일상적으로 이루어지고 있습니다. 따라서 학원 창업 시에는 최초 투자 금액 및 운영자금, 미래의 성장 가능성까지 생각해서 자신이 만들고자 하는 학원의 컨셉트에 대해 신중하게 고민하고 결정을 내려야 합니다.

학원 컨설팅은 예비 원장의 경력과 능력, 그리고 투자 규모는 물론 입점하고자 하는 상권의 경쟁 상황을 분석하여 학원장에게 최적의 컨셉트를 제시하고, 향후 학원의 성장 전략까지 제시해줍니다. 컨설팅을 통해 단과학원으로 할 것인지 종합학원으로 할 것인지, 강의 과목은 몇 개로 정할 것인지, 각 과목의 주당 수업 일수와 회당 수업 시간, 수강반별 인원, 수강료와 수강생 선발 과정 등 학원의 컨셉트를 구성하는 전반적인 전략을 제시해줍니다. 예비 창업자의 경우 경험이 없기 때문에 스스로 결정할 수 있는 부분이 거의 없다는 점을 생각한다면, 학원 창업 컨설팅의 역할은 너무나도 중요합니다.

서울시의 경우 서울시 교육청에서 만든 학원 찾기 앱을 활용하여 상권 내 경쟁 학원의 규모와 수강료 등을 손쉽게 확보할 수 있습니다. 특히 이 앱을 활용하면 상권 지도를 짧은 시간에 정확하게 그릴 수 있으므로 입지조사에 반드시 활용하는 것이 좋습니다.

입지가 결정된 학원에서 활용할 교육 프랜차이즈를 선정하는 것은 성공적인 학원 창업의 가장 기본이 됩니다. 그러나 실제 상황에서 교육 프로그램을 선정하는 것은 원장의 의지만으로 될 수 없는 경우가 많습니다. 학원에서 그 브랜드를 이용하려고 해도 지역 내 다른 학원에서 이미 사용하고 있다면, 다른 대안을 선택해야만 합니다.

상권내 경쟁학원 브랜드 조사표(예시)

학원 컨설턴트는 학원장에게 가장 현실적이고 경쟁력 있는 프랜차이즈를 선정할 수 있도록 도와줍니다. 도입 가능 프로그램의 장단점을 파악하고 학원장에게 최선의 선택을 할 수 있도록 해줍니다. 혼자서 모든 브랜드의 장단점을 파악할 수 없는 상황에서 학원 창업을 성공적으로 이끌기 위해서는 학원 컨설팅의 도움을 받는 것이 매우 효과적인 전략입니다.

02 프랜차이즈 선택 기준

✅ 총투자 금액 대비 적정 수준의 프랜차이즈

학원 개원 시 투입한 자금은 나중에 돌려받는 부분도 있고 회수 불가능한 부분도 있으며, 회수 여부가 불확실한 부분도 있습니다. 따라서 학원 개원을 위해 준비한 자금의 규모에 따라 프랜차이즈를 선택하는 것은 너무나 당연합니다.

학원 개원을 위해 상가를 임차할 때는 임대 보증금이 필요하며, 임차 물건에 그동안 다른 학원이나 다른 업종의 영업장이 있었다면 권리금이 추가로 소요됩니다. 학원으로 재개장하기 위해서는 평당 수십만 원의 인테리어 공사를 해야 합니다. 임대 보증금은 추후에 회수할 수 있다는 점에서 일종의 예치금 성격이지만, 기존 시설 운영자에게 지불하는 권리금과 인테리어 비용은 회수할 수 없는 영역입니다. 학원이 잘되면 나중에 권리금으로 회수할 수도 있지만, 확실하게 보장받는 것은 아닌 것입니다.

프랜차이즈 시스템은 예상보다 돈이 많이 듭니다. 단순히 가맹비만 내면 되는 것이 아니라, 본사가 요구하는 특정 시설물과 교육 집기 등을 설치하는 데도 투자가 필요하기 때문입니다. 따라서 본인의 투자금액에 맞는 프로그램을 선정하는 것은 너무나 당연합니다. 총투자 규모가 2억 원 수준인데, 가맹비 1억 원 수준의 프랜차이즈 프로그램을 선택해서는 안 됩니다. 현재 서울 A급 지역의 어학원 프랜차이즈 가맹비는 2억 원에 이릅니다. 그 회사의 브랜드를 사용하고 프로그램을 사용하는 대가로 일시에 2억 원을 내야만 하는 것입니다.

가맹 본사가 가맹 학원에 요구하는 가맹비는 돌려받을 수 없는 순수 가맹비와 상품과 시설 등으로 제공받는 가맹비로 나눌 수 있습니다. 순수 가맹비는 말 그대로 브랜드와 프로그램을 사용하는 대가로 지불하는 것으로서 가맹을 위한 필수조건이며 반환되지 않습니다. 가맹 계약서에 서명하고 본사에 입금하는 순간 이미 프랜차이즈 회사의 돈이 되고 맙니다. 반면 상품과 시설로 되돌려 받는 가맹비는 본사로부터 상품과 시설로 되돌려 받는다는 점에서 가맹비라기보다는 상품 구입비에 가깝습니다. 프랜차이즈 본사 입장에서는 가맹 희망자에게 순수 가맹비만 받는 것보다는, 초도물품을 가맹비라는 이름으로 의무적으로 구입하게 하는 것이 훨씬 회사의 성장에 도움이 됩니다. 따라서 순수 가맹비와 초도상품 대금을 가맹비라는 이름으로 일시에 받는 것입니다.

학원을 개원할 때는 경쟁력이 있었지만, 본사 사정으로 인해 프로그램의 경쟁력이 크게 훼손될 수도 있고, 더 이상 프랜차이즈를 운영할 수 없는 경우도 생길 수 있습니다. 그런 일이 발생되면 프랜차이즈 가맹비는 허공으로 사라집니다. 최근 어학원 프랜차이즈 브랜드를 운영하던 T 영어 본사가 일방적으로 폐업신고를 했습니다. 백여 개의 가맹 학원은 패닉 상태에 이르렀고, 직영 학원에 다니는 학생들은 학원비를 내고도 수업을 듣지 못하는 피해를 입었습니다. 본사의 일방적인 폐업으로 가맹 학원이 납부한 프랜차이즈 가맹비와 시설물이 한순간에 의미 없는 것으로 사라지고 만 것입니다.

또한 학원을 운영하다 양도하는 경우에도 본사에 대한 가맹비는 권리금과 연계돼 학원장에게 불리한 요소가 될 수도 있다는 것을 감안해야 합니다. 예컨대 최초 가맹 시 900만 원이었던 가맹비가 2,000만 원으로 인상됐을 경우, 기존 가맹점은 추가 비용이 들지 않지만, 학원을 인수한 인수인이 가맹비 차액 1,100만 원을 부담하는 경우가 일반적입니다. 가맹비를 인수자가 추가 부담하는 경우 학원 양도인이 인수자에게 받는 권리금이 그만큼 감소한다는 것을 의미합니다.

학원을 개원하면서 프랜차이즈 비용에 얼마를 투자해야 할지에 대해 수학공식처럼 몇 %라고 단정하기는 어렵습니다. 2억 원의 가맹비를 내는 프랜차이즈와 2백만 원의 가맹비를 내는 경우 총투자의 규모가 다르기 때문입니다. 가장 현실적인 방법으로는 학원이 안정됐을 때의 기대수익을 가맹비의 기준으로 삼는 것입니다. 매달 1천만 원의 수입을 기대하면서 가맹비 1백만 원 수준의 프랜차이즈를 가맹해서는 안 됩니다. 최소한 본인이 희망하는 월 기대 수익만큼의 가맹비를 투자하는 것이 합리적입니다. 매달 1천만 원의 수익을 기대한다면, 최소한 가맹비 1천만 원의 프랜차이즈를 선택하는 전략입니다. 총투자 대비 가맹비가 너무 적으면 학원 운영 시 얻는 기대수익이 줄어들고, 가맹비가 너무 많으면 학원 운영의 위험성이 커진다는 점을 생각하고, 총투자에서 충분히 감내할 수 있는 범위에서 프랜차이즈를 결정해야 합니다.

✅ 학습 효과가 충분히 검증된 프랜차이즈

학원의 기본 역할은 학생의 성적을 향상시키는 것입니다. 학생의 성적을 올리지 못한 학원은 존재 의미가 없고 성장할 수도 없습니다. 학원 프랜차이즈 역시 검증된 학습 효과가 있어야 합니다. 브랜드 인지도가 높은 프랜차이즈 프로그램이라도 학습 효과가 없다면, 단기간 내에 사라질 수도 있습니다.

교과부가 영어 사교육을 줄이기 위해 도입하는 국가영어인증시험 (NEAT)이 2013년 처음 도입되면서 많은 NEAT 대비 프로그램이 개발되고 있습니다. 출판사는 물론 프랜차이즈 회사도 다양한 프로그램을 발표하고 있습니다. 그러나 앞으로 몇 년 후면 현재 출시된 수많은 NEAT 대비 프로그램의 상당수는 사라지고 없을 것입니다. 그동안 수많은 교육 프랜차이즈 프로그램이 학원 계에 등장했지만 오랫동안 생존한 브랜드는 그리 많지 않습니다. 요란하게 등장했던 많은 프로그램이 교육 효과와 성적 향상 실적이 쌓이기도 전에 시장에서 사라지고 있는 상황입니다. NEAT 대비 프랜차이즈라면 시험의 경향을 반영하여 학생들의 성적 향상 효과가 충분해야 합니다. 이름만 NEAT 전문 프로그램이라면, 학부모에게 선택받지 못하고 결국 과거 속으로 사라지게 될 뿐입니다.

초등 영어 프랜차이즈 중에서 "파닉스 학습 3개월 만에 중3 영어를 마스터합니다."라는 식의 광고 문구를 내세운 프랜차이즈가 있었습니다. 그러나 파닉스를 배운 학생이 중3 수준의 영어 교재를 공부하는 기적 같은 학습 효과는 없었습니다. 학습 효과가 크게 차이를 나타내지 않자, 많은 가맹 학원들이 그 브랜드로는 학부모를 만족시킬 수 없다고 판단하고 새로운 프랜차이즈로 간판을 바꾸었습니다. 그 프랜차이즈는 지금 겨우 명맥만 유지하고 있습니다. 수학 프로그램 역시 확실한 성적 향상의 실적을 갖추어야만 합니다. 그런 실적이 누적되어 학부모가 자녀의 수학 성적 향상을 위해 최우선적으로 선택하는 프로그램으로 자리 잡아야 합니다.

학습 효과가 약한 프랜차이즈는 가맹 학원 수가 점차 줄어들 수밖에 없습니다. 앞서간 학원장들이 이미 학습 효과가 없음을 알고 떠나고 있다면, 그 프랜차이즈를 절대로 도입해서는 안 됩니다. 가맹 학원이 증가하고 있는지 감소하고 있는지 반드시 확인하고 계약해야 합니다. 가맹 학원이 줄고 있다면 학습효과가 없다는 말이고, 가맹 학원이 늘고 있다면 학습 효과가 있다는 것을 의미하므로, 가맹점이 점진적으로 증가하는 학원 프랜차이즈를 도입해야만 합니다.

✅ 경쟁 학원과 차별화된 프랜차이즈

대부분의 학원은 한정된 상권을 대상으로 합니다. 대형 어학원의 경우 구 단위에 하나의 학원만 개원되고 있지만, 대부분의 프랜차이즈 프로그램은 '1동 1원'이 일반적입니다. 따라서 보습학원 원장이라면 멀리 있는 학원을 이기고 동일한 브랜드를 사용하는 학원 중에서 우수 학원으로 선정되기보다는, 학원의 상권 내에서 확실한 경쟁력을 확보하여 학부모들에게 실력 있는 학원으로 인정받는 것에 더 가치를 두어야 합니다. 특히 프랜차이즈를 선택할 시점에서는 상권 내 다른 학원들에 비해 확실한 차별화 포인트를 가지는 프로그램을 선택하여 도입해야만 경쟁 학원을 이길 수 있습니다.

한때 원어민 강사만 채용하면 학생들이 모이고 성장하던 시절이 있었지만, 지금은 원어민 수업은 차별화 요소가 될 수 없습니다. 지난 10여 년간 원어민 수업으로 성장한 C 어학원은 한국인 강사 중심의 수업을 장점으로 하는 새로운 학원 프랜차이즈 가맹사업을 전개하고 있습니다. 원어민 수업을 경쟁력으로 성장했던 기업이 한국인 교사를 중심으로 하는 프랜차이즈 브랜드를 개발한 것입니다. 그동안 강점이었던 원어민 수업이 이제는 너무 일반적인 교수법으로 활용되어, 그것만으로는 차별화할 수 없기 때문에 새로운 경쟁 도구를 개발한 것입니다. 이처럼 학생의 실력을 높이고 경쟁 학원을 이길 수 있는 새로운 방법들이 끊임없이 학원 계에 등장하고 있습니다. 따라서 상권 내 모든 학원이 사용하는 교수법을 경쟁력으로 내세운 프랜차이즈를 도입해서는 경쟁 학원을 이길 수 없습니다. 이제는 원장이 선호하거나 경험했던 학습법이 아니라, 상권 내의 경쟁 학원을 이길 수 있는 프랜차이즈를 선택해야 합니다.

특히 도입하고자 하는 프랜차이즈가 온라인을 활용한 학습법에서 강점을 가지지 못한다면 절대 도입하면 안 됩니다. 교과부는 종이 없는 '스마트 교육'을 천명하고 태블릿 PC를 활용한 전자 교과서를 개발하고 있습니다. 교과부의 스마트 교육이 적용되기 시작하면서 모든 학원은 태블릿 PC를 활용한 수업 방식을 활용해야만 합니다. PC를 통한 온라인 학습 프로그램을 활용하던 본사와 학원은 태블릿 환경으로 손쉽게 전환될 수 있지만, 온라인 학습도 없는 프랜차이즈 프로그램은 스마트 환경에서 경쟁력을 가질 수 없을 것입니다. 상권 내 학원과의 경쟁에서 이길 수 있는 차별성을 가진 프랜차이즈야말로 어떤 비용을 지불하고서라도 도입할 만한 것입니다.

✅ 지속적으로 실행 가능한 프랜차이즈

아무리 좋은 프로그램이라도 학원에서 지속적으로 운영할 수 있어야 합니다.

영어 프랜차이즈 회사 중에서 DVD를 활용한 학습법으로 성장한 회사가 있습니다. 처음에는 미디어를 활용한 영어 학습법이라는 점에서 인기를 얻으며 빠르게 성장했습니다. 본사는 학습교재를 DVD로 제작해 보급하고, 가맹 학원은 본사의 DVD 플레이어를 학생들에게 임대해주는 방식이었습니다. 가맹 학원은 학원 운영을 위해 강의실에 DVD 활용 시설을 구비했으며, 학생들에게 임대해줄 플레이어를 구입해야 하는 등 다른 프로그램에 비해 비용이 많이 드는 것을 감수해야만 했습니다.

그러나 영어학습의 도구가 DVD와 CD에서 온라인 학습으로 빠르게 전환되면서, 가맹 학원은 경쟁 학원에 비해 뒤떨어진 학습법으로 인식되어 가맹 학원의 경쟁력은 약해지기 시작했습니다. 다른 프랜차이즈 학원장들은 컴퓨터만 구비하면 되는데, 이 학원들은 DVD와 플레이어를 별도로 구매하고 관리해야 하는 추가적인 어려움이 있었습니다. 또한 학생 입장에서도 DVD가 없으면 학습할 수 없는 불편으로 인해 불편이 가중됐습니다. 온라인 학습법이 일반화되면서 이 프랜차이즈 가맹 학원은 더 편하고 수익성이 좋은 다른 프랜차이즈로 대거 이동했습니다. 결국 수익성이 악화된 이 회사는 가맹 학원과 학부모에게 사전 공지도 없이 폐업하고 말았습니다. 프랜차이즈 본사의 일방적인 폐업으로 인해 가맹 학원이 소유한 DVD와 DVD 플레이어는 중요한 학원의 자산에서 한순간에 폐기물이 된 것입니다. 가맹 학원에게는 이중 삼중의 피해가 발생되고 말았습니다.

수학 프랜차이즈 중에서 모든 문제를 도표화하여 익히게 하는 수업 방식의 L 수학 프로그램은 기존의 방식과는 다른 학습법으로 많은 학원장의 선택을 받아 빠르게 확산되기도 했습니다. 이 프랜차이즈에 가맹하면 원장과 강사는 주기적으로 강사 교육에 참여하고 경시대회에도 의무적으로 참여해야만 했습니다. 경시대회에서도 답이 맞을 뿐만 아니라 풀이 과정도 프랜차이즈에서 지정된 방식으로 풀어야만 높은 점수를 받을 수 있었습니다. 학원장이 처음 도입했을 시 기대했던 학생들의 학습 효과는 어느 정도 확보했지만, 지속적인 강사 교육이 문제가 되었습니다. 강사가 그만두면 새로 채용한 강사 교육에 많은 시간과 비용이 투입되었고, 강사들도 지나치게 강제적인 학습법으로 쉽게 지쳐서 학원을 떠나는 경우도 적지 않았습니다. 학생들도 손쉽게 알 수 있는 문제를 도표로 그려야 한다는 점 때문에 짜증을 내면서 퇴원하는 일이 빈번해졌습니다.

또 다른 영어 프랜차이즈의 경우, 본사가 요구하는 학습방법을 수정 없이 운영해야만 교재 공급을 지속적으로 받을 수 있습니다. 프랜차이즈를 개발한 본사의 CEO는 대형 어학원 원장 출신으로, 본인이 개발한 프로그램에 대해 자부심이 대단했습니다. 그래서 본인이 개발한 프로그램이 가맹 학원에서 제대로 활용되는 것에 중점을 두고 가맹 사업을 전개하고 있습니다. 가맹 학원에 대한 통제권을 강화하기 위해 가맹비가 거의 없는, 일종의 교재 공급 형태의 가맹 계약을 합니다. 계약기간은 1년이며, 가맹 학원이 본사의 요구를 충족시키지 못하면 교재 공급 계약은 해지되고 맙니다. 그 판단 기준은 본사가 하며, 본사가 판단하여 1년 동안 가맹 학원의 학습법이 본사가 요구한 수준에 도달하지 못하거나 본사의 학습법을 제대로 활용하지 않았다고 판단되면 교재 공급이 중단됩니다.

그 영어 프로그램이 너무 좋아 가맹한 학원의 경우, 자율성을 발휘할 수 없으며 교재도 100% 프랜차이즈 교재만 활용해야만 합니다. 학생이 공부해야 할 교재의 권수도 유지해야 하며, 그 교재 수를 만족시키지 못하면 1년 후 가맹이 해지될 수 있습니다. 만약 1년 후 가맹 계약이 해지되면 그 학원은 엄청난 타격을 입게 됩니다. 1년 만에 다른 프로그램을 도입하는 데 추가 비용이 드는 것은 물론, 학부모에게 브랜드만 자주 바꾸는 실력 없는 학원으로 인식될 우려도 있기 때문입니다. 따라서 본사의 요구사항이 너무 많고 가맹 계약 기간이 짧은 경우, 가맹 계약을 하기 전에 충분히 고심하고 최소 몇 년 동안 가맹을 유지하고 있는 학원을 방문해 실제 운영 사례를 듣고 결정해야 합니다.

상위권 학생을 대상으로 하는 A 수학 프랜차이즈는 가맹 학원에게 일반적인 강의실과는 다른 강의실 구조를 요구합니다. 강사 한 명이 8명 내외의 학생을 일대일 방식으로 진행하는 것을 특성으로 하다 보니, 기존 방식의 교실이 아니라 프로그램에 최적화된 'ㄷ' 형태의 강의실을 필요로 했습니다. 가맹 학원 원장들은 일대일 수업에 적합한 형태로 운영하기 위해 추가로 'ㄷ'자 형태의 책상의 구비해야만 했고, 강사도 일대일 수업에 맞도록 지속적으로 본사를 통해 강사 교육을 실시했습니다.

그러나 가맹 학원이 확대되면서 상위권 학생을 대상으로 일대일 수업방식을 진행하는 프랜차이즈의 문제점이 노출되었습니다. 수강료를 높게 받을 수 없는 지역에서는 강사 한 명이 담당해야 할 학생 수가 줄어들었고, 반 수강생 중 일부가 퇴원해도 수강 반을 해체하기 어려워 가맹 학원의 운영이 어려움을 겪게 됐습니다. 또한 신입생 중 수학 성적이 높은 상위권 학생이 줄어들면서, 상위권 학생에게 일대일 수업을 한다는 프랜차이즈의 장점은 오히려 학원 성장의 걸림돌로 변했습니다. 결국 많은 가맹 학원들은 다른 프랜차이즈로 떠나고, 지금은 명맥만 유지하고 있습니다. 본사 입장에서는 새로운 가맹 학원을 유치하면 되지만, 그 프랜차이즈를 도입했던 학원장은 'ㄷ' 형태의 책상을 폐기물로 버려야 했습니다. 따라서 프랜차이즈를 도입하면서 그 교육 방식과 시설물을 지속적으로 사용할 수 있는지 꼭 확인해야 합니다. 기술의 발달로 기존 시스템을 사용할 수 없는 경우, 거기에 투자된 비용은 낭비될 수도 있음을 생각해야 합니다.

✅ 강사 채용에 특별한 제약이 없는 프랜차이즈

영어와 한국어를 자유롭게 구사할 수 있는 교포 강사를 내세운 영어 프랜차이즈 프로그램이 한때 학원계의 이슈가 된 적이 있었습니다. 원어민만큼 영어를 잘하면서 한국 문화에도 익숙하고 한국어로 원장과 대화가 된다는 점에서 학원장들의 선호도가 높았기 때문입니다. 그러나 실력 있는 교포 강사를 공급하겠다는 본사의 최초의 약속이 제대로 지켜지지 못하고, 채용된 강사의 수준이 일정하게 관리되지 못하면서 가맹 학원의 증가세가 주춤했고, 결국 현재는 겨우 가맹 사업의 명맥만 유지하고 있습니다. 영어와 한국어를 잘하는 우수한 교포 강사를 확보하지 못하면서 상담 시 학부모와 약속한 수준의 강의를 할 수 없는 문제가 발생했습니다. 프랜차이즈 운영의 필수적인 요소인 실력 있는 교포 강사를 지속적으로 채용하기 어렵다는 문제는 학원 자체의 노력으로는 해결할 수 없었기 때문입니다.

이처럼 교육 프랜차이즈를 도입할 때는 일반적인 상황에서 학원 운영을 할 수 있는지 반드시 확인해야만 합니다. 특별한 자격요건이나 특수 자격증을 갖고 있는 강사만 채용한다든지, 강사를 채용하고 오랫동안 프랜차이즈 교육을 받아야만 한다든지 하는 경우 도입을 심각하게 재검토해야 합니다. 수학 프로그램의 경우에도 쉽게 채용할 수 있는 평균적인 강사로도 충분히 운영 가능한 강의 방식이어야만 합니다. 일부 프로그램의 경우 프랜차이즈 가맹 학원이 되면, 매달 강사 교육에 참여해야만 하는 경우도 있습니다. 매달 강사 교육에 참여한 학원만 재가맹이 되고, 의무강사 교육에 참여율이 낮은 학원은 본사가 가맹 연장 계약을 승인하지 않기 때문에, 매달 강사 교육에 참여할 수 있는 강사를 채용해만 합니다. 강사 채용 시 '매달 강사 교육에 참여'하는 것에 동의한 강사만 채용할 수 있는 조건은 프랜차이즈 운영에 상당한 문제가 될 수 있습니다.

만약 가맹요건에 매달 원장 교육에 참여해야만 한다는 조건이 있는 프랜차이즈 학습법이 있다면, 원장은 가맹 계약을 주저하게 될 것입니다. 그 프랜차이즈가 정말 맘에 든다고 해도, 매달 교육에 참여해야만 한다는 것은 지키기 어려운 제약 조건이 될 것이기 때문입니다. 강사도 마찬가지로 학원에서 매달 강사 교육 참여를 의무화한다면 결국 다른 학원으로 떠날 것입니다. 실력 있는 강사는 차례로 학원을 떠나고, 실력은 보통이지만 원장의 지시만 열심히 따르는 강사만 학원에 남게 되면, 학부모에게 약속한 성적 향상 약속을 지키기 어려워지게 됩니다. 프랜차이즈 본사의 원장 및 강사 교육은 반드시 필요하지만, 너무 빈번한 의무 교육을 요구한다면 계약 전에 충분히 고심해야만 합니다.

✅ 본사가 안정된 프랜차이즈

좋은 프랜차이즈 시스템은 본사와 가맹점 모두가 경쟁력이 높은 경우입니다. 가맹점의 노력만으로는 좋은 프랜차이즈를 만들 수 없으며, 가맹 본사의 경쟁력은 가맹 학원의 입장에서 보면 너무나 중요합니다. 가맹 학원의 입장에서 볼 때 거금을 들여 가맹한 본사가 튼튼하고 지속적으로 성장하는 것은 학원 운영에도 큰 도움이 됩니다. 가맹 학원이 본사의 교육 프로그램을 도입하여 지속적으로 성장하고 있는 상황에서 갑자기 본사가 폐업한다든지, 혹은 재무 건전성이 나빠져 더 이상 교재 시스템을 개발하지 않는다면, 학원의 성장은 멈추게 되거나 퇴보할 수도 있습니다.

앞에서 예를 든 T 영어 프랜차이즈의 경우, 폐업할 때 약 60여 개의 가맹 학원이 운영되고 있었습니다. 이들 학원의 입장에서는 본사의 일방적인 폐업으로 가맹비가 사라지는 것은 물론, 더 이상 교재를 공급받지 못하는 심각한 상황에 이르게 됐습니다. 그 학원들은 기존 프랜차이즈로 인한 손실 발생은 물론, 단기간에 새로운 프랜차이즈를 도입해야 하는 이중 삼중의 피해를 입은 것이지요.

프랜차이즈 가맹 본사와 가맹사업에 대한 다양한 정보는 공정거래위원회 가맹 사업 거래 홈페이지(franchise.ftc.go.kr)를 통해 손쉽게 확인할 수 있습니다. 완벽하게 가맹 본부의 사정을 분석할 수는 없지만, 가맹 계약을 할지의 여부를 판단할 정도의 정보는 충분히 확인할 수 있습니다.

공정거래위원회에 게재된 정보 공개서에서 확인할 사항

1 최근 3년의 재무 상황 - 회사의 재무 건전성을 확인할 수 있습니다. 기본적인 재무 지표가 공개되고 있지만, 이는 본사가 일방적으로 발표한 수치이므로 참고사항 정도로만 확인해야 합니다.

2 가맹사업 개시일 - 몇 년간 가맹 사업을 유지하고 있음을 보여주는 이 지표는 학부모와 학원에게 충분히 인정받고 있는지를 보여주는 중요한 지표입니다. 가맹 기간이 너무 짧은 경우나 가맹 사업을 한 지 오래됐는데도 가맹점 수가 적다면 가맹 계약에 신중해야 합니다.

3 최근 3년간 가맹점 및 직영점 수 - 본사가 몇 개의 직영 학원을 운영하고 있는지 확인하고, 직영점과 가맹점의 변화 추이를 살펴야 합니다. 직영 학원은 프랜차이즈 교육 시스템을 개발하고 연구하는 데 매우 중요하므로 반드시 확인해야 합니다. 직영점이 없는 프랜차이즈는 교육 시스템이 너무 이론에 치중될 수 있으므로 적정 수준의 직영 학원이 운영되고 있는지 점검해야 합니다. 특히 직영 학원 수가 안정적으로 운영되고 있다면 본사의 재무 건전성이 매우 좋다고 추정할 수 있습니다.

4 최근 3년간 가맹점 수 변동 - 단순히 가맹점이 증가했다고 좋은 것은 아니며, 그 내용을 상세히 살펴보아야 합니다. 본사가 부실 가맹 학원을 해지시킨 경우도 있고, 본사가 의도적으로 재계약을 하지 않은 경우도 있다는 것을 생각해야 합니다. 홈페이지를 통해 신규 개점된 가맹 학원 수와 폐원된 학원 수를 확인하여 신규 가맹 학원보다 폐원 학원의 수가 많다면, 그 내역을 확인해야 합니다. 신규 가맹점 수보다 계약 종

료 및 해지 건수가 더 많은 경우, 가맹 본부에 대한 불만이 많거나 가맹 본부의 관리부실 가능성이 있습니다. 또한 계약 종료로 인한 해지와 계약기간 중 가맹 해지, 계약 중 명의변경의 경우를 확인하여 그 내용을 확인해야만 합니다. 특히 본사가 학원의 컨셉트에 따른 몇 개의 복수 브랜드를 운영하는 경우, 상권 내 독점권에 관한 항목이 계약에 있다고 해도, 회사 내 다른 브랜드로 인한 상권침해 우려도 발생될 수 있음을 고려해야 합니다.

5 가맹점 사업자의 지역별 평균 매출액 - 이는 가맹 계약에 앞서 가장 민감한 부분입니다. 프랜차이즈 학원별 월 매출을 알면 본인 학원의 추정치를 계산할 수 있기 때문입니다. 그러나 홈페이지에 공개된 가맹 학원별 연매출은 가맹 학원의 실제 매출이 아니고, 본사가 가맹점에 공급한 교재 수에 지역별 평균 학원비를 곱하여 추정한 것이므로 실제보다 다소 과다계상된 것임을 생각해야 합니다.

학원이 본사에 주문한 교재 수만큼의 학생 수와 본사가 임의적으로 선정한 평균 수강료를 계산한 것이 학원별 연매출 지표입니다. 서울의 경우 강남지역과 강북지역의 수강료 차이는 최대 50%에 이르기도 합니다. 본사가 가맹 학원의 평균 수강료를 어느 지역 기준으로 추정하느냐에 따라 가맹점 평균매출이 크게 달라질 수 있다는 점을 생각하고, 본사 발표치의 10~30% 정도 차감하여 추정하는 것이 합리적입니다.

6 광고, 판촉비 - 본사가 집행한 연도별 광고비와 판촉비도 반드시 확인해야 합니다. 브랜드 인지도를 높이기 위해서는 본사의 광고가 필수적이므로, 학원 입장에서는 광고비가 많은 회사가 좋은 회사라고 할 수 있습니다. 다만 광고 판촉비는 소비자에 대한 지출뿐 아니라 가맹점에

대한 지출도 포함하고 있다는 것을 생각해야 합니다. 특히 본사가 독자적으로 집행한 광고와 가맹 학원이 부담하는 광고비가 구별되지 않고 한 항목에 표기될 수도 있으므로 숫자 자체를 너무 믿으면 안 됩니다.

7 최근 3년간의 법 위반 사실 - 본사의 공정거래법, 가맹사업법, 사기, 횡령, 배임죄 위반 사항에 관한 공시이므로 반드시 확인해야 합니다. 만약 최근 3년 이내에 가맹사업법 관련으로 위반 사실이 있다면, 가맹 학원에 대한 본사의 공정거래법 위반이 다시 발생할 수도 있다는 것을 생각해야 합니다. 본사의 법 위반 사실이 있다면 공정위 홈페이지와 뉴스 검색을 통해 그 내용을 반드시 확인해야 합니다. 인터넷 포털을 통해 너무도 쉽게 할 수 있는 이 과정을 생략하면 절대 안 되며, 사소한 것이라도 법 위반 관련 보도가 있으면 본사 및 공정위에 내용을 확인해야 합니다.

8 가맹점 사업자의 부담금 - 가맹 학원을 개원하는 데 드는 총비용의 추정치입니다. 여기에는 본사에 입금하는 가맹비와 본사 교육비는 물론 평균적으로 소요되는 인테리어 비용 등이 포함됩니다. 프랜차이즈 도입 후에도 비용이 추가적으로 발생될 수 있으며, 계약 종료 후 혹은 학원 양도 시 추가 비용이 발생할 수도 있으므로 계약할 때 모든 경우의 수에 대해 명확하게 확인해야 합니다.

9 영업활동에 관한 조건 및 제한 - 가맹 계약 기간은 최초의 계약 기간과 갱신 계약 기간이 표기됩니다. 가맹 학원의 영업지역 보호가 명시적으로 표기되는지 여부도 매우 중요합니다. 이는 가맹 학원의 상권에 본사가 직영점이나 가맹 학원을 추가로 출점하지 않겠다는 약속이므로

반드시 확인해야만 합니다. 프랜차이즈 별로 동 단위의 영업권을 보장하는 경우도 있고 구 단위의 영업권을 보장하는 경우가 있으므로, 구체적인 영업권 범위를 확인해야 합니다.

✅ 가맹 학원 수가 많고 평판이 좋은 프랜차이즈

체인 사업은 크게 레귤러(Regular) 체인과 프랜차이즈(Franchise) 체인으로 나뉩니다. 레귤러 체인은 회사가 운영하는 직영점으로만 구성된 체인 사업으로 대표적인 것이 백화점이며, 프랜차이즈 체인은 가맹점 중심의 사업으로 편의점이 대표적인 프랜차이즈 방식입니다. 학원계의 경우도 초대형 입시학원은 대부분 직영점 형태로 운영되지만, 이들을 제외한 대부분의 교육 회사는 소수의 직영 학원과 다수의 가맹 학원으로 전국적인 체인망이 유지되고 있습니다.

좋은 프랜차이즈를 선택하기 위해서는 적절한 수의 직영 학원이 있는지 확인해야 합니다. 가맹 본사가 개발한 교육 시스템은 직영 학원을 통해 검증되어야 하며, 이 과정을 거친 뒤 가맹 학원에 본격적으로 도입되고 있습니다. 따라서 교육 시스템의 업그레이드를 위해서는 적절한 수의 직영 학원이 유지돼야 합니다. 전국에 걸쳐 직영 학원이 유지되면서 전국의 가맹 학원 숫자가 지속적으로 증가하고 있다면, 그 프랜차이즈 시스템은 시장에서 성공하고 있다고 판단할 수 있습니다. 그렇게 가맹 학원이 증가하는 프랜차이즈를 도입할 경우 성공 가능성은 높습니다.

그렇다고 가맹점의 숫자만 살펴보아서는 안 되며 가맹점의 질도 살펴봐야 합니다. 수학 교재로 유명한 H 수학의 경우, 전국 최다의 가맹 학원을 유지하고 있습니다. 가맹점 수로 보면 가장 큰 교육 프랜차이즈 회사로 '국내 1위'이지만, 업계의 평판은 '국내 1위'가 아닙니다. 그 회사의 브랜드는 몇 개의 회사가 공통적으로 사용하고 있습니다. 보통의 프랜차이즈 회사가 1~2개 브랜드로 가맹 사업을 벌이고, 가맹 학원에게 적절한 영업권을 보장하는 경우가 일반적입니다. 회사의 복수 브랜드가 동일한 지역에 출점하는 경우가 발생되기도 하지만, 이는 특별한 경우에 한하며 주로 광역 상권에서만 발생합니다. 그러나 H 수학의 경우 여러 회사에서 비슷한 이름으로 좁은 상권에 출점되고 있습니다. H 수학학원, H 수학교실, e-H 수학교실 등 비슷한 이름으로 동일한 상권에 출점되는 경우가 많습니다. 이런 지역에서 H 수학을 추가로 가맹하면 비슷한 이름의 기존 학원과 차별화하기 어렵고 기존 학원의 나쁜 이미지에 오염될 가능성도 있으므로, 계약하기에 앞서 상권을 충분하게 조사해야만 합니다.

✅ 방문 학원들의 운영 수준이 좋은 프랜차이즈

프랜차이즈에 가맹하기 위해서는 반드시 운영 중인 가맹 학원을 방문하여 그 학원들의 운영 상황을 살펴봐야 합니다. 커피숍 프랜차이즈를 준비할 때 다양한 지역의 가맹점을 방문하여 다양한 메뉴를 직접 먹어보고 서비스 수준을 살펴보는 과정은 필수적입니다. 마찬가지로 교육 프랜차이즈 프로그램을 도입한다면 본사가 제공하는 정보만 믿고 무작정 계약해서는 안 되며, 가맹 학원을 최대한 많이 방문해서 실제 학원의 현상을 파악해야만 합니다.

가맹 계약에 앞서 본사에 의뢰하면 몇 개의 가맹 학원을 소개받을 수 있습니다. 그런 학원들은 본사가 자랑하고 싶을 만큼 성공한 학원일 가능성이 높습니다. 따라서 그 학원만 방문해서는 가맹 학원의 실제 상황을 파악하기는 어렵습니다. 가맹 학원의 실상을 파악하기 위해서는 프랜차이즈 홈페이지에 소개된 가맹 학원의 주소를 찾아 실제로 방문하고 상담하여 가맹 학원의 어려움과 현실에 대해 접근해야만 합니다. 학부모 입장에서 자녀를 보내고 싶은 학원인지, 사업의 관점에서 인수하고 싶은 학원인지, 다양한 면에서 검토해야 올바른 결정을 할 수 있습니다.

현재 학원을 운영 중에 있다면 친분 있는 원장이나 학원 총판을 통해 가맹 학원을 방문할 수도 있을 것입니다. 하지만 아직 학원을 개원하지 않은 상황이라면, 본사를 통하지 않고 가맹 학원을 방문해서 사업 정보를 확보하는 것은 쉽지 않은 일입니다. 이런 상황이라면 경쟁자를 이용하는 전술을 사용할 수 있습니다. 가맹하고자 하는 브랜드가 아닌 다른 프랜차이즈 총판과 접촉하여 상담을 하고, 본인이 희망하는 프랜차이즈 학원에 대한 정보를 수집하는 편법을 동원하는 것입니다. 이때 중요한 것은 본인이 출점하려는 지역을 벗어나야 합니다. 서울의 경우 하나의 총판이 2~3구를 사업 영역으로 하는 경우가 많기 때문에, 개원 희망 지역과는 다소 먼 지역에서 활용할 수 있는 방법입니다. 경쟁자의 눈으로 도입하고자 하는 프랜차이즈의 장단점을 파악할 수도 있으므로, 적극적으로 활용하면 프랜차이즈 본사가 제공하지 않는 다양한 정보를 얻을 수 있습니다.

✅ 재 가맹비와 본사에 대한 월 납입금이 적절한 프랜차이즈

프랜차이즈 가맹 계약을 할 때는 본사에 지불하는 금액이 별로 커 보이지 않습니다. 초기 투자금액이 크기 때문에 몇 백만 원은 적은 것처럼 느껴지기도 합니다. 그러나 일단 학원 운영이 시작되면 매달 본사에 지불하는 수십만 원의 비용도 만만한 금액이 아니라는 것을 알게 됩니다.

프랜차이즈 본사는 가맹 학원에게 교재비, 온라인 사용 요금, 홈페이지 관리비용, 학원관리 프로그램 사용료 등 다양한 형태의 비용을 요구합니다. 교재비는 말 그대로 학원이 주문한 교재에 대한 대금입니다. 교재비를 내는 것은 너무나 당연하지만, 이때도 주문하고 사용하지 않는 교재의 반품에 대한 반품률도 확인해야 합니다. 반품을 100% 인정하는 경우도 있지만, 정가의 80%만 인정하는 경우도 적지 않습니다. 또한 학생 I.D. 하나당 온라인 학습비를 받는 경우도 적지 않고, 홈페이지와 학원관리 프로그램 사용료를 정액으로 지불하는 경우도 있습니다. 교재비는 학생들에게 받을 수 있지만, 학생들에게 부과할 수 없는 항목이 있는 경우에 학원이 부담하게 되며, 이는 결국 수익성 악화로 이어질 수도 있습니다.

J 프랜차이즈의 경우 학생 한 명으로부터 받는 수강료의 최대 30%가 본사의 몫이 되기도 합니다. 프랜차이즈 회사가 본사 매출 향상을 위해 가맹 학원의 학생이 학습해야 할 의무 학습 권수를 늘리면, 수강료 중에서 본사의 수입이 차지하는 비율은 더욱 커지게 됩니다. 이런 경우 학원이 추가 비용을 부담하는 경우가 발생되므로 계약 전에 내용을 정확하게 확인하여 사업성 분석을 해야 합니다. 학부모들이 수강료를 카드로 지불할 때 수수료는 학원의 몫입니다. 학부모가 내는 학

원비 중 본사의 몫이 커지면 커질수록 카드 수수료가 커지고, 이는 온전히 학원의 부담이 됩니다. 또한 본사의 요구로 학부모에게 징수하는 제반 비용은 학원의 최종 매출로 집계되고, 이는 과표 상승의 원인이 되기도 합니다. 또한 재 가맹비 금액과 납부 시기도 정확하게 체크하여 학원 운영에 부담이 되지 않는 수준에서 결정해야 합니다. 일부 프랜차이즈의 경우 3년마다 재 가맹비를 최초 가맹비 수준으로 요구하기도 하므로 계약 전에 충분한 검토와 확인을 거쳐야 합니다.

✔ 상권 내에서 독점권을 가지는 프랜차이즈

보통의 프랜차이즈 학원은 보통 동 단위로 영업 독점권을 보장합니다. 동 단위로 영업권을 정하는 것은 나름대로 합리적이고 분쟁의 소지를 줄이는 가장 효과적인 방식으로서 많은 프랜차이즈에서 사용되고 있습니다. 그러나 하나의 상권이 여러 개의 행정 구역상 동으로 구성된 경우 많은 문제가 발생되기도 합니다. A 아파트와 B 아파트는 길 하나를 두고 마주하고 아파트 상가도 가까운 거리에 있지만, 행정 구역상 서로 다른 경우 각각의 상가에 많은 학원들이 경쟁하게 됩니다. 서로 다른 브랜드 학원이라면 서로 다른 방식으로 경쟁하겠지만, 두 상가의 학원이 동일한 브랜드인 경우도 어렵지 않게 볼 수 있습니다. 상권이 좁기 때문에 이런 상권에서는 동일한 프랜차이즈 학원인 A와 B 학원 어쩔 수 없이 경쟁하게 됩니다.

프랜차이즈를 도입하는 목적이 상권 내 경쟁 학원과의 차별화를 위한 것임을 생각하고 본사에 항의도 하지만, 계약서 상 영업권이 서로 다르므로 문제될 게 없다는 답변만 받게 됩니다. 상권 내 경쟁 학원

대비 차별화 포인트를 만드는 것은 매우 어려운 상황에서, 동일한 교육 프로그램을 활용하는 학원이 상권 내에 있다면 학원 운영은 더욱 어려워집니다.

프랜차이즈 선정 기준 및 평가표(예시)

선정 기준	A 영어	B 영어	C 어학원	D 영어
총투자 대비 가맹비	1	5	5	3
검증된 학습효과	3	1	3	1
경쟁학원과 자별와	3	3	3	1
지속적인 실행 가능성	5	3	1	3
강사채용에 제약이 없음	1	5	3	5
본사의 안정성	5	3	3	5
가맹점 수와 평판	3	1	5	3
가맹학원의 운영수준	1	5	5	1
재가맹비와 월납비용	3	5	5	5
상권내 독점권 유지여부	3	3	3	3
Score	28	34	36	30
비 고		2 순위 도입후보	1순위 도입후보	

<가장 유리함 5점, 어느 정도 유리함 3점, 도입하기 어려운 상황 1점>

따라서 본인이 희망하는 프랜차이즈 학원이 희망 상권 내에 유일한 가맹 학원이 되는 상황이 가장 좋은 가맹 조건입니다.

일단 독점권을 확보한 상태로 운영을 시작하면 인근 상권에는 동일한 브랜드의 학원이 개원할 수 없을 정도로 확실하게 입지를 다져야 합니다. 나중에 동일한 브랜드를 가진 경쟁 학원이 상권 내에 개원한다 하더라도, 학원의 입지가 탄탄하다면 충분한 경쟁력을 확보할 수 있어야 합니다.

가맹 사업을 총괄하는 공정거래위원회는 가맹 본부와 가맹점 사업자 간의 공정한 계약과 가맹점 보호를 위해 '표준 계약서'를 제시하고 있습니다. 공정위의 표준 계약서는 가맹 사업의 표준이 되는 계약의 기본적인 공통 사항만을 제시하고 있으며, 실제 계약서는 표준 계약서를 기반으로 더욱 상세한 사항을 규정하고 있습니다. 공정위가 제시하는 표준 계약서 내용 중 핵심적인 내용을 알아보고, 가맹 학원 입장에서 그것이 의미하는 바를 알아보기로 하겠습니다.

(참조 : 공정거래위원회, 교육 서비스업 프랜차이즈 표준 계약서)

가맹계약서의 필수 기재사항

	근거
영업표지의 사용권 부여에 관한 사항	가맹사업법 제 11조
가맹점주의 영업활동 조건에 관한 사항	
가맹점주에 대한 교육, 훈련, 경영지도에 관한 사항	
가맹금 등의 지급에 관한 사항	
영업지역의 설정에 관한 사항	
계약기간에 관한 사항	
영업의 양도에 관한 사항	
계약해지의 사유에 관한 사항	
가맹금 예치에 관한 사항	
창업희망자가 정보공개서에 대하여 변호사 또는 가맹거래사의 자문을 받은 경우 이에 관한 사항	
가맹금 등 금전의 반환조건에 관한 사항	가맹사업법 제12조
가맹점주의 영업설비, 집기 등의 설치와 유지보수 및 그 비용부담에 관한 사항	
가맹계약의 종료 및 해지에 따른 조치사항	
가맹본부가 계약갱신을 거절할 수 있는 정당한 사유에 관한 사항	
당해 가맹사업의 영업비밀에 관한 사항	
가맹계약 위반으로 인한 손해배상에 관한 사항	
가맹본부와 가맹점주 사이의 분쟁해결 절차에 관한 사항	
가맹본부가 다른 사업자에게 가맹사업을 양도하는 경우 종전 가맹점주와의 계약에 관한 사항	
가맹본부의 지식재산권 유효기간 만료 시 조치에 관한 사항	

제2조 (용어의 정의)

이 계약서에서 사용된 용어는 다음 각 호와 같은 의미를 갖는다.

1. '가맹 사업' 이라 함은 가맹 본부가 가맹점 사업자(가맹 희망자를 포함한다)로 하여금 자신의 상표, 서비스 표, 상호, 간판, 그 밖의 영업표지(이하 '영업표지' 라 한다)를 사용하여 일정한 품질 기준이나 영업 방식에 따라 학원 사업을 영위하도록 함과 아울러, 이에 따른 경영 및 영업 활동 등에 대한 지원, 교육과 통제를 하고, 가맹점 사업자는 이에 대한 대가로 가맹 본부에 가맹금을 지급하는 것을 내용으로 하는 계속적인 거래관계를 말합니다.

2. '가맹 본부' 라 함은 가맹 계약과 관련하여 가맹점 사업자에게 가맹점 운영권을 부여하는 사업자를 말합니다.

3. '가맹점 사업자' 라 함은 가맹 계약과 관련하여 가맹 본부로부터 가맹점 운영권을 부여받은 사업자를 말합니다.

4. '가맹금' 이라 함은 명칭이나 지급 형태의 여하에 관계없이 가맹점 사업자가 가맹 계약에 따라 가맹 본부에 지급하는 대가를 말하며, 최초 가맹금, 계속 가맹금, 계약이행 보증금을 포함합니다.

5. '최초 가맹금' 이라 함은 가입비·입회비·계약금·할부금·오픈 지원비·최초교육비 등 명칭을 불문하고 가맹점 사업자가 가맹점 운영권을 부여받아 가맹 사업에 착수하기 위하여 가맹 본부에 지급하는 대가를 말합니다.

6. '계속 가맹금' 이라 함은 상표 사용료, 교육비, 경영 지원비 등 명칭을 불문하고 가맹점 사업자가 가맹사업에 착수한 이후 가맹 사업을 유지하기 위하여 영업표지의 사용과 영업활동 등에 관한 지원, 교육, 그 밖의 사항과 관련하여 가맹 본부에 정기적으로 또는 비정기적으로 지급하는 모든 대가를 말합니다.

7. '계약이행 보증금' 이란 가맹점 사업자가 가맹 본부로부터 공급받는 상품의 대금 등에관한 채무액이나 이와 관련한 손해 배상액의 지급을 담보하기 위하여 가맹 본부에 지급하는 대가를 말합니다.

8. '영업비밀' 이라 함은 공공연히 알려져 있지 아니하고 독립된 경제적 가치를 가지

는 것으로서, 가맹 본부의 상당한 노력에 의하여 비밀로 유지된 생산 방법, 판매 방법, 그 밖에 영업 활동에 유용한 기술상 또는 경영상의 정보를 말합니다.

제3조 (계약 당사자의 지위)

1 가맹 본부와 가맹점 사업자는 상호간에 독립한 사업자로서 대등한 관계에서 이 건 가맹 계약을 체결합니다.

☞ 본부와 가맹점 사업자의 관계는 프랜차이즈의 브랜드파워에 따라 다릅니다. 브랜드파워가 강한 경우 본사가 주도권을 쥐게 되고 학원이 약자인 반면, 브랜드파워가 약한 경우 가맹 학원이 주도권을 쥐게 되는 것이 일반적입니다. 따라서 가맹 시 누가 파워를 갖고 있는지 확인해야만 유리한 계약을 할 수 있습니다.

제5조 (가맹 본부의 준수사항)

가맹 본부는 이 계약에서 정한 의무 외에 다음 각 호의 사항을 준수합니다.

1 가맹 사업의 성공을 위한 사업 구상
2 상품이나 용역의 품질관리와 판매기법의 개발을 위한 계속적 노력
3 가맹점 사업자에 대하여 합리적 가격과 비용에 의한 점포 설비의 설치, 상품 또는 용역 등의 공급
4 가맹점 사업자와 그 직원에 대한 교육·훈련
5 가맹점 사업자의 경영·영업 활동에 대한 지속적인 조언과 지원
6 정보 공개서에서 달리 밝힌 경우가 아닌 한, 가맹 계약 기간 중 가맹점 사업자의 영업 지역에서 자기의 직영점을 설치하거나 가맹점 사업자와 유사한 업종의 가맹점을 설치하는 행위의 금지

7 가맹점 사업자와의 대화와 협상을 통한 분쟁해결 노력

☞ 교육 사업에서 가맹 본부의 시스템은 가맹 학원의 성공을 결정짓는 가장 중요한 요소입니다. 따라서 본사가 교육 시스템의 특허가 있는지, 독점적인 상표권 및 경쟁력을 확보하고 있는지 확인해야 합니다. 이는 공정거래위원회 홈페이지에 게재된 정보 공개서와 금융감독원이 운영하는 전자공시 시스템(dart.fss.or.kr)에서 추가로 확인할 수 있습니다.

제6조 (가맹점 사업자의 준수사항)

가맹점 사업자는 이 계약에서 정한 의무 외에 다음 각 호의 사항을 준수합니다.

1 가맹 사업의 통일성 및 가맹 본부의 명성을 유지하기 위한 노력

2 가맹 본부의 공급 계획과 소비자의 수요 충족에 필요한 적정한 재고유지 및 상품진열

3 가맹 본부가 상품 또는 용역에 대하여 제시하는 적절한 품질기준의 준수

4 제3호의 규정에 의한 품질기준의 상품 또는 용역을 구입하지 못하는 경우 가맹 본부가 제공하는 상품 또는 용역의 사용

5 가맹 본부가 사업장의 설비와 외관, 운송수단에 대하여 제시하는 적절한 기준의 준수

6 취급하는 상품·용역이나 영업 활동을 변경하는 경우 가맹 본부와의 사전 협의

7 상품 및 용역의 구입과 판매에 관한 회계장부 등 가맹 본부의 통일적 사업 경영 및 판매 전략의 수립에 필요한 자료의 유지와 제공

8 가맹점의 업무 현황 및 제7호의 규정에 의한 자료의 확인과 기록을 위한 가맹 본부의 임직원, 그 밖의 대리인의 사업장 출입 허용

9 가맹 본부의 동의를 얻지 아니한 경우 사업장의 위치변경 또는 가맹점 운영권의 양도 금지

10 가맹 계약 기간 중 가맹 본부와 동일한 업종을 영위하는 행위의 금지

11 가맹 본부의 영업기술이나 영업비밀의 누설 금지

12 가맹 본부의 영업표지 기타 지적 재산권에 대한 침해 사실을 인지하는 경우 가맹 본부에 대한 침해 사실의 통보와 금지조치에 필요한 적절한 협력

☞ 공정위의 표준 계약서조차도 가맹 학원의 의무를 광범위하게 규정하고 있습니다. 이 같은 규정에 따라 가맹 본사가 어느 항목의 불이행을 내세워 계약해지를 하려 할 경우 가맹 학원에게 매우 불리한 것이 사실입니다. 특히 가맹 희망자가 많은 프랜차이즈의 경우 가맹점의 의무를 더욱 엄격하게 요구하여 재계약 시 이를 적극 반영하기도 합니다. 따라서 법 규정을 떠나 가맹 본부 및 지역 본부와 호의적인 관계를 유지하는 것이 매우 중요합니다.

제7조 (불공정 거래행위의 금지)

가맹 본부는 다음 각 호의 어느 하나에 해당하는 행위로서 가맹 사업의 공정한 거래를 저해할 우려가 있는 행위를 하거나 다른 사업자로 하여금 이를 행하도록 하는 행위를 하지 아니합니다.

1 영업지원 등의 거절, 부당한 계약 갱신 거절, 부당한 계약 해지 등의 방법으로 가맹점 사업자에 대하여 교재·교구나 용역의 공급 또는 영업의 지원 등을 부당하게 중단 또는 거절하거나 그 내용을 현저히 제한하는 행위

2 가격 구속, 거래 상대방 구속, 상품 판매 또는 용역의 제한, 영업지역 준수 강제 등의 방법으로 가맹점 사업자가 취급하는 상품 또는 용역의 가격, 거래 상대방, 거래 지역이나 가맹점 사업자의 사업 활동을 부당하게 구속하거나 제한하는 행위

3 구입 강제, 경제적 이익 제공 또는 비용부담 강요, 부당한 계약조항의 설정 또는 변경, 경영간섭, 판매목표 강제, 기타 불이익 제공 등의 방법으로 거래상의 지위를 이용하여 부당하게 가맹점 사업자에게 불이익을 주는 행위

4 가맹 계약을 위반하여 부당하게 가맹 계약 기간 중 가맹점 사업자의 영업지역 안에서

가맹점 사업자와 동일한 업종의 자기 또는 계열회사('독점규제 및 공정거래에 관한 법률' 제2조 제3호에 따른 계열회사를 말한다)의 직영점이나 가맹점을 설치하는 행위

5 부당하게 경쟁 가맹 본부의 가맹점 사업자를 자기와 거래하도록 유인하는 행위 등 제 1호 내지 제4호 외의 행위로서 가맹 사업의 공정한 거래를 저해할 우려가 있는 행위

☞ 본사의 규정 위반이 발생할 경우, 그 프랜차이즈 프로그램을 포기할 정도의 사안이 아니라면 가맹 학원이 취할 수 있는 조치는 거의 없습니다. 그러나 5항과 같이 가맹 학원의 영업지역 내에 직영점 및 다른 브랜드의 가맹점이 개원하려고 할 때는 강경하게 대응해야만 합니다. 그때는 공정거래위원회에 고발까지 생각하면서 대응해야만 가맹 학원의 영업권을 지킬 수 있습니다.

제9조 (학원 운영권의 부여)

① 가맹 본부는 가맹점 사업자가 계약 기간 중에 가맹 본부의 영업 시스템에 따라 교육 서비스업을 운영하도록 하기 위하여 필요한 범위에서 가맹점 사업자에게 다음 각 호의 권리를 부여합니다.

1 가맹 본부의 영업표지의 사용권

2 가맹 사업과 관련하여 등기·등록된 권리나 영업비밀의 사용권

3 이 계약에서 규정한 서비스, 교재 또는 교구(이하 '교재 등')를 공급받을 권리

4 노하우(know-how) 전수, 지도, 교육 기타 경영지원을 받을 권리

5 기타 가맹 본부가 본 계약상의 영업과 관련하여 보유하는 권리로서 당사자가 사용 허가의 대상으로 삼은 권리

② 이 계약에서 가맹점 사업자에게 사용이 허가된 영업표지의 표시는 별첨[2]와 같다.

☞ 가맹 학원의 영업권은 반드시 계약서에 서면으로 명기해야 하며, 지도를 활용해 영업권 보장 지역을 확실하게 표기해야 합니다. 특히 상권이 몇 개의 동으로 나뉘어져 있는 경우, 한 아파트 단지가 두 개 이상의 동으로 나뉘어져 있다면 명확하게 영업권 보장 구역을 지도상에 표기해야만 향후 발생 가능한 분쟁을 막을 수 있습니다.

제12조 (학원의 장소 선정)

① 가맹점 사업자는 자신의 책임 하에 가맹 학원을 설치할 지역 및 장소를 선정하여야 합니다.

② 가맹 본부는 학원의 설치 지역 및 장소에 대하여 시장특성, 교통량, 교육대상(수강생)의 분포 및 수강특성, 주요 근린시설, 학원별 특성에 따른 매출 성향 등을 고려하여 가맹점 사업자에게 조언을 할 수 있습니다.

☞ 본부가 추천한 입지에 개원하는 가맹 학원이 운영 후 수익성이 낮다고 본사에 항의할 수 없습니다. 학원의 장소 선정의 책임은 가맹 학원에 있다는 사실을 생각해야 합니다. 본사의 도움을 받아 학원을 개원할 경우에도 반드시 본인이 최종 판단을 하고 학원을 개원해야 합니다.

제13조 (영업지역의 보호)

① 가맹 본부는 정당한 사유 없이 계약 기간 중 별첨[1]에 표시된 가맹점 사업자의 영업지역에서 직영점이나 가맹점을 개설할 수 없습니다.

② 가맹 계약의 당사자는 계약 기간 중 상대방의 동의 없이 영업지역을 변경할 수 없습니다. 가맹 본부는 도로사정의 변경이나 재개발 등으로 인하여 영업지역이 충돌되는 경우에는 가맹점 사업자 상

호간의 이해관계를 합리적으로 조정할 수 있습니다.

③ 가맹점 사업자는 가맹 본부와 약정한 영업지역을 준수하며, 영업지역을 벗어나 다른 가맹점의 영업지역을 침범하지 아니합니다. 가맹점 사업자가 자신의 영업지역을 벗어나 다른 가맹점 사업자의 영업지역에 속한 고객에게 영업활동을 하는 경우, 가맹 본부는 다음 각 호의 어느 하나의 조치를 취하여 가맹점 사업자 상호간의 이해관계를 합리적으로 조정할 수 있습니다.

☞ 인접한 상권의 동일한 브랜드를 사용하는 가맹 학원과의 경쟁을 피할 수 없습니다. 본사가 개입을 해도 특별하게 해결책을 제시할 수 없는 상황이기 때문에 무조건 경쟁 학원을 이긴다는 생각으로 학원 운영을 해야 합니다. 그러나 본사에 의해 영업권을 보장받은 지역 내에 경쟁 학원이 가맹하려는 경우 무슨 일이 있어도 막아야만 합니다.

제14조 (학원의 설비)

① 가맹점 사업자의 가맹 학원 설비(인테리어)는 가맹 사업 전체의 통일성과 독창성을 유지할 수 있도록 가맹 본부가 정한 사양에 따라 설계·시공합니다(기존 시설을 변경하는 경우에도 같다). 가맹 본부는 기본적인 설계도면과 시방서를 마련하고 계약 체결 이후 가맹점 사업자에게 이를 제공하여야 합니다.

② 가맹점 사업자는 가맹 본부가 정한 사양에 따라 직접 시공하거나 가맹 본부가 지정한 업체를 선정하여 시공할 수 있습니다. 이 경우 가맹 본부는 공사의 원활한 진행을 위하여 자신의 비용으로 직원을 파견할 수 있고, 영업 설비 기간·공사 세부내역·구체적인 부담액·담보기간 등 구체적인 내용은 별도로 협의하여 정합니다.

⑤ 가맹 본부는 가맹 사업의 개선을 위하여 필요한 때에는 가맹 학원

의 실내장식, 시설, 각종의 기기를 교체·보수할 것을 요구할 수 있습니다. 이 경우 비용 분담은 가맹 본부와 가맹점 사업자가 협의하여 결정합니다.

☞ 대부분의 프랜차이즈가 특별한 인테리어를 요구하지는 않습니다. 학원의 특성상 규모와 건물구조가 다르고 지역별로 허가 조건이 다르기 때문에, 본사가 일방적으로 인테리어를 규정하지는 않는 것입니다. 반면에 온라인 학습실 등은 본사의 기준이 정해질 수 있으므로 이에 대한 시설은 정확하게 지켜야만 재계약 시 문제가 발생되지 않습니다.

제18조 (가맹금의 반환)

① 가맹점 사업자 또는 가맹 희망자는 다음 각 호의 어느 하나에 해당하는 경우에 이 계약의 체결일로부터 2개월 이내(제3호의 경우 가맹 본부의 영업 중단일로부터 2개월 이내)에 가맹 본부에 서면으로 가맹금의 반환을 청구할 수 있습니다. 이 경우 반환하는 가맹금의 금액은 가맹 계약의 체결 경위, 금전이나 그 밖에 지급된 대가의 성격, 가맹 계약 기간, 계약 이행 기간, 가맹 사업 당사자의 귀책 정도 등을 고려하여 당사자의 협의에 의하여 결정합니다.

1 가맹 본부가 등록된 정보 공개서를 제공하지 아니하거나 정보 공개서를 제공한 날로부터 14일(제41조에 따라 변호사 또는 가맹 거래사의 자문을 받은 경우에는 7일)이 지나지 아니했음에도 가맹금을 수령(가맹금을 예치하는 경우에는 예치)하거나 가맹 계약을 체결한 경우

2 가맹 본부가 가맹 희망자에게 정보를 제공함에 있어 허위 또는 과장된 정보를 제공하거나 중요 사항을 누락하여 계약 체결에 중대한 영향을 준 것으로 인정되는 경우

3 가맹 본부가 정당한 사유 없이 가맹 사업을 일방적으로 중단한 경우

② 가맹점 사업자는 계약 기간 내에 자기의 귀책사유 없는 사유로 계약이 해지되는 등, 가맹 계약이 중도에 종료되는 경우에는 영업표지 사용료, 영업 시스템의 계속적 이용료 등과 같이 전체 계약 기간에 대한 선급금의 성질을 갖는 가맹금 중 미경과 잔여 계약 기간의 비율에 해당하는 금액의 반환을 청구할 수 있습니다. 다만, 이는 손해배상의 청구에 영향을 미치지 아니합니다.

③ 제2항의 경우에 최초 교육비 등과 같이 계약 기간에 따른 선급금의 성질을 갖지 않는 가맹금 중 이행이 완료된 급부의 대가에 해당하는 가맹금에 관하여는 공평의 관념에 어긋나지 않는 범위에서 당사자의 약정에 따라 반환하지 아니할 수 있습니다.

④ 제2항에 의해 가맹 본부가 가입비의 일부를 반환해야 하는 경우에는 가맹점 사업자의 청구가 있는 날로부터 ( )일 이내에 반환하여야 합니다.

※ 가맹 사업법 제10조 제2항에 의하여 가맹점 사업자의 청구가 있는 날로부터 1개월을 초과할 수 없음.

☞ 프랜차이즈 가맹 직후 상권 내에 동일한 브랜드의 학원이 영업을 하거나 가맹 본사의 다른 브랜드 학원이 존재하는 경우를 알게 된 경우, 가맹 본사가 이를 사전에 공지하지 않았다면 가맹 해지의 사유가 될 수도 있습니다. 그러나 그런 경우에도 이미 납부한 가맹비 중 강사 교육과 원장 교육비 등은 돌려받을 수 없으며, 본사가 쉽게 가맹점에게 가맹 해지를 해주지 않는다는 것을 생각해야 합니다. 따라서 상권 내에 동일한 브랜드 학원이나 회사의 다른 브랜드 학원이 존재하는지 점검하는 과정이 필요하며, 그 책임은 온전히 가맹 학원의 몫입니다.

제21조 (교육 및 훈련)

① 가맹 본부가 정한 교육 및 훈련 과정을 이수하지 아니하는 자는 가맹점의 관리자로 근무할 수 없습니다.

제23조 (강사의 채용 및 교육)

① 가맹점 사업자는 통일적 강의와 교육 방법을 준수하고 가맹 본부의 명예와 신용이 훼손되지 아니하도록 가맹 본부가 합리적으로 정하는 기준에 따라 우수한 능력과 자질을 가진 강사를 채용하여야 합니다.

③ 가맹점 사업자가 가맹 본부의 자격 기준에 미달한 자를 강사로 채용한 경우 가맹 본부는 가맹점 사업자에게 강사의 해임을 요구할 수 있습니다. 이 경우 합리적 이유가 없는 한 가맹점 사업자는 가맹 본부의 해임 요구에 응하여야 합니다.

⑤ 가맹점 사업자가 신규로 고용하고자 하는 모든 강사 및 교직원은 이 계약서에 규정된 소정의 교육과정을 반드시 수료하여야 합니다. 이 경우 교육에 필요한 교육자의 선정과 강의 장소의 준비 등에 소요되는 교육 관련 비용은 가맹 본부의 부담으로 하고, 수강자의 숙식비, 여비 등의 비용은 가맹점 사업자의 부담으로 하는 것을 원칙으로 하되, 세부적인 내용은 별도로 협의하여 결정합니다.

☞ 프랜차이즈를 도입하여 활용하기 위해서는 원장 교육과 강사 교육이 필수적이며, 이는 규정을 떠나 학원 운영의 필수 과정입니다. 프랜차이즈 교육을 받지 않는 강사에 대한 규제는 가맹 본사에 의해 실질적으로 이루어지고 있으며, 강한 프랜차이즈 프로그램일수록 강사 교육을 강조합니다. 강사 교육에 대해 본사의 규제가 없다면, 본사가 교육 시스템에 대한 차별화 의지가 약한 것은 아닌지 의심해야 합니다. 또한 강사 교육에 소요되는 비용은 원칙적으로 가맹

학원이 부담하는 것이므로, 이를 강사에게 전가하는 행위 역시 허용되지 않습니다.

제24조 (감독 및 통제)

① 가맹 본부는 가맹점 사업자의 경영 상태를 파악하기 위하여 월(주)( )회 가맹 학원을 점검하고, 가맹점 사업자에게 그 결과를 지체 없이 통지하여야 하며, 기준에 위반하는 사항에 대해 시정을 요구할 수 있습니다.

② 가맹 학원의 점검은 강사의 현황과 관리, 회계처리, 각종 설비관리, 교재·교구 관리, 학원의 위생과 청결 등의 상태를 대상으로 합니다.

☞ 가맹 학원에 대한 본사의 규제는 교재 주문과 학원 관리가 온라인 화하면서, 그 규제의 정도가 심해지고 있습니다. 일부 프랜차이즈의 경우 월간 학습 계획서 등을 요구하며, 이를 어기면 재 가맹 시 패널티를 받는 경우도 있으므로 본사의 통제의 정도를 확인하고 준수해야 합니다.

제25조 (설비 및 기기)

① 가맹점 사업자는 가맹 학원의 운영에 필요한 설비 및 기기를 구비하여야 합니다.

② 가맹 본부는 가맹점 사업자의 요청이 있는 경우, 가맹 학원 영업에 필요한 설비·기기를 유상으로 대여할 수 있습니다. 이 경우 대여할 설비 및 기기의 내역, 대여 비용 등 구체적인 사항은 당사자 간에 합의하여 별도로 결정합니다.

☞ 2012년 T 영어 프랜차이즈 본사가 갑자기 폐원하면서 많은 가맹 학원들이 어려움을 겪은 일이 있습니다. 특히 그 프랜차이즈는

DVD 플레이어를 활용한 학습법으로 인기를 모았고, 가맹 학원은 본사로부터 DVD 플레이어를 구입해 학생들에게 대여하는 방식이었습니다. 본사의 일방적인 폐업으로 인해 가맹 학원은 소유하고 있던 장비 일체를 사용할 수 없었고, 이는 막대한 경제적 손실로 이어졌습니다. 따라서 본사가 시설과 설비를 요구하는 프랜차이즈 프로그램을 도입할 경우 최소한으로 시작하는 운영의 묘를 살려야 합니다.

제26조 (광고)

① 가맹 본부는 가맹 사업 및 가맹 학원 영업의 활성화를 위하여 전국 단위 및 지역 단위로 광고를 시행할 수 있습니다. 다만 해당 지역 가맹점 사업자 과반수의 반대가 있는 경우에는 그러하지 아니합니다.

② 광고의 목적, 횟수, 시기, 매체 등에 관한 기본적 사항은 가맹 본부가 정하는 바에 의합니다. 이와 관련하여 필요한 세부사항은 가맹 본부가 합리적으로 결정하여 시행하고, 위 세부사항을 기재한 서면으로 가맹점 사업자에게 사후 통지합니다.

③ 전국 단위 광고에 소요되는 비용은 가맹 본부가 ( )%, 해당 가맹점 사업자가 ( )%씩 각각 분담합니다. 가맹점 사업자 간의 개별 분담액은 광고 시행 직전 분기의 각 가맹점 사업자의 총매출액 비율에 따라 산정합니다.

☞ 가맹 학원은 프랜차이즈 본사가 광고비를 전담해야 하며, 본사에 내는 가맹비와 재 가맹비에 가맹 학원이 부담하는 광고비가 포함되어 있다고 생각합니다. 물론 그렇게 운영하는 프랜차이즈도 있지만, 적지 않은 가맹 본사는 가맹 학원에 재 가맹비와는 별도로 광고비를 요구하고 있습니다. 전국에 1천여 개가 넘는 학원 망을

구축한 J 영어의 경우, 전국적인 택시광고 집행을 위해 가맹 학원과 5:5 비율의 광고비 부담 원칙을 정하고, 학원 당 연간 50만 원의 광고비를 추가 부담시켰습니다. 이를 납부하지 않는 가맹 학원도 있었지만, 그 학원들은 다음해 재 가맹 심사에서 탈락하여 더 이상 그 프로그램을 활용할 수 없게 됐습니다. 또한 본사의 신문 광고 일정에 맞추어 가맹 학원에게 신문과 동일한 내용의 전단광고를 의무적으로 요구하기도 하며, 이를 지키지 않는 학원도 재 가맹 심사에서 탈락하게 됩니다. 따라서 광고에 대한 본사의 부담 비율과 가맹점의 추가부담에 대해 계약 전에 확인해야 합니다.

제27조 (판촉)

① 가맹 본부는 가맹 사업 및 가맹 학원 영업의 활성화를 위하여 전국 단위 및 지역 단위로 수강료 할인, 경품 제공, 이벤트 등과 같은 판촉 활동을 시행할 수 있습니다. 다만 해당 지역 가맹점 사업자 과반수의 반대가 있는 경우에는 그러하지 아니합니다.

② 판촉 활동의 횟수·시기·방법·내용 등에 관한 기본적 사항은 가맹 본부가 정하는 바에 의합니다. 이와 관련하여 필요한 세부사항은 가맹 본부가 합리적으로 결정하여 시행하고, 위 세부사항을 기재한 서면으로 가맹점 사업자에게 사후 통지합니다.

※ 이 계약에서 위와 달리 부담 비율을 명시하여 달리 정할 수 있음.

☞ 광고와 마찬가지로 가맹 본사는 본사가 주관하는 판촉 활동에 참여하지 않는 가맹 학원에 대해서는 재계약을 하지 않습니다. 이 같은 조치로 인해 가맹 학원은 본사 주관의 판촉 활동에 의무적으로 참여해야 합니다. 그러나 이 정책이 반드시 가맹 학원에 부정적인 것만은 아닙니다. 학원 단독으로 방학용 판촉물을 제작하는

것보다는 프랜차이즈 회사가 제공하는 판촉물을 구입하는 것이 훨씬 저렴한 경우도 많으므로, 본사의 판촉물과 판촉 활동에 대해 학원에게 가장 유리한 선택을 하는 것이 필요합니다.

제28조 (교재 등의 조달과 관리)

① 가맹 본부가 가맹점 사업자에게 공급하여야 할 교재 등의 내역 및 가격은 별첨[3]과 같습니다. 다만, 물가인상, 기타 경제 여건의 변동으로 인하여 교재 등의 공급내역, 가격의 변경이 필요할 경우, 가맹 본부는 변경 내역, 변경 사유 및 변경 가격 산출 근거를 가맹점 사업자에게 서면으로 제시하고 양 당사자가 협의하여 결정합니다.

② 가맹 본부가 공급하지 아니하거나 합리적 사유 없이 공급을 지연하는 교재 등은 가맹점 사업자가 직접 조달하여 판매할 수 있습니다. 이 경우 가맹점 사업자는 브랜드의 동일성을 해치지 않도록 하여야 합니다.

③ 가맹 본부는 가맹점 사업자가 제2항에 의하여 직접 조달하는 교재 등에 대하여 품질관리 기준을 제시하고, 그 기준의 준수 여부를 검사할 수 있습니다. 이 경우 가맹점 사업자는 가맹 본부의 품질검사에 협조하여야 합니다.

☞ 교육 프랜차이즈의 경우 가장 중요한 것은 교재이며, 본사의 경쟁력은 교재의 경쟁력이라고 해도 과언이 아닙니다. 대부분의 프랜차이즈는 본사가 공급하는 교재만 사용하도록 의무화하고 있으며, 본사가 공급하지 않는 타 회사 발간 교재를 사용할 시 재 가맹 시점에서 탈락할 수도 있습니다. ②항에서 가맹 본부가 공급하지 않는 경우 가맹 학원이 직접 조달해 사용할 수 있다고 명기돼 있지만, ③항에는 직접 조달하는 교재에 대한 본부의 품질검사를 당연시하고 있습니다. 다시 말해, 가맹 학원이 본사에서 공급하지 않는

교재를 사용할 수도 있지만 본부의 허락을 받아야 하며, 본사가 인정하지 않는 경우 타 교재를 사용할 수 없음을 의미합니다.

제29조 (교재 등의 검사와 하자통지 의무)

⑤ 계약이 기간 만료, 해지 등으로 인하여 종료한 때에는 가맹점 사업자는 공급된 교재 중에서 완전물을 가맹 본부에 반환할 수 있고, 이에 대하여 가맹 본부는 공급 가격으로 상환하여야 합니다. 다만, 가맹점 사업자의 책임 있는 사유로 인하여 해지된 경우에는 그러하지 아니합니다.

☞ 프랜차이즈 교재의 반품은 어느 시점에서도 가능하나, 경우에 따라서는 공급가의 80%만 인정되는 경우도 있습니다. 엄연한 법규 위반입니다. 정상적으로 학원 운영이 이루어지는 경우 수만 원에 불과한 손실 때문에 공정위에 제소할 수 없기 때문에 관행으로 고착된 경우가 많습니다. 반면, 프랜차이즈 계약을 해지할 경우 더 이상 본사와의 관계를 생각하지 않아도 되기 때문에 적극적으로 이 법규를 활용해 손실을 막아야 합니다.

제30조 (교재 등 공급의 중단)

① 가맹 본부는 다음 각 호의 어느 하나에 해당하는 경우에는 ( )일 전에 해당 사유를 적시한 서면으로 예고하고 가맹점 사업자에 대한 교재 등의 공급을 중단할 수 있습니다. 다만, 위 기간 중 가맹점 사업자가 해당 사유를 시정한 경우에는 그러하지 아니합니다.

1 가맹점 사업자가 ( )개월에 걸쳐 3회 이상 교재 등에 관한 대금 등의 지급 의무를 지체하는 경우

2 가맹점 사업자가 2회 이상 정기 납입경비의 지급을 연체하는 경우

③ 가맹점 사업자가 정기 납입경비의 산정을 위한 총매출액 또는 매출액 증가 비율을 3회 이상 허위로 통지하는 경우

④ 가맹 본부의 품질관리 기준을 ( )개월에 걸쳐 3회 이상 위반하는 경우

⑤ 가맹점 사업자가 가맹 본부와 약정한 판매촉진 활동을 이행하지 않는 경우

⑥ 가맹점 사업자가 정당한 사유 없이 제14조 제5항에 의한 노후 점포 설비의 교체·보수 요청에 따르지 않는 경우

⑦ 가맹점 사업자가 가맹 본부로부터 본 계약상의 의무 위반을 지적받고 상당한 기간 내에 시정 조치를 취하지 않는 경우

⑧ 가맹점 사업자가 공연히 허위 사실을 유포함으로써 가맹 본부의 명성이나 신용을 뚜렷이 훼손하거나 가맹 본부의 영업비밀 또는 중요 정보를 유출하여 가맹 사업에 중대한 장애를 초래한 경우

⑨ 가맹점 사업자의 가맹 사업과 관련한 가맹 본부의 시정 요구에 따른 후에 다시 같은 위반 행위를 2회 이상 반복한 경우

☞ 교육 프랜차이즈를 도입하는 가장 큰 목적은 경쟁력 있는 교재를 확보하기 위해서입니다. 본사가 교재를 공급하지 않는 상황에서 간판만으로는 프랜차이즈를 유지할 수 없습니다. 강력한 프랜차이즈를 도입해 운영하는 경우, 학원과의 관계에서 甲은 가맹 본사가 됩니다. 따라서 가맹 본사에 의한 교재 중단 사태가 발생되지 않도록 본사와의 관계를 평상시에도 관리해야 합니다. 교재 대금 연체 등 금전상의 문제에서 절대 원인 제공을 하면 안 되며, 본사의 지시사항 같은 문제는 본사 담당자와의 대화를 통해 해결하도록 노력해야 합니다.

제34조 (영업 양도 및 담보제공)

① 가맹점 사업자는 가맹 본부의 승인을 얻어 영업을 양도, 임대하거나 영업 재산을 담보로 제공(이하 '영업 양도 등'이라 한다)할 수 있

습니다.

② 제1항의 경우 가맹점 사업자는 영업 양도일(또는 영업 임대일, 담보 제공일. 이하 같다)( )일 전에 가맹 본부에 대하여 서면으로 영업 양도 등의 승인을 요청하여야 합니다.

③ 가맹 본부는 전 항의 승인을 요청받은 날로부터 ( )일 이내에 그 사유를 명시한 서면으로 승인 또는 거절의 의사를 표시하여야 합니다. 가맹 본부가 이 기간 중에 이유를 적시하여 거절하지 않으면 영업 양도 등을 승인한 것으로 봅니다.

④ 영업 양도의 경우 영업 양수인은 가맹점 사업자의 가맹 본부에 대한 권리와 의무를 승계합니다.

⑤ 영업 양수인, 영업 임차인은 제17조의 최초 가맹금의 지급 의무가 면제됩니다. 다만, 양도 등에 따라 가맹 본부에게 초래된 행정적 실비 및 소정의 교육비, 계약이행 보증금은 면제되지 아니합니다.

⑥ 가맹 본부는 영업 양수인이 요청하는 경우에는 영업 양도인의 잔여 계약 기간 대신에 완전한 계약 기간을 영업 양수인에게 부여할 수 있습니다. 이 경우에는 신규 계약을 체결하여야 합니다.

⑦ 가맹 본부가 가맹 사업을 타인에게 양도하는 경우 가맹점 사업자는 가맹 계약을 종료하고 계약 관계에서 탈퇴할 수 있습니다. 이 경우 가맹 본부는 가맹점 사업자에 대하여 제18조 제2항의 금원을 반환하여야 합니다.

⑧ 가맹 본부는 가맹 학원 운영권의 양도와 관련된 분쟁을 예방하기 위하여, 승인 전후를 불문하고 양도인의 투자비 내역, 영업 현황 등의 자료를 양수 희망자 또는 양수인에게 제공할 수 있습니다.

☞ 교육 프랜차이즈 학원의 양수도는 가맹 본사의 허락 없이는 불가능합니다. 프랜차이즈를 포함한 학원 전체를 양도할 경우 권리금이 발생될 수 있으며, 이때 프랜차이즈 최초 가맹비는 반드시 확인해야만 합니다. 프랜차이즈 본사에 따라 가맹비의 차액을 요구하

기도 하며 재 가맹비를 요구하기도 합니다.

즉 양도인이 본사에 납입한 가맹비와 현재의 가맹비의 차액을 양수인 혹은 양도인이 부담하는 경우가 발생됩니다. 이때 가맹 본사에 내야 하는 차익을 누가 부담하느냐는 중요한 문제가 됩니다. 특히 양수인의 경우 양도인과 정산이 끝난 시점에서 본사가 가맹비 차익을 요구하는 경우도 있으므로 최종 잔금 지급 전 확실하게 내용을 확인해야 합니다.

제36조 (계약의 갱신과 거절)

① 가맹 본부는 가맹점 사업자가 가맹 계약 기간 만료 전 180일부터 90일까지 사이에 가맹 계약의 갱신을 요구하는 경우에는, 정당한 사유가 없으면 이를 거절하지 못합니다. 다만 가맹점 사업자가 다음 각 호의 어느 하나에 해당하는 경우에는 갱신을 거절할 수 있습니다.

2 다른 가맹점 사업자에게 통상적으로 적용되는 계약 조건이나 영업 방침을 가맹점 사업자가 수락하지 아니한 경우

3 가맹점의 운영에 필요한 학원·설비·강사진 등 인력의 확보나 법령상 필요한 자격·면허·허가의 취득에 관한 가맹 본부의 중요한 영업 방침을 지키지 아니한 경우

4 교육의 수준을 유지하기 위하여 필요한 서비스 기법의 준수에 관하여 가맹 본부가 정한 영업 방침을 지키지 아니한 경우

5 가맹 본부의 가맹 사업 경영에 필수적인 지식 재산권의 보호에 관하여 가맹 본부가 정한 영업 방침을 지키지 아니한 경우

6 다른 가맹 본부가 통상적으로 요구하는 비용에 의하여 가맹 본부가 가맹점 사업자에게 정기적으로 실시하는 교육·훈련의 준수에 관한 가맹 본부의 영업 방침을 지키지 아니한 경우

② 제1항의 가맹점 사업자의 계약갱신 요구권은 최초 가맹 계약 기간을 포함한 전체 가맹 계약 기간이 10년을 초과하지 아니하는 범위 내에서만 행사할 수 있습니다.

③ 가맹 본부가 제1항에 따른 갱신 요구를 거절하는 경우에는 갱신을 요구받은 날로부터 15일 이내에 가맹점 사업자에게 거절사유를 적은 서면으로 통지하여야 합니다.

④ 가맹 본부가 제1항 단서의 어느 사유를 들어 계약 만료 전 180일부터 90일까지 갱신하지 않는다는 사실을 서면으로 통지하거나 제3항의 거절 통지를 한 경우가 아니면, 가맹 계약은 종전 계약과 동일한 조건으로 ( )년간 갱신된 것으로 봅니다.

☞ 교육 프랜차이즈 가맹 학원은 특별한 문제가 없는 한 브랜드를 지속적으로 사용하려는 경향이 있습니다. 이미 가맹비를 지불했고 학부모와 학생에게 학원의 고유 학습 프로그램이 인식된 상황에서 다른 프로그램으로 변경하는 것은 다소 위험하기 때문입니다. 그러나 학원의 바람에도 불구하고 가맹 본사는 본사의 정책에 순응적이고 본사의 수익성에 유리한 학원과 함께하려는 경향이 있습니다.

만약 기존 가맹 학원 인근에 대형 학원이 가맹을 희망하는 경우, 기존 학원과 가맹 계약을 해지하고 새로운 학원과 가맹 계약을 체결하기도 합니다. 1항에 나열된 계약갱신 거절사유 중 '서비스 및 영업 방침 위반'은 본사가 판단하기 때문에 본사에 유리하게 적용될 우려가 있습니다. 따라서 본사 및 지역 본부와 호의적인 관계를 유지하는 것이 필요합니다.

제37조 (계약의 해지)

① 가맹 본부는 가맹점 사업자에게 제30조 제1항 각호의 사유가 있는 경우에는 가맹 계약을 해지할 수 있습니다. 이 경우 가맹 계약

을 해지하기 위해서는 가맹점 사업자에게 2개월 이상의 유예기간을 두고 계약의 위반 사실을 구체적으로 밝히고, 이를 시정하지 아니하면 그 계약을 해지한다는 사실을 서면으로 2회 이상 통지하여야 하고, 이 절차를 거치지 아니한 가맹 계약의 해지는 그 효력이 없습니다.

② 가맹 본부는 가맹 사업의 거래를 지속하기 어려운 경우로서 다음 각 호의 어느 하나에 해당하는 경우에는 제1항의 절차를 거치지 아니하고 계약을 해지할 수 있습니다.

③ 가맹점 사업자는 가맹 본부가 약정한 교재 등의 공급, 경영지원 등을 정당한 이유 없이 이행하지 않거나 지체하는 경우 등, 이 계약 상의 의무를 불이행하는 경우에는 상당한 기간을 정하여 서면으로 그 시정을 요구하고, 그래도 시정하지 않을 경우에는 가맹 계약을 해지할 수 있습니다.

☞ 교육 프랜차이즈 가맹 사업은 본사와 지역 본부가 각각의 역할을 하는 경우가 많습니다. 본사에서 일괄적으로 가맹 사업을 지원하는 경우보다는, 지역 본부의 본부장 및 지역장이 가맹 학원에 대한 관리권을 갖는 경우가 더 많습니다. 그들 지역 본부장은 출판사 총판의 대표가 맡기도 합니다. 이런 경우 프랜차이즈 표준약관에 의한 절차보다는 다소 감정적인 결정이 빈번하게 발생됩니다. 약관에는 분명히 2개월 전에 해지 의사를 밝혀야 하며 가맹 학원의 귀책사유일 경우에도 절차가 있지만, 일방적으로 교재 공급을 중단하는 경우도 적지 않습니다. 가맹 본부에서 교재가 공급되지 않으면 가맹 학원은 엄청난 타격을 받게 됩니다. 물론 ③항에 의거, 서면으로 본사에 시정을 요구하고 가맹 계약을 해지할 수도 있지만, 문제가 해결될 때까지 학생에게 제대로 된 교육 서비스를 제

공할 수 없게 됩니다. 따라서 본사와 분쟁을 벌일 생각이라면, 대체할 수 있는 교재 시스템을 먼저 확보해야만 합니다.

제39조 (가맹점 사업자의 비밀 유지, 겸업금지 의무)

① 가맹점 사업자는 계약 및 가맹 학원 운영상 알게 된 가맹 본부의 영업 비밀을 계약 기간은 물론 계약 종료 후에도 제3자에게 누설해서는 안 됩니다.

③ 가맹점 사업자는 계약의 존속 중에 가맹 본부의 허락 없이 자기 또는 제3자의 명의로 가맹 본부의 영업과 동종의 영업을 하지 않습니다.

☞ 특정 과목의 프랜차이즈 프로그램을 도입한 학원은 그 과목에 한하여 다른 프랜차이즈에 가맹할 수 없습니다. 예를 들어 A 영어사와 프랜차이즈 가맹을 한 상황에서 B 영어 프로그램의 가맹은 할 수 없습니다. A 본사의 양해를 얻어 B 프로그램을 추가 도입할 수도 있지만, 가맹 해지 및 재계약 거부의 요인이 될 수 있습니다. 특히 오프라인 전문 A 프랜차이즈를 도입한 학원이 추가로 온라인 프랜차이즈를 추가 가맹하여 운영한 경우, A 프랜차이즈에 없는 온라인 프로그램을 추가 도입한 것이므로 어느 정도 묵인될 수도 있습니다. 그러나 추후 A 프랜차이즈가 온라인 프로그램을 도입할 경우, A 가맹 본부는 B 프로그램의 사용 중지를 요청하게 되며, 이를 거부하면 가맹 계약이 해지될 수도 있습니다.

앞서 소개한 10가지의 기준에 맞는 우수한 프랜차이즈를 도입한다
고 해서 학원이 무조건 성장하는 것은 아닙니다. 현재 학원 계는 정부
의 공격적인 사교육 축소 정책으로 크게 위축되고 있으며, 학생 수 감
소와 급격한 입시제도 변경으로 큰 어려움을 겪고 있습니다. 더군다나
최근의 경쟁 상황은 학원간 경쟁이 아니라 지자체, 언론사, 대학의 사
회적 기업과도 경쟁해야 하는 구도로 변하고 있습니다. 이와 함께 출
산율 감소에 따른 학생 수 감소는 학원 산업의 미래를 어둡게 하고 있
습니다. 청년 실업의 돌파구로 학원과 교습소 창업이 증가하면서 학원
당 학생 수는 점차 감소하고 있으며, 학원 당 학생 수 감소 경향은 더
욱 심해지고 있습니다.

그럼에도 불구하고 현재 학원을 운영하는 학원장은 다양한 경쟁을
이기고 살아남아 지속적으로 성장해야만 합니다. 학원이 성장하기 위
해서 경쟁력 있는 프랜차이즈를 도입하고, 그 프랜차이즈의 장점을 최
대한 끌어올리는 운영 전략이 필요합니다.

✅ 교육 프로그램을 완벽하게 이해해야 함

학원의 경쟁력을 강화하기 위해 도입한 프랜차이즈 프로그램의 장
단점을 명확하게 확인한 다음, 장점을 부각시키고 단점을 보강하는 활
동이 지속적으로 이루어져야 합니다. 그러나 실제 학원에서는 프랜차
이즈가 가지는 인지도만 활용할 뿐, 프로그램이 가지는 본래의 장점을
제대로 활용하지 못하는 경우도 적지 않습니다. 학원 운영을 위해 프

랜차이즈를 도입했다면, 그 프랜차이즈 프로그램이 가지는 장점을 최대한 학원의 경쟁력으로 이끌어내야만 합니다.

프랜차이즈 회사가 만든 프로그램 소개용 팸플릿을 그대로 학부모에게 제공해서는 안 됩니다. 본사가 강조하는 바와 학원이 강조하는 부분이 일치되지 않을 수도 있고, 우리 학원만의 장점을 학부모에게 알려야 하기 때문입니다. 또한 학원 홍보도 프랜차이즈 중심의 홍보가 아니라, 프랜차이즈를 기반으로 하는 학원의 경쟁력과 성과 중심의 홍보가 이루어져야 합니다. 이를 위해 학원 자체의 홍보물을 제작하고 활용하는 활동이 필요합니다. 프랜차이즈 본사의 홈페이지와 전단의 내용에 학원의 운영 전략을 추가하여, 프랜차이즈와 학원의 경쟁력을 알릴 수 있는 별도의 자료를 만들어 활용해야 합니다. 학원과 가까운 곳에 동일한 프랜차이즈 학원이 들어서는 상황에서 그 학원을 이기기 위해서는, 프랜차이즈가 가지는 기본적인 시스템을 완벽하게 이해하여 학원 운영에 적극 반영해야만 합니다.

◔ 신간 교재는 무조건 도입

학원 프랜차이즈 회사는 교재를 판매하는 것이 주 수입원이기 때문에 매년 수십 권의 새로운 교재를 만들어 학원에 배포합니다. 새롭게 출간된 교재는 소비자와 교육정책의 변화를 반영한 것으로 학원의 가장 강력한 경쟁력이 될 수 있습니다. 따라서 학원에서는 본사가 개발한 교재는 무조건 학원에서 활용한다는 기본 원칙을 세우고 적극 활용해야만 합니다. 신간 교재를 도입하면 학원은 다양한 수준의 학생을 대상으로 하는 효과적인 수준별 학습을 하게 되며, 이는 학원의 경쟁력을 높여줍니다.

　반면 매달 새로운 교재가 출간되는데 가맹 학원이 매년 비슷한 수준의 교재만 활용한다면, 그 학원은 프랜차이즈를 제대로 활용하지 못하고 있으며 경쟁력을 높일 수 있는 기회를 놓치고 있는 셈입니다. 수학 프로그램의 경우 매달 사용하는 월 교재 외에도 문장제, 도형, 계산력 등 전문화된 교재가 출간되고 있습니다. 각각의 교재는 서로의 부족함을 보강하기 위해 개발된 것이므로, 이들 교재를 적절하게 혼합하여 최적의 조합을 찾는 과정이 필요합니다. 이 조합을 찾기 위해서는 학원장이 먼저 신간 교재를 연구해야 합니다. 신간 교재를 직접 살펴보고 경쟁 학원과 차별화가 가능한지, 학원에 도입할 가치가 있는지를 먼저 연구해야 합니다. 원장이 신간 교재 연구하는 습관을 가지면 강사들의 태도는 저절로 바뀌게 됩니다. 새로운 교재가 올 때마다 이를 확인하고 검토하여 학원 수업에 활용하지 않는다면, 학원은 강력한 무기를 확보하고도 이를 방치하는 것과 다를 바 없습니다.

✅ 중장기 커리큘럼을 준비해야 함

　학원은 수준별 학습이 기본입니다. 학생들의 수준에 맞는 수강반이 구성되며, 그에 맞는 교재를 도입하기 위해 프랜차이즈 가맹을 하는 것입니다. 따라서 프랜차이즈 교재 시스템의 장점을 최대한 활용하기 위해서는 학생들의 수준별 학습 과정을 미리 준비하는 전략이 효과적입니다. 이때 중요한 것은 프랜차이즈의 장점과 학원의 상황을 결합하여 가장 효과적인 학습 과정을 만드는 일입니다. 프랜차이즈 본사가 제시하는 모범 답안식의 교재 시스템을 무조건적으로 적용하는 것은 학원의 성패를 프랜차이즈 본사에 100% 위탁하는 것과 다를 것이 없습니다. 그들이 제공하는 것은 모범 사례일 뿐이며, 학원에 맞게 그것을 수정해서 활용해야 합니다.

특히 동일한 프랜차이즈 학원이 근처에 있을 경우 학원만의 차별화된 커리큘럼은 더욱 필요합니다. 두 학원 모두 프랜차이즈 회사의 모범 답안만 보여준다면, 학부모는 교육 외적인 부분, 즉 수강료, 거리 등 눈에 보이는 것으로 학원을 선택할 수밖에 없습니다. 학원에 최적화된 프랜차이즈 프로그램으로 경쟁 학원을 이기기 위해서는 강사들과 심도 있는 토의를 거쳐, 현재의 교재 시스템을 기반으로 최소한 3개 수준의 중장기 커리큘럼을 준비해야 합니다. 본사의 프로그램을 그대로 운영하는 것이 아니라, 인근의 동일한 브랜드 학원을 이길 수 있도록 프랜차이즈 프로그램과 학원의 장점을 결합한 고유의 학습 과정을 만들어야 합니다. 학부모에게 그것을 설명하여 차별화해야만 합니다. 동일한 브랜드가 학원 인근에 생기는 것을 막을 수 없다면, 그것을 이길 방법을 찾아야만 합니다. 같은 교재를 사용하지만 경쟁 학원보다 더욱 효과적으로 학부모에게 접근하고, 그들보다 더욱 충실한 교육을 한다면 학부모에게 인정받는 학원이 될 것입니다.

✅ 학생의 학습 이력을 관리해야 함

영어 프로그램은 무학년제의 수준별 교재를 사용하는 방식이 일반적이며, 레벨 별로 30~40권의 교재로 구성됩니다. 학생이 학원에서 공부한 지 3, 4년 정도 지나고 몇 개의 수강반을 이동하다 보면, 어떤 교재를 공부했는지 담당교사는 물론 학생 본인도 모르는 경우가 발생됩니다. 그 학생이 새 책을 받고 공부를 시작하려고 하는 순간 그 책을 공부했다는 것을 알게 되는 경우도 있고, 학생은 본인이 배웠는지도 정확하게 기억하지 못하는데, 교재가 시작된 지 며칠 뒤 배운 책을 왜 또 하느냐는 학부모의 항의전화가 오기도 합니다. 이를 막기 위해서는 학생이 공부한 교재를 월별로 기록한 일종의 '학습 이력 카드'를 만들어 관리해야 합니다.

'학습 이력 카드'는 학생 1명당 매달 공부한 교재를 월간 단위로 기록한 것으로, 수강반이 변경될 때마다 기존 반 교사가 이동 반 교사에게 전달함으로써 관리의 연속성을 유지할 수 있는 시스템입니다. 한 달에 한번 이런 시스템을 업그레이드시키면 중복 학습으로 인한 문제는 발생되지 않으며, 학부모와 상담 시에도 학생의 이력 카드를 꺼내 학생의 학습 이력과 향후 학습 계획에 대해 얘기한다면, 학부모는 원장님과 학원을 더욱 신뢰하게 될 것입니다.

프랜차이즈에 따라 이 기능이 온라인으로 지원되는 경우도 있지만, 학원에서 간단히 만들어 사용할 수 있는 '학습 이력 카드'를 활용하는 것이 더욱 효과적인 방법입니다.

✅ 프랜차이즈 원장 모임에 참석해야 함

프랜차이즈 프로그램의 장점을 최대한 발휘하기 위해서는 본사와 경험 있는 프랜차이즈 선배 원장들에게 운영의 노하우를 배워야 합니다. 학원 운영에는 충분한 경험과 노하우가 있다고 해도 새로운 프랜차이즈에 대해서는 초보인 상황에서 그들의 도움은 천군만마와 같습니다. 본사에서는 주기적인 원장 및 강사 교육을 실시하지만, 본사의 교육은 초보 가맹 학원장을 대상으로 하는 것이 아니라, 이미 수년 동안 학원을 운영하고 있는 학원장을 대상으로 하는 경우가 대부분입니다. 프랜차이즈 프로그램을 이제 막 도입한 학원장에게는 별 도움이 안 되는 내용이 많은 게 사실입니다. 따라서 프랜차이즈 운영의 노하우는 이미 가맹 학원을 몇 년째 운영하고 있는 기존 학원장에게 배워야 합니다. 수년 동안 동일한 브랜드를 유지하고 있다는 것은 도입한 프랜차이즈를 효과적으로 활용하고 있음을 보여주는 것입니다.

프랜차이즈 지사 및 지역 본부 주관으로 이루어지는 정기모임은 신규 가맹 학원장이 반드시 참여해야 합니다. 프랜차이즈에 따라 모임의 성격과 주기가 다르지만 선배 가맹 학원장을 만나 비법을 전수받을 수 있는 좋은 기회가 됩니다. 또한 원장의 고민에 대한 답을 얻을 수도 있습니다. 경쟁 관계에 있다면 노하우를 공유하지 않겠지만, 직접 경쟁 상황이 아니라면 동일한 프랜차이즈 원장 모임에서는 학원 운영 노하우가 공유되는 게 일반적입니다.

그렇다고 프랜차이즈 원장 모임에 참석한다고 한다고 해서 기존의 원장들이 그룹의 일원으로 인정하는 것은 아닙니다. 그들은 새롭게 가맹 학원이 된 원장을 나름대로 평가하여 그들의 대화 그룹으로 받아들일 것인지를 결정하게 됩니다. 따라서 새롭게 프랜차이즈 프로그램을 시작했다면, 최우선적으로 프랜차이즈 원장 모임에 참석하여 열정을 보여줘야만 기존 가맹 학원장에게 인정을 받을 수 있습니다. 그래야만 그들에게 학원 운영의 문제점에 대한 해결책을 제시받을 수 있고 그들이 만든 워크시트 등을 제공받을 수 있습니다. 수년 동안 프랜차이즈 프로그램을 운영해온 그들을 통해 학원 운영의 문제를 일시에 해결할 수도 있으며, 그들에게 받은 파일 하나가 돈으로 환산할 수 없는 만큼의 가치를 제공할 수도 있을 것입니다.

✅ 프랜차이즈 강사 교육에 적극적으로 참여함

어떤 프랜차이즈를 도입할 것인가 하는 결정은 학원장의 몫이지만, 프랜차이즈의 성공적인 운영은 강사가 결정한다고 할 만큼 강사의 역할은 중요합니다. 따라서 강사들이 프랜차이즈의 학습 방법과 운영 방식에 익숙해져야 하는 것은 너무나 당연합니다.

보통의 경우 원장이 교무회의 등을 통해 강사 교육을 실시하지만, 프랜차이즈를 도입한 시점에서는 원장이나 강사 모두 초보자일 뿐입니다. 어렵게 도입한 프랜차이즈가 성공적으로 활용되기 위해서는 원장 교육에 참석하는 것은 물론 학원의 모든 강사가 정규 강사 교육 과정을 이수해야만 합니다. 일부 원장들은 강사 교육에 비용이 든다고 팀장급 강사에게만 교육을 이수하게 하여, 나머지 강사를 재교육시키는 경우도 있습니다. 실제로 프랜차이즈 본사의 교육비가 적지 않아 학원장 입장에서는 강사 교육비에 대한 부담을 느끼는 것이 사실입니다.

그러나 프랜차이즈 가맹을 위해 수백에서 수천만 원의 가맹비를 지불했고 그것을 돌려받을 수 없는 상황에서, 성공을 위해 수십만 원의 추가 교육비를 아껴서는 안 됩니다. 가맹 직후 강사 교육의 의무 참여는 물론이고 연1~2회의 보수교육에도 적극적으로 참여시켜야 합니다. IT의 발달로 프랜차이즈 본사는 온라인 학습 방식을 잇달아 도입하고 있는데, 이를 제대로 활용하기 위해서는 보수교육 참여는 필수적입니다.

✅ 우수 가맹 학원 벤치마킹은 필수

프랜차이즈 회사의 홈페이지에는 가맹 학원 중 가장 우수한 실적을 나타내는 학원이 항상 첫 화면에 실리게 됩니다. 학생 수가 가장 많거나 온라인 학습률이 가장 높은 학원 등, 다양한 면에서 실적이 좋은 학원의 사례를 가맹 희망자와 학부모에게 소개합니다. 한 달에 몇 개의 학원이 이렇게 소개되는 것이 일반적입니다. 따라서 이들 학원의 성공 요인과 학원 운영 상황을 확인하는 벤치마킹 과정이 필요합니다. 가까운 곳은 원장과 통화를 한 뒤 직접 방문하여 그 운영 수준을 배우도록 합니다. 직접 갈 수 없다면 학원 홈페이지를 통해 학원 운영의 노하우를 간접적으로 확인할 수도 있습니다. 학원 홈페이지에 있는 학원 활동과 이벤트, 학생들의 소감문, 게시판의 내용을 읽으면서 배우려는 노력을 해야 합니다.

마찬가지로 학부모 역시 어떤 학원에 자녀를 보낼까 고심할 때 홈페이지를 참조할 수도 있습니다. 인근에 동일한 프랜차이즈를 도입한 A와 B 학원이 있다면, 학부모는 각각의 학원 홈페이지를 방문하여 더 활성화된 학원을 선택할 수 있습니다. 따라서 본사가 제공하는 학원 홈페이지는 가장 좋은 학원 홍보 사이트가 될 수 있다는 생각으로, 학원 이벤트는 물론 평상시에도 사진을 찍어 자주 홈페이지에 올리고 학생들을 대상으로 홈페이지 이벤트를 개최한다면, 경쟁 학원보다 더 좋은 평가를 받을 수 있습니다.

05 성장하는 학원

학원 운영은 점점 어려워지고 있습니다. 정부 교육정책의 목표가 사교육비 절감으로 집중되면서, 사교육비 축소를 위한 다양한 정책들이 발표되고 있습니다. 학원 산업의 경쟁은 말 그대로 무한 경쟁으로 돌입한 지 오래됐습니다. 이런 상황에서 프랜차이즈 도입은 불가피한 선택입니다. 학원 운영이 학원장의 노력만으로는 버티기 어려운 상황으로 전개되고 있다는 것을 말해줍니다. 난국을 타개하고 성장하기 위해 도입한 프랜차이즈는 단순히 학원의 인지도를 높이는 간판 역할만 해서는 안 되고, 학원의 실질적인 경쟁력이 돼야 합니다.

어떤 어려움 속에서도 성장하는 학원이 있으며, 모두가 마이너스 성장을 하는 상황에서도 성장하는 학원이 있습니다. 현재 학원의 상황에 가장 적합한 프랜차이즈를 도입하여 그 장점을 최대한 끌어내는 학원의 노력이 있다면, 어려운 환경에서도 지속적으로 성장할 수 있을 것입니다.

Sucess
Biz Consulting
Note

사회적 기업을 위한 성공 컨설팅

CHAPTER 5

성공마을 만들기 A to Z

Sucess
Biz Consulting
Note

이 선 경 (jqueen1chu@naver.com) blog.naver.com/jqueen1chu

업무 영역 : 지역사회 소통과 갈등사랑 강의 / 비전 워크숍 / 회의 진행 A to Z 운영

경력 : 현) 마음의 소리를 듣는 기업 경앤컴퍼니 대표 / 지역발전 교육센터 운영 /
　　　KFCS 한국 퍼실리테이터 연구회 의장
　　　전) 코스콤 (구)한국증권전산 전사 HRD 교육 담당 / LG전자 사내교육(CS &
　　　Sales Training) / 유비스타 교육 컨설팅 고객만족 경영부문 첨삭 지도교수

학력 : 덕성여자대학교 전산학과

재능기부 : 도농 교류 활성화를 위해 10인의 전문가로 구성된 여행단 소셜 문화연구소
　　　　에서 활동

저서 : 『성공하는 나를 디자인하는 이미지 바이블』(2006), 『대한민국 청년 스타강사』
　　　　　　　　　　　　　　　　　　　　　　　　　　　　　　　　　　(2008)

활동 : 전문 농업 경영인 양성 마이스터 대학 리더십, 교수법 강연, 전국 여성인 농업
　　　연합회 '전업농을 위한 성장 엔진' 지도 강사. 기타 지역과 기업에서 강연 워크
　　　숍 진행 / 소통을 위한 갈등사랑 전문 팟캐스트 방송 '이선경의 톰과 제리' 운영

들어가면서

　지역발전을 위한 국가지원 사업들이 곳곳에서 추진되고 있지만, 아직까지 조금은 우왕좌왕 갈팡질팡하고 있는 모습들이 눈에 많이 띕니다. 2004년 권역사업 착공 이후 2012년 현재 약 560개 권역(거점 면소재지 포함) 정비 사업이 추진되고 있습니다. 앞으로도 형태는 다를지 모르지만 크고 작은 지역사업들이 계속될 것으로 보입니다. 이 글은 어떻게 하면 성공적으로 지역 프로젝트 사업들을 이끌어갈 수 있을지, 그간의 짧지만 깊은 고민과 경험을 함께 나누어보고, 앞으로 일어날 수많은 시행착오들을 줄이도록 하는 데 그 목적이 있습니다.

　이 책이 있기까지 저와 인연이 된 지역의 어르신들께 이 영광을 돌립니다. 더불어 제가 경험한 조금은 리얼(real)한 이야기들이 일부 지역의 특수 상황이 아니라 우리의 상황이며, 함께 고민해보고 생각할 수 있는 기회가 되어 전체 지역발전에 도움이 되는 이야기로 발전될 수 있도록 응원해주실 거라고 생각합니다.

　날씨 좋은 요즘 여의도 국회도서관 벤치에 앉아 시원한 바람을 맞으며 옛 추억을 떠올려보니 재밌습니다. 얼마 전에 다녀온 제주도에서는 마늘 수확작업이 한창이었고, 지리산 부근에서는 고사리 작업이 한창이더군요. 이번 주말에 방문하게 될 영월에서는 칡즙을 내리고 계시겠죠? 모자를 쓰고 땡볕에 나가 계실 여러분을 생각하니, 이렇게 책상에 앉아 편하게 글을 쓰고 있는 것이 송구스럽습니다. 대신에 제가 앞으로 만나게 될 여러 마을과 이전에 만났던 좋은 인연들을 위해 보답될

만한 글을 열심히 써보려 합니다. 지역에는 농촌, 어촌, 산촌뿐 아니라 다양한 터전이 있지만, 이 모두를 편의상 농촌과 농업이라는 용어로 가져가겠습니다. 어촌에 계신 분께서는 '농촌'이라는 단어를 보시면 '어촌'이라고 생각해주셔도 무방할 것 같습니다. 서운해 하지 않으셨으면 좋겠네요.

2007년으로 거슬러 올라가, 당시 모 기업의 고객만족 분야 전산 교육 담당자로 활동하고 있던 저는 우연히 농림수산식품부 산하 전국 여성 농업인 연합회와 인연이 되어 '전여농을 위한 성장 엔진-전문 농업 경영인 인재양성 과정'의 전문 강사로 강연 활동을 하게 되었습니다. 참 인연이란 것이 재미있죠? 전남 장흥에도 가고 전국 투어를 1년에 한 번씩 하게 되는데요. 2009년 당시 경남 김해 지역을 방문했을 때, 아이디어 그룹이라는 지역 컨설팅 사를 만나게 되었습니다. 교육 의뢰가 온 것이죠. 여담이지만, 강의하는 도중 에어컨이 고장 난 교육장을 종횡무진 왔다 갔다 하며 애써주시는 분이 첨엔 에어컨 수리해주시는 분인 줄 알았는데, 나중에 알고 보니 컨설팅 사 팀장님이시더라고요. 자신의 일처럼 마을을 위해 애써주시는 모습이 지금까지 기억에 남는 것을 보면 참 인상 깊었던 것 같습니다.

초창기 체험마을 사업일 때까지만 해도 교육이 사업추진 항목에 없었는데, 2004년부터 권역사업(당시 농촌마을 종합 개발사업)이라는, 규모가 조금 커진 마을사업을 시작하고부터는 '마을의 사업이 잘되기 위해서는 마을 구성원들의 자발적 주민 참여의식이 중요하다.'고 판단하고, 사업추진 항목에 살아 있는 현장교육 항목이 포함되었다고 합니다. 그 당시 제가 맡은 과목은 커뮤니케이션과 회의 진행기법이었습니다. 재밌고 유익하게! 회의진행 기법 강의를 맡았을 때, 저는 강사 본연의 목적인 '전문 지식을 전달한다.'는 것에 충실하여 다음의 질문을 강의장에 오신 마을 분들에게 던졌습니다. 그리고 얼마 되지 않아 저는 무언가 크게 잘못되고 있음을 느낍니다.

"회의에서 가장 중요한 것이 무엇일까요? 바로 목적입니다. 회의 시작 전에 반드시 오늘 무엇을 위해 내가 이 자리에 있는가 알고 오시는 것이 중요하지요."

그.런.데. 일순간 모든 분들이 사무장님을 쳐다보며,

"오늘 누가 문자 보냈습니까? 왜 우리에게 오늘 뭣 땜에 모이는지 알려주지 않았어요?!!"

하고 책망하시는데, 사무장님께서 그날 일로 상처를 받아서 일을 그만두시겠다며 한바탕 난리가 났습니다. 이 마을에 내가 분란을 일으켰구나. 저도 컨설팅 사에 계신 분께 죄송한 마음이었습니다. 강사는 '전문 지식을 전달하는 사람'인데 '내가 뭘 잘 못했던가!!' 그리고 오랜 생각 끝에 깨달았습니다. 전달 방식에 있어서 직접전달 방식이 잘못되었다는 것을요. 사실 그 당시 마을에는 작고 큰 보이지 않는 갈등들이 산재해 있었습니다. 이러한 상황에서는 말 한 마디 한 마디를 조심스럽게 해야 했는데, 제가 이러한 상황 판단을 못 했던 것입니다.

마을 사업이 잘되게 하기 위해 '어떻게 하면 마을 주민들 사이에 갈등을 줄이고 서로 합심하게 할 것인가?'를 함께 고민할 수 있는 지원군, 지역 주민들의 마음을 읽고 지혜를 모으는 역할을 할 수 있는 사람! 고도의 전문 스킬(skill)을 가진 사람인 '중재자, 촉진자, 즉 퍼실리테이터 형 강사가 되기로 저는 그날 이후 결심했습니다. 사막에서 오아시스를 발견한 것처럼 여러 사람의 지혜를 모으고 상생을 모토로 하는 '퍼실리테이터'의 필요성이 앞으로 점점 더 중요해질 것이라는 확신이 들었고, 이것을 계기로 '전 구성원 간의 지혜를 모으는 퍼실리테이터로의 전문성을 키워야겠다!'라는 평생의 꿈을 꾸게 되었습니다. 2010년 11월 26일 한국 퍼실리테이터 연구회(Korea Facilitator Society)를 만들고, 이젠 22명의 연구원과 함께하고 있습니다.

또한 이젠 지역에서 급하게 교육 의뢰를 받더라도, 제대로 된 교육 과정을 할 수 있도록 제대로 된 과정들을 미리미리 준비해서 가야겠다는 생각을 하게 되고, 2010년 12월 지역발전 교육연구소를 세웠습니다. 지역사업이 시작되어 지역 주민과 리더, 컨설팅 사, 지자체 간의 갈등이 최고조에 이르기 전보다는 사업이 시작될 시점에 진행되도록 힘써보자! 회의 진행에 어려움을 느끼는 부분들을 어떻게 하면 개선할 수 있을까? 연구해보자! 갈등을 해소하고 최소화할 수 있는 방법을 연구해보자!

그렇다면 이제 소통을 통해 잘해나가야 되겠지요?

제가 지역의 작고 큰 사업들에 관심을 갖는 첫 번째 이유입니다. 지금도 인연이 되신 분들과는 연락하며 지내고 있는데요. 마음이 참 여리고 따뜻한 분들이라는 생각이 시간이 갈수록 더해짐을 느낍니다. 이렇게 지역의 따뜻한 인심이 작은 희망의 불씨가 되어 '함께 잘사는 사회'를 이룰 수 있다고 확신합니다.

두 번째 이유는 제 고향 강릉 흙에서 뛰어 놀며 자라 그런지……, 이제는 제가 지역에 무언가 돌려주어야 한다는 일종의 사명감이 있습니다. 부모님께서 저를 밝고 가치 있는 사람으로 키우셨습니다. 전 그 보답으로 '내리사랑'이라고 하지요? 저는 이렇게 물려받은 가치 있는 씨앗을 지역 곳곳에 심고 싶습니다. 그리고 앞으로 어떠한 아름다운 꽃을 피우게 될는지 하나 둘 가꾸면서 설렘을 가지고 기다려보려 합니다.

앞으로도 연구해야 할 과제가 많지만, 지금까지 느껴온 것을 정리해보고 나름대로 성공적이었던 시간을 공유해보면서, 여러분이 걸어갈 그 길들에 조금의 도움이 되었으면 합니다. 담담하게 써내려가는 글이기에 혹시 수정하거나 개선해야 할 글이 있다면 언제 어디서든 그 개선 내용과 함께 적어 아래의 주소로 보내주시면 감사하겠습니다.

산들바람 부는 벤치에서 저자 이 선 경
jqueen1chu@naver.com

01 지역사업의 큰 흐름

큰 흐름의 파도를 타면 재밌다

이야기 하나. 성공하는 사람과 실패하는 사람

파도를 타보셨나요? 파도가 다가올 때 조금만 발돋움을 하면 그 파도에 쉽게 몸을 실을 수가 있습니다. 파도가 가는 방향대로 자연스레 몸이 흘러가는 것이 꽤나 재미있기도 합니다. 그런데 그 파도의 물결을 타지 못하고 간다면 힘은 배로 들고 재미도 없고 서서히 기운도 빠집니다. 지역의 여러 가지 일들이 이와 같습니다. 이왕이면 이 시대의 파도를 활용해서 재미있고 신나게 파도타기를 해보시기 바랍니다.

처음에는 1개 마을의 체험마을에서 시작되었던 것이 이제는 3~4개의 마을을 묶어 정보화 마을을 만들기도 하고, 7~8개의 마을로 묶어 권역사업으로 만들고, 낙후되고 자원이 부족한 지역을 찾아 농촌마을 종합개발(권역 단위 정비사업)로 균형발전을 꾀하고, 이제는 전 지자체에 그 권한을 확대하여 특화 발전을 꾀할 수 있도록 점차 사업의 규모와 범위를 확장시켜나가고 있습니다. 기본적으로 사업의 단위는 크게 5개년 계획을 잡는다고 하는데, 시시각각 상황이 쉽게 변하는 것 같아도 실제로는 커다란 흐름이 갑자기 변하기는 힙듭니다. 권역사업만 하더라도 10년을 계획하고 2004년부터 실시한 사업이므로 10년이 지난 시점인 2014년도부터 비로소 성과물이 나오기 시작하겠지요.

처음에는 개인 농가에 국한되어 삼삼오오 진행되던 작은 규모의 영농사업이 이제는 몇몇 사람들이 사업체를 구성하고 조합원 구성체를 꾸려 법인 사업체로 만들어가고 있는 이유는 무엇일까요? 바로 효율성에서 찾을 수 있습니다. 개개인의 농가에 지원금을 주는 것보다 어느 단체나 법인 사업체에 지원을 하는 것이 더욱 효율적이라는 것입니다. 시설을 개개인이 따로따로 여러 개 짓는 것보다, 힘을 합하여 하나를 크게 짓는 것이 훨씬 비용 면에서 저렴하고 더 큰 이익을 가져올 수 있다고 합니다. 한 사람이 판로를 찾는 것보다 상품을 홍보할 수 있는 브랜드와 법인을 만들어 판로를 개척하는 게 수월하다고 봅니다.

앞으로 점점 더 공동체의 중요성이 커지고 있습니다. 지역 공동체 사업의 경험이 많으면 많을수록 파도타기가 더욱 수월해질 것입니다. 체험마을이라는 작은 파도에서 성공한 마을이 여기서 탄력을 받아 권역마을로 선정되고 다음의 큰 파도 사업들을 어렵지 않게 추진하는 것을 보면, 단계적 파도타기라는 말을 어렵지 않게 이야기할 수 있을 것입니다. 가만히 준비하지 않은 상태에 있다가 큰 파도를 만나면 뒤집어지기 쉬운데, 이럴 때 포기하기보다 지속적으로 기술을 연마하고 고민하다 보면, 어느덧 즐겁게 파도타기를 하는 우리의 모습을 볼 수 있을 거라 확신합니다. 물이 무서워 시작도 못 한 마을이 있다면, 지금 필요한 것은 '까짓것 해보자!' 하며 눈 질끈 감고 도전하는 용기입니다. 주위에 손을 잡아주려고 준비하고 있는 사람들(지자체, 주민, 컨설팅 사)을 찾으시고 즐겁게 함께 가는 겁니다. 혼자 하면 넘어지기 쉽지만, 함께 손을 맞잡으면 쉽게 넘어지지 않습니다. 대신 손이 쉽게 풀어지지 않도록 꽉! 잡아야겠지요.

◎ 통찰력을 키우기 위한 전략

정보에 강해져야 합니다. 지금 현재 나름대로 성공 가도를 달리고 있다는 개실마을 이야기를 해볼까요?

2010년 어느 날 저는 개실마을에 머물게 되었습니다. 개실마을은 대표적인 한옥체험 마을로, 조금 과장되게 이야기하면 지금은 외국인 관광객이 국내 관광객보다 더 많은 마을이랍니다. 이 마을의 시작은 어땠을까요? 시간을 거슬러 올라가면, 시작은 이렇습니다. 제가 머물렀던 한옥에 계신 분이 이야기를 차근차근 해주시는데 무척 흥미롭습니다. 면사무소에 근무하시는 직원분이 어느 날 면사무소에 들른 저에게 귀띔을 해준 말 한 마디가 시작이었습니다.

"지금 현재 이러이러한 체험사업에 대한 계획을 가지고 있는 것 같으니, 한번 준비해보세요! 제가 도와드릴게요."

가만히 들어보니 참 좋은 생각인 것 같아서 추진해보기로 했습니다. 처음에는 다섯 채로 시작된 한옥마을이 주민들을 설득해서 10개의 한옥이 만들어지고, 나중에는 마을 전체가 한옥마을로 조성될 수 있도록 한 첫 발자국을 내민 것입니다. 개인 부담도 들어가기 때문에 처음엔 주민들이 부담스러워했지만 시간이 지나 이 마을이 한옥체험 마을로 알려지면서, 나중에는 노부부가 사는 가구이지만 월 50~80만 원 정도의 소득이 생기게 되었다고 합니다. 작은 성공의 시작은 정보와 사람입니다.

마을 주민의 아이디어에서 시작이 되었든, 지자체 공무원의 제안으로 시작이 되었든, 이러한 정보의 씨앗이 용기 있는 사람을 만나 작은 싹을 틔우게 됩니다. 여러분에게 지금보다 멋진 마을의 모습으로 가꾸기 위한 아이디어가 있다면 지금 당장 종이에 적어보세요. 이것이 시작입니다. 그리고 이것을 실현시켜줄 정보를 찾아보세요.

다음의 [첨부 문서 #1] 은

A 유명 지역 컨설팅 회사에서 본격적인 사업제시 전에 시·군 관계자와 정부 부처에 대해 설득 자료로 쓰는 한 페이지 제안서라고 합니다. 이것으로 관심을 이끌어내지 못한다면 많은 양의 제안서는 하등의 쓸모가 없다고 합니다. 관심이 있다고 하면 본격적인 사업 제안서와 사람을 모으고 실현을 위한 노력들을 기울인다고 하네요. 사람들을 설레게 할 멋진 아이디어가 있으시다면 여러분도 한 번 적어보세요.

[첨부 문서 #1] A 컨설팅 사 사업 제안서 양식

우리 마을 '스토리 만들기' 사업

I 개요 : 우리 마을 브랜드 활성화

○
○

II 우리 마을 사업 내용

○
○

III 시범사업 운영 방안

○
○

IV 기대 효과

💽 우리의 가장 큰 장점은 무엇이고, 가장 큰 장애물은 무엇일까요?

"현재 농촌 지역의 강점과 장애물은 무엇이라고 생각하시나요?"

이 질문은 사실 제가 아는 강사님께서 여러 지역을 수없이 다니시며 본인에게 스스로 되뇌었던 질문이라고 합니다. 어느 날 문득 창밖을 바라다보다 이런 답을 떠올리셨다고 하는데요. 여러분께서도 함께 생각해보면 좋겠습니다.

강사님 왈,

"농촌의 가장 큰 강점은? 잠재력이고,

농촌의 가장 큰 장애물은? 두려움이다!"

잠재력

지금 현재 지역에는 잠재력이 무궁무진합니다. 그 잠재력이란 귤, 마늘, 매실, 포도 등의 지역 특산품, 풍광이 아름다운 자연환경도 물론이지만, 가장 큰 잠재력은 아무것도 가진 것 없어도 무에서 유를 창출해내는 사람이라고 봅니다. 삭막한 도시에서 찾아보기 힘든 인심(人心)이 지역의 잠재력이라고 봅니다. 1950년 '배고픈 시절' 전쟁을 겪고 가진 것 없고 먹을 것 없이 굶주렸을 그 당시 리더는 먹을 것을 나눠주는 사람이었다고 합니다. 먹을 것을 나눠주는 사람. 그 주위에 사람이 모이고 곳간에서 인심난다는 말이 생겨나는 것도 당연합니다.

2012년 지금은 '배고픈 시절'이긴 한데, 먹을 것이 없어서 배고픈 시절이라기보다 정신적으로 배고픈 시절입니다. 황량한 사막 위에 오아시스가 될 우리의 따뜻한 인정! 따뜻한 정을 베푸는 사람이 이 시대의 진정한 리더입니다. 물론 지역에서는 '도시보다 지역의 인심이 더 야박

해졌다.'고 손사래를 치시곤 하지만, 아직 제가 느끼는 지역의 모습은 '희망이 있다!'고 생각합니다. 또 이 땅에 묻혀 있는 역사와 우리의 상상력 속에 있는 무궁무진한 아이디어가 그 잠재력입니다.

그리고… 두려움

어느 누구나 미지의 세계에 대한 두려움은 다 가지고 있습니다. 그런데 그 두려움을 무엇으로 극복하는지 아세요? 바로 희망에 대한 확신과 미래에 대한 기대입니다. 우리가 희망을 지속적으로 기대하고 생각하고 이야기해야 하는 이유가 그것입니다. 저에게 누군가 말합니다. "큰 코를 안 다쳐봐서 그런 소리를 하는 거라고!" 그 말이 맞다고 생각했습니다. 그래서 2년 동안 수많은 고민을 했습니다. 문제는 고민과 걱정만 하다 보니 그 늪에 빠져 실행을 못 하겠더라고요. 이걸 하면 이렇게 되지 않을까? 저렇게 잘못되지 않을까? 재미난 것이, 이런 생각을 하면 할수록 더욱 수렁에 빠져 헤어 나오지 못하게 되고, 점점 자신감을 잃어버리고 다른 누군가에게 의지하려는 제 자신을 발견하게 되더라는 겁니다.

지역사회에 계신 모든 분들도 마찬가지라는 생각을 했습니다. 제가 지역에서 가장 많이 듣는 말 중 하나가 "예전에 해봤었는데…, 안 돼!"라는 말인데요. 지금은 시대가 빠르게 바뀌고 있습니다. "예전엔 내가 하려는 일이 불법이었는데, 지금은 오히려 국가에서 권장하는 항목이 되었다."라며 세상이 재미있다고 말하는 어느 성공한 사업가의 말을 들어보면, 분명 무언가 우리 주위에서 변하고 있다는 것입니다. 그것이 무엇일지 우리도 정확히 한번 제대로 짚어봐야 할 것 같습니다. 무엇이든 좋습니다. 작은 꽃 한 그루를 심는 일부터 시작해보는 용기가 우리에게 필요한지도 모르겠습니다.

또 하나의 장애물 그것은 통찰력!

어느 마을의 리더 분께서 농촌에 장애물이 하나 더 있다고 말씀해 주시네요. 그것은 통찰력이라는 단어였습니다. 그분께서는 아마도 그동안 지역사업에 대한 고민을 많이 하셨을 거란 생각이 듭니다. 시·군 관계자, 혹은 사람과 정책에 지속적인 관심을 가지고 가라는 말씀도 해주십니다.

언덕에 올라갔는데 아버지가 조금만 더 올라가야 한다고! 꼭 올라가야 한다고! 저를 높은 언덕으로 이끄십니다. 그리고 저는 눈앞에 펼쳐진 바다가 내려다보이는 멋진 풍광을 바라봅니다. 아! 아버지가 나에게 이 모습을 보여주려고 그렇게 말씀하셨었구나! 저 또한 짧은 경험이지만, 제가 본 아름다운 광경을 여러분과 이러한 심정으로 나누어 보고자 합니다. 큰 흐름을 바라볼 줄 아는 눈! 많은 사람과의 관계 속에서, 그리고 지속적인 관심 속에서 커나가는 것이라고 생각합니다.

◉ 여러분은 농업인? 농업 경영인?

어느 지역 마이스터 대학 강의실에서 '리더십' 강연을 하게 되었습니다. 15명 남짓 된 지역의 리더 분들이 함께 자리하셨습니다. 멀리 1시간이 넘는 거리를 달려오신 분들도 제법 눈에 보입니다.

"여러분은 농업인이십니까? 농업 경영인이십니까? 한번 손을 들어보시겠습니다."

제가 이 질문을 던졌을 때 농업인에 4분, 농업 경영인에 9분 정도가 손을 번쩍 드셨습니다. 나머지 분은 아직 고민 중이시라고 하네요.

"자신은 농업인이다!'라고 손을 드셨는데요. 왜 그렇게 생각하셨나요?"

"먹고살기 바빠서, 농사짓고 밥 먹고 사니까 농업인"이라고 생각하셨답니다.

"그럼, '자신은 농업 경영인이다!'라고 손을 드셨는데요. 왜 그렇게 생각하셨나요?"

"예전에는 저도 입에 풀칠하기 바빠서 농사를 마지못해 했는데요. 3년 전에 몸이 크게 아프고 나니까 이전과는 다르게 가치적인 것을 찾게 되더라고요. 그 이후부터는 유기농에 대해서 관심도 갖게 되고, 어떻게 하면 좀 더 좋은 제품을 만들까? 하는 생각을 하고, 어떻게 하면 유통을 잘 시킬 수 있을까? 옛날에는 그냥 쌀농사, 사과농사만 잘 지으면 되겠지 생각했었는데, 요즘은 좋은 농산물만 생산해서는 안 되고, 이것을 어디에 어떻게 판매할 것인가, 규모 면에서도 소규모 농이 아니라 대규모 농을 해야 한다, 그러니 직원들도 생기고 관리를 해야 되겠더라구요. 예전의 방식대로 하면 이러다가 망하겠구나 싶더라구요."

이제는 시대가 변했습니다. 전문 농업인에서 전문 농업 경영인으로의 변화가 필요합니다. 농사를 업으로 하는 사람이 농업인라면, 이제는 농사를 체계적으로 경영할 수 있는 역량을 갖춘 전문 농업 경영인을 요구하고 있습니다.

그 이름⋯ 경영

요즘 경영의 트렌드는 수익 창출은 물론 어떻게 하면 지속적인 경영을 가능토록 할 것인가가 화두입니다! 지금 많은 전문 농업인들은 '지속 가능 경영'에 관한 농업 경영인으로서의 고민을 시작했습니다. "경영의 목표는 수익 창출을 빼고 이야기할 수 없다." "한 명이라도 직원에게 꼬박꼬박 월급을 주면서 5년을 버티기란 정말 쉽지 않은 일이다." "직원관리가 제일 힘들다." 이런 고민들을 말입니다.

막 귀농을 시작했다고 생각할 때, 보통 준비해야 할 사항을 다음의 3가지로 요약할 수 있다고 합니다.

■1 농사짓는 기술
■2 시설을 세우는 것
■3 토지(땅)을 구입하는 것

"그렇다면 무엇이 가장 중요한가요? 중요도를 퍼센트로 나타내주시기 바랍니다."

이 질문을 하면 보통 사람들은 1번, 농사짓는 기술 익히기50%. 그 다음에 2번, 시설에 대한 고민 30%. 그 다음에 3번, 땅에 대한 고민 20% 순으로 중요도를 이야기한다고 하는데요. 소위 농사에 도가 튼 분들, 소위 농사를 10년에서 20년 정도 지으신 베테랑 농업 경영인의 이야기를 들어보면? 1번, 땅 2번, 시설 3번, 기술의 순서로 비중을 둔다고 합니다. "농사는 한번 망하면 그 다음을 생각하면 되지만, 시설은 한번 지으면 10년을 가야 하고, 땅을 잘못 고르면 평생을 후회하게 된다."는 이유랍니다. 경영의 목표는 이제 단순히 수익 창출이 아니라 지속 가능한 경영입니다.

◉ 농업 경영과 농촌 경영의 차이는 무엇일까요?

100년 뒤 내가 없더라도 이 땅에 내가 일군 사업체가 지속적으로 운영된다면 분명 기분 좋은 일입니다. 100년 뒤에도 끄떡없는 성공마을 성공사업을 만들기 위해 지역에서 일어나고 있는 작고 큰 사업에 대한 이야기를 나눠보고자 합니다.

수천 개의 사업이 벌어지는데 가장 안타까운 모습은, 농촌사업을 함께 하면서 마을의 이익과 수익을 우선시하여 생각하다가 마을 분들이 서로 등지는 경우가 아닌가 합니다. '서로의 가슴에 상처를 남기고 결국, 고향인 마을을 떠나려 하는 분'도 종종 생겨납니다. 이런 안타까운 현실을 피하기 위해 우리는 다음의 개념을 생각해야 했습니다. 즉 공동의 목적을 찾는 것입니다.

그런데 이를 위해서는 먼저 명쾌하게 정리하고 넘어가야 할 개념이 있습니다. 바로 농업 경영과 농촌 경영의 목적입니다.

농업 경영은 농사를 업으로 하는 분들이 '어떻게 하면 농사로 더 많은 수익을 창출하고 지속 가능할 수 있을까?'를 함께 고민하는 경영이고, 농촌 경영은 지역에 사시는 분들이 '어떻게 하면 이 땅에서 함께 잘살 수 있을까?'를 고민하는 경영입니다. 다시 말해서 농촌사업의 핵심은 내가 살고 있는 이 터전을 잘 가꾸기 위해 이왕이면 기본 소득도 어느 정도 보장되었으면 한다는 의미이지, 소득사업이 주가 되는 것이 아닌 것입니다. 권역사업을 할 때 2차 사업에서 매번 등장하는 것이 수익 창출 부분인데, 이것은 '함께 잘살기 위해 이왕이면 이익도 생겼으면 좋겠다!' 하는 것일 뿐입니다. 이익이 본래의 취지를 훼손하는 것은 지양해야 하겠습니다.

농업과 농촌! 각각의 관련 사업은 이렇게 구분됩니다. 빈칸을 한번 채워보시겠습니까?

구분(분류)	목적	농업경영인가요?	농촌경영인가요?
체험마을사업	체험관광마을로 지역 활성화 도모		
권역사업	균형발전을 통한 지역의 자생력강화		
농촌마을 종합개발사업	특화발전을 통한 지역의 자생력강화		
개인법인 사업	농업조직구성을 통한 수익극대화		
영농조합법인 사업	영농조합원들의 경제적 살림지원		

[표 1-1. 농업 경영과 농촌 경영 구분]

'체험마을 사업'은 대표적인 농촌 경영입니다. '권역사업'도 농촌 경영이지요. '농촌마을 종합개발 사업'도 농촌 경영입니다. 그렇다면 '개인법인체 사업'은 농업 경영이 맞습니다. 영농조합 법인도 대표적인 농업경영의 하나이지요.

영농조합 법인을 세우고 공동 운영을 해나가기로 했는데, 공동 운영이기 때문에 개인 사업보다 신경을 덜 써도 된다는 생각은 위험합니다. 영농조합 또한 자신의 사업을 지지하기 위해 강력한 수단으로 함께 적극적으로 활용할 수 있는 방안을 모색해야 합니다. 그렇다면 이제 '어.떻.게?'라는 질문이 남겠네요?

구분	농업경영	농촌경영
목적	잘 먹고	잘 살기
고민사항	농사라는 이 업으로 어떻게 하면 밥 먹고 살 수 있을까?	밥이 해결되었다면, 어떻게 하면 즐겁고 머물고 싶은 우리 마을을 만들 수 있을까?
기업으로 치면	제1의 목적, 수익창출	제 2의 목적, 가치경영 지역의 상생문화
농업경영과 농촌경영의 충돌 그 이유는?	먹고살기 힘들고 어려운 위기 상황에는 사실 문화나 가치 중심적인 사고를 하기 어려워집니다. 기본적인 생활을 유지해야 마음의 여유가 생기는 것이지요. 물론, 기본적인 생활이라는 것의 기준은 사람마다 기업마다 다릅니다. 이로 인해 각 사업을 해 나갈 때 구성원들과의 충돌이 생기게 마련입니다.	

[표 1-2. 농업 경영과 농촌 경영 목적]

⊘ 망한 마을, 망한 컨설팅 사, 망한 지자체가 존재하는 이유?

얼마 전 누군가가 저에게 이런 이야기를 하십니다. 지역에 많은 자금들이 투입되고 있는데, 마을 사람들은 컨설팅사 가 돈을 많이 번다고 합니다. 그런데 왜 그렇게 많은 컨설팅 사들이 문을 닫는지 모르겠다는군요. 그렇다고 마을이 잘되는 것도 아니고요. 그럼, 도대체 그 돈들은 어디로 가고 성공은 누가 하는 건지 모르겠다고 합니다. 농어촌 공사 담당자가 2011년 『농어촌 지역개발 컨설팅 업체 현황』 책자를 저에게 건네면서 한 마디 말을 덧붙입니다. 이 중에서 많은 곳이 신고만 되어 있을 뿐 제대로 운영이 이루어지지 않는 곳이 많다고 말입니다.

법인도 마찬가지입니다. 지금 현재 집계된 법인이 9700개(2011년 말

기준). 그런데 그 중에서 제대로 운영되고 있는 곳이 4000여 개, 그 중에서도 정말로 제대로 운영되고 있는 곳은 몇 퍼센트에 지나지 않는다고 합니다. 개인중심적 생활에 익숙해진 우리에게 이제 함께해야 할 일들이 많이 생깁니다. 경영이라는 테두리 안에서 어떻게 함께할 것인가를 고민해야 하는데, 그 방법을 몰라 여기저기 서로 헤매고 있는 모습이 보입니다.

얼마 전 법인을 대상으로 경영의 노하우를 나누는 1박 2일 프로그램을 진행했습니다. 어떻게든 함께 잘사는 방법을 모색하지 않으면 안 되는 시대가 되었습니다. 여기에 한미 FTA 협상에 대한 이야기를 안 할 수가 없습니다. 혹자는 자동차를 가져오는 대신에 농수산 시장을 개방할 수밖에 없고, 이로 인해 농어촌 사람들의 마음을 달랠 방법으로 지역의 사업지원이 활발하다고 하고, 혹자는 도시의 실업률을 해소하기 위해 포화된 도시가 아닌 농촌 지역에 사업을 많이 만들어서 실업률 해소에 보탬이 되고자 한다고 이야기합니다만……. 이유가 어찌 됐든 분명한 것은 많은 지원금과 교육 사업들이 지역 곳곳에 유입되고 있는 것은 분명 기회라는 것입니다.

1950년대 전쟁으로 인해 폐허가 됐을 때! 그 한복판에서 '50년 뒤 우리는 세계에 우뚝 설 것이다.'라는 말이 허망한 메아리로 들렸을지 모르지만, 지금 현재 한국의 위상은 G20 국가에 맞설 정도로 높아졌습니다. 물론 우리가 운이 좋았다고 이야기하는 사람도 있겠으나, 혹시 이것을 아시나요? '운도 준비된 사람에게 따른다.'는 말. 코앞에 다가온 행운이라도 내가 꼭 붙잡지 못한다면 내 것이 아닌 그냥 그런 안타까운 운으로 넘길 수밖에 없습니다. 부모님 세대들의 '가난은 대물림하지 말자.'라는 굳센 의지로 그 씨가 이 땅에 뿌려져 오늘의 한국이 되었습니다. 농촌에 지금 숱하게 뿌려지는 씨앗들이 지역사회를 성장

시킬 텐데, 건강한 씨앗을 건강한 토양에 뿌리려면, 농업 경영, 농촌 경영을 잘해야 되겠지요? 나는 물론이고 우리가 너무나도 사랑하는 자손들을 위해서 말입니다.

성공사업…

우리가 그리는 성공은 다 다릅니다만, 아직 성공인지 실패인지 판단하기에 이릅니다. 지금 현재 성공이라고 해도 10년 뒤는 모르는 것입니다. 지금 현재 실패한 것 같아 보여도 10년 뒤는 다를 수 있습니다. 그래서 섣부르게 망했다 흥했다를 논할 수가 없다고 하네요. 2004년 +10년이니……, 2014년에 사업이 성공했는지 실패했는지 논할 수 있는 단계가 온다고 하는데, 우리 지역개발 사업의 성공이 차곡차곡 쌓여 발전하도록 정성스럽게 가꾸면서, 때가 되면 퇴비도 치고, 가지도 적당히 잘라주듯 보살펴주어야겠습니다. 우리가 꿈꾸는 성공의 열매를 맛볼 수 있도록 말입니다. 지금 무수히 많은 곳에서 사업이 끝난 다음 관리적 시스템의 부재로 어려움을 겪고 있는데, 언제까지 지원 사업에만 의존하면 안 된다고 생각합니다. 이제는 자생력을 갖춘 주민들의 아이디어가 빛을 발할 때입니다.

이상과 현실…

3년 전인가? 마을의 비전에 대해 이야기하다가 팽팽한 논쟁이 이어지게 되었습니다. 마을사업 시작부터 절대 성공할 수 없다고 했던 분과 성공할 수 있다고 했던 분이 있었습니다. 결국 이야기가 오고가다가 목소리가 높아지고 두 분이 싸움이 붙었습니다. 옆에 계신 분들은 서로 눈치만 보며 팽팽히 맞선 이야기들을 듣고 있었습니다. 한참을 "그렇게 생각하면 안 된다!" "곤란하다." "형님! 현실을 정말 모르시고 하는 소리에요! 이 사업은 시작할 때부터 망할 수밖에 없는 사업입니다." "그렇게 생각하면 이걸 할 이유가 아무도 없지 않냐! 우리가 그럼 여기 왜 있는 거야?" "2년 전에 사업을 시작했을 때 형님이 계셨어요? 전 그 자리에 있었습니다. 아마 여기 오신 분들 중에는 제가 유일할 겁니다." 하면서 옥신각신했지요.

그런데 사업 시작부터 성공할 수 없다고 이야기했던 분께서 이런 이야기를 하시네요. "저도 전에는 형님과 같이 이야기를 했어요. 하도 치이고 치이다 보니까 여기까지 온 겁니다." 그러자 형님도 목소리를 낮추고 "내가 그때 많이 알아주지 못하고 미안하다."라고 하면서 두 분이 마주보고 웃으십니다. 서로의 입장을 이해하는 말들이 오가면서 분위기가 좋아집니다. 사업을 하며 이상과 현실이 많이 부딪힐 것이지만……, 서로 균형점을 찾아가며 노력하다 보면 웃을 날도 점점 많아지게 되고, 많이 웃다 보면 또 복이 찾아오지 않을까요? 웃으면 복이 온다는 말처럼요. 이 날 대화를 마치고 돌아서는 길에 서로 가까워짐을 느꼈습니다. 모두가 흐뭇한 마음으로 돌아서며 술 한 잔 나누기로 하셨습니다.

생각해봅니다. 함께하기 위해서는 서로의 생각과 경험을 나누는 것이 중요한데, 서로 진솔한 대화의 시간을 자주 그리고 많이 가져야겠구나 하고요. 서로의 진심과 생각이 통한다는 것이 생각처럼 쉬운 일은 아니지만, 이렇게 대화를 하다 보면 서로를 이해하지 못할 이유가 없을 것입니다. 이러한 갈등이 소통으로 이어졌던 상황! 제가 정리해보면 이렇습니다.

〈소통하는 방법〉
-알아주기. 상대방의 감정과 입장을 알아주기(역지사지)

-알려주기. 내가 그렇게 생각하고 있는 이유를 구체적으로 알려주기

-찾아주기. 서로가 원하는 것에 대한 해결책을 찾아주려 노력하기

이러한 노력이 상대방을 감동시킵니다. 그렇다면 이미 우리는 소통하기 시작합니다.

02 Vision

상상만으로도 즐거운 우리의 미래를 그려라.

이야기 둘. 비전을 만드는 마을이 행복한 이유

함께 사막을 횡단하고 있는 세 사람이 있었습니다. 우연히 사막 한 가운데서 상인이 이 세 사람을 만나게 됩니다. 상인은 궁금증이 생겼습니다. 이 사람들은 왜 사막을 횡단하고 있을까? 상인은 세 사람에게 물었습니다.

"왜 힘들게 사막을 횡단하고 계십니까?"

그러자 첫 번째 사람은 더럽고 땀투성이에 불만 가득한 표정으로 이렇게 말했습니다.

"친구를 따라 이 길을 무작정 걷고 있습니다. 너무 힘드니 말 걸지 마십시오. 그렇지 않아도 후회하고 있는 중입니다."

두 번째 사람 또한 불만 가득한 표정으로 이렇게 말했습니다.

"억지로 부모님이 옆 마을로 심부름을 시켜서요. 하루 빨리 집으로 돌아가고 싶은데 언제가 될지 모르니 짜증만 나네요."

그런데 유독 눈에 띄는 세 번째 사람이 있었습니다. 세 번째 사람도

더럽고 땀투성이였지만, 즐겁고 행복한 표정을 짓고 있었습니다. 그는 다른 두 사람만큼 열심히 길을 걷고 있었지만 힘은 훨씬 덜 들어 보였습니다. 상인은 세 번째 사람에게 물었습니다.

"지금 왜 힘들게 사막을 횡단하고 있는 거죠?"

그러자 그가 대답했습니다.

"저는 지금 사막을 탐험하고 있습니다. 이 길을 걷는 사람들에게 지도를 만들어주려고요."

여러분은 지금 어떤 생각을 가지고 인생을 살아가고 계십니까? 사람은 태어나서 죽을 때까지 정도의 차이는 있겠지만 누구나 어떠한 기회를 만나고 위기를 만나고 선택을 하고 변화를 하게 됩니다. 이왕 지금의 상황을 겪어야 한다면 막연히 어쩔 수 없어서 하게 되는 것이 아니라, 상상만으로도 즐거운 비전을 가지고 움직이신다면, 길을 잃더라도 당황하거나 좌절하는 일이 훨씬 줄어들 거라고 생각합니다.

◎ 비전을 세우기 위한 전략

비전(vision)이란 눈에 보이는 듯이 그려지는 우리 미래의 모습을 뜻합니다. 우리는 꿈이나 장래 희망으로 표현하기도 합니다. 목적은 우리가 궁극적으로 추구하는 가치, 즉 사회에 미치는 영향을 말하며, 목표는 목적을 이루기 위해 하나 둘 달성해야 하는 것들을 의미합니다. 목표는 반드시 성취 여부를 알 수 있도록 관찰 가능하고 측정 가능해야 합니다. 결국 비전을 수립한다는 것은 찾고자 하는 보물섬을 찾은 우리의 모습을, 그리고 그것을 위해 여행의 방향을 명확히 설정하기 위한 것이고, 목적을 세운다는 것은 보물섬을 찾아서 이루고자 하는 것이고,

목표를 세운다는 것은 앞으로 넘어야 할 길들을 계획하는 것입니다.

성공을 위한 마을의 비전을 수립하기 위해서는,

첫째, 밝은 미래를 그릴 수 있는 긍정적인 생각이 필요합니다. 내가 진정으로 원하는 삶이 무엇인지, 내가 꿈꾸는 삶이 무엇인지를 정확히 하는 것이 무엇보다도 우선되어야 합니다. 개인의 삶이 있고 공동체의 삶이 있는 것이지, 공동의 삶을 위해 개인의 희생이 강요되어서는 안되기 때문입니다. 개인이 원하는 삶을 그려봅니다. 이것이 바로서지 않고는 내 의지와 상관없이 공동의 의견에 따를 수밖에 없는 자신을 발견하게 됩니다.

둘째, 다른 사람들에게 내가 원하는 미래를 정확하게 알려야 합니다.

셋째, 개개인의 비전을 염두에 두어가면서 지역 공동체로서의 우리의 비전을 세웁니다.

넷째, 누구나 이해할 수 있는 명확한 비전 선언문을 작성합니다.

다섯째, 선언문에 따른 구체적 실천계획 전략을 세우고, 한 발 한 발 실행해나갑니다.

단계 구분	실천전략내용	방법
1단계	개인이 원하는 미래의 자화상 그리기	내가 진정으로 원하는 삶이 무엇이며, 내가 꿈꾸는 삶이 무엇인지를 정확히 합니다.
2단계	내가 원하는 미래상 알리기	그림이나 글로서 다른 이에게 내가 원하는 미래상을 설명합니다.
3단계	우리의 비전 세우기	개개인의 비전을 염두에 두어 가면서 모두의 꿈을 다룰 수 있는 우리의 비전을 세웁니다.
4단계	비젼선언문을 작성	충분한 대화를 통해 비젼선언문의 의미를 정확히 이해하도록 합니다.
5단계	구체적 실천 전략 세우기	비전을 달성할 수 있도록 지금 실행해야 할 작은 한 발자국이 무엇인지 정하도록 합니다.

[표 2-1. 비전 수립 5단계]

💿 다른 마을은 어떤가요?

지역에 방문할 때마다 마을 주민들이 저에게 가장 많이 궁금해하시는 질문입니다.

"다른 마을은 어떤가요?"

여기에는 두 가지 의미가 있는 것 같습니다. 다른 마을이 잘하고 있는지 못하고 있는지에 따라 자신의 마을을 한번 평가 비교해보고자 함이고, 또 하나는 다른 마을의 상황이 어떠한지, 따라해 볼 만한 사항이 있는지 궁금한 것입니다. 다른 마을의 이야기를 들려드리면 관심이 순간 폭발적으로 늘어나는 것을 느낍니다. 특히, 다른 마을이 이래저래 못 하고 있다고 이야기하면 상대적으로 안심이 되고 힘이 나시나봅니다. 반대로 자신의 마을이 못 하고 있다는 생각이 들면 그렇게 기운 빠지고 힘든 것 같아 보입니다. 이런 것을 보면 다른 마을이 궁금한 이유는 어쩌면 그 마을의 이야기를 통해 힘을 얻고자 하는 바람과 희망이 묻어 있는 것 같습니다.

마을마다 각각의 특성이 있습니다. 우리는 마을 성공의 요소 하나하나를 보기보다 그 마을의 특성을 전체적으로 먼저 살핀 후 성공의 핵심 요소를 살펴야 합니다. '철수는 다했다더라, 어떻게 했다더라.' 하고 알려주는 사람이 많아도, 오른손잡이인 저에게 왼손잡이 철수의 방법론이 탁월할 수는 없습니다. 다른 마을의 성공이나 실패사례 속에서 살펴야 하는 이유는 딱 하나! 내가 앞으로 어떻게 잘해나갈 수 있는지 아이디어를 하나하나 찾아가는 것이라고 봅니다. 때로는 잘하고 있는 마을을 보고 자극을 얻기도 합니다. 그 이상의 그 이하의 이유도 없습니다. 시작도 전에 다른 마을을 보고 좌절할 필요는 없습니다. 평생을 가는 마라톤! 어차피 함께 가는 대한민국의 동지들이에요. 옆에서 응원도 해주고, 할 수 있다고 계획도 짜주고, 때로는 배고프지? 하면서 빵도 먹여주는 사람이 있다면, 그 길이 훨씬 더 수월하겠지요?

이제 실질적인 이야기를 조금 해보겠습니다. 다른 마을을 굳이 찾지 않아도 항상 힘내실 수 있는 가장 훌륭한 방법을 소개해 드릴까 하는데요. 바로 '마을 공동의 비전'을 찾는 것입니다.

✅ 성공의 기준이 무엇입니까?

여러분이 생각하는 성공하는 마을의 그림은 어떻습니까? 지방자치단체 관계자는 말합니다.

"지금은 성공이다 뭐다 이야기할 단계가 아닙니다. 애초 계획이 10년을 기획하고 한 것이거든요. 아직 10년이 되지 않았습니다."

농어촌공사 담당자는 말합니다. "수많은 사업들이 시행되고 있는데, 실질적으로 성공한 마을은 그리 많지 않죠. 글쎄 5% 정도 될까? 건물만 달랑 남고 관리가 이루어지지 않은 마을이 부지기수니까요. 적어도 성공을 했다라고 이야기를 한다면, 그래도 한 가구당 한 달에 5만원 수익은 돌아가야 하지 않나 생각합니다."

컨설팅 사의 담당자는 말합니다. "막상 성공했다고 하는 마을도 벤치마킹을 가보면 갈등도 심하고, 오히려 우리 마을보다도 못한 사례를 경험합니다. 다 거품인 거죠. 포장이 많이 되어 있다는 것을 가서 이야기를 나누다 보면 알게 됩니다."

지역 주민은 말합니다. "성공 마을이라 해서 다녀왔는데, 그 마을은 될 수밖에 없더라고. 거긴 특산품이 딱 있잖아. 이미 체험마을을 해보아서 대외적으로 도시민들에게 인지도가 그만큼 있으니깐 수월할 수

밖에 없지. 거긴 유명한 장소도 있고, OOO라고 유적지도 있고. 우리 마을은 힘들어……."

각자의 위치에서 생각하는 성공의 기준이 너무 달라서 놀랐습니다. 여러분께서 생각하는 성공 마을과 성공 법인의 모습은 어떠신가요? 우리가 원하는 성공의 모습이 다르다면 가는 길도 다를 수밖에 없습니다. 사업 시작 전에 우리가 그리는 성공적인 우리의 미래 모습에 관한 이야기를 충분히 나눠야 할 것 같습니다. 제가 생각하는 우리의 성공 스토리는 이렇습니다. 이것을 위해 제가 아직도 책을 쓰고 있고, 이것을 위해 여러분께서도 제 글을 읽고 계신 것 아닌가 하는 생각이 드는데요? 나도 물론이고 내 자손들이 웃고 뛰어놀 수 있는 멋진 터전을 만드는 것입니다.

◉ 가진 것 없는 마을이 성공할 수 있는 방법은 비전 스토리!

여기 가진 것이 없어도 비전 하나는 끝내주는 마을의 이야기를 해드릴까 합니다. 강원도 영월의 모운동이라는 곳의 이야기입니다.

제가 몸담고 있는 소셜문화연구소(도농교류 활성화를 위한 10인의 전문 재능 기부단 모임)에서는 영월의 모운동을 지난 5월과 6월, 3차례 방문을 했습니다. 이번의 방문 경험이 무척이나 흥미로워서 현재 소셜문화연구원으로서 예술작품 유통업을 하고 계신 이 대표님은 제2의 고향을 이 마을로 정하셨다고 합니다.

영월에 위치한 모운동은 대표적인 탄광촌이었던 곳으로, 한때는 광부만 2천 명이 넘었던 번화한 곳이었대요. 하지만 폐광이 되면서 광부들은 하나 둘 도시로 모두 떠나고, 이곳에 남겨진 사람은 20여 가구에 사시는 나이 드신 어르신들 뿐. 이곳의 집들은 거의 모두가 무허가 건물로 어떤 수익사업을 할 수가 없다고 합니다. 또 이곳은 경작할 밭이 있다거나 특산물로 유명한 곳이 아니라서 특별히 내세울 것도 없습니다. 여기에서 칡과 산나물들이 나오긴 하지만 그 양도 미미합니다. 여러분이 이 마을에 사신다면 이 마을의 미래를 어떻게 그려보시겠습니까??

그런데 여기엔 특산물 대신 멋진 사람들이 있었습니다. 그들은 이야기를 만들어가는 재주를 가졌습니다. 이곳의 이장님은 22년째 마을의 미래에 대해 고민하고 계신다는데요. 사모님은 미술 선생님이셨다고 해요. 그리고 맘씨 좋은 어르신들이 계십니다. 이장님은 거창하고 큰 비전은 아니지만, 처음엔 '우리 마을을 예쁘게 가꾸어보자!'라며 집집마다 예쁜 우편함을 조각나무로 만들어서 선물해주기 시작하셨다고 하네요. 사모님은 집집마다 동화에 나오는 주인공들의 밑그림을 그렸고, 마을 어르신들과 아이들에게 채색을 하나 둘 할 수 있도록 도와주셨다고 합니다. 이렇게 하나 둘 가꾸어지기 시작한 마을! 구름이 머무는 마을이라고 하여 모운동이라는 이름을 가진 이 마을은 사람의 마음을 머물게도 하는가 봅니다. 지금은 인기 연예 프로그램인 '짝' 촬영지로 더욱 유명해졌습니다. 이장님의 열정과 마을 주민들이 힘을 함께 모아 얼마 전 정부 지원 사업지로 선정되어 더 큰 꿈을 꿀 수 있게 되었다고 합니다. 여러분도 함께 상상해보세요.

예전의 탄광 주위에 쓸모없는 돌들을 모아서 버리던 높고 높은 벼랑 언덕이 있던 자리에는 번지 점프대를 만들고, 사람들이 이런 멋진 광경을 더욱 실감나게 바라볼 수 있도록 그곳엔 바닥이 유리로 된 전망대를 설치할 수 있도록 합니다. 그리고 안전하게 산꼬라데이길(꼬불꼬불 멋진 산책로)을 실감나게 경험할 수 있게 하기 위해서 안전장치가 설치된 관광 트럭도 구상 중에 있다고 합니다. 전문가로 구성된 저희도 이 마을에 이왕이면 노력에 부응하는 수익이 창출될 수 있도록 함께 머리를 맞대보기로 했습니다. 지금은 비록 이렇다 할 수익이 없어서 힘드실 것 같은데도 이곳에 계신 분들의 눈빛은 살아 있습니다. 지금은 비록 작은 힘이지만 이러한 힘들이 모운동에 하나 둘씩 모이다 보면, 반드시 더욱 멋진 미래가 펼쳐지지 않을까요?

예술가이신 한형배 미술관장님께서 "미쳐 있는 사람에게 사람들은 감동할 수밖에 없다."는 명언을 남기셨는데요. 모운동에 미쳐 있는 이 장님에게 감동한 소셜문화연구소 재능기부 여행단이 이번에 여행을 다녀와서 '모운동 다람쥐'라는 별명을 붙여드렸습니다. 그 이장님께 작은 선물로 토리 브랜딩 사업의 성공을 기원하며 2012년 사업 제안서를 만들어 제안을 드려보려 합니다. 가진 것 없이 성공하는 방법은 있어도 비전 없이 성공할 수 있는 법은 없습니다. 어쩌다 보니 우연찮게 성공을 한다고 쳐도 오래 가기 힘듭니다. 비전이 있어서 미래가 살아 있는 마을! 지금까지 해온 일보다 앞으로 하고 싶은 일이 더 많은 마을이 성공마을의 모습이 아닐까 싶습니다.

❖ 모두 한 방향으로

양쪽에서 팽팽하게 각자가 원하는 모습으로 줄을 잡아당기면 줄은 움직이기 무척 힘듭니다. 우리가 원하는 성공하는 마을, 공동체, 법인의 모습이 어떤 것인지 원하는 비전의 방향이 서로 다른 상황에서 마을이 성공하는 방향으로 가기란 무척 힘듭니다. 그래서 마을의 비전은 나중에 우리가 길을 잃고 헤매더라도 금방 잃어버린 길을 찾아줄 수 있는 나침반 역할을 합니다. 만약 금전 문제로 서로가 소원해지거나 갈등을 겪더라도, 우리 공동의 목적인 마을의 비전을 상기시키도록 합니다. 이상과 현실 사이에서 포기하고 싶은 순간에도 비전을 다시 한번 생각하고 힘을 낼 수 있습니다.

비전을 세웠다면 귀에 딱지가 생기도록 이야기하고 다니는 사람이 필요합니다. 모운동 이장님처럼요. 그래야 주변에서 알 수 있습니다. 어디로 가야 할지 도와줄 수 있습니다. 길을 덜 헤맬 수 있습니다. 이장님 사모님도 옆에서 "우리 남편 멋지지 않나요?" 하며 도와주고 계시네요. 하나보다는 둘이, 둘보다는 셋이 더 큰 힘이 됩니다.

03 성공하는 비결

성공을 위한 5단계 전략 세우기

이야기 넷. 기러기 이야기

2010년 어느 날 어느 여성분께서 부득이하게 집에 일이 있어서 끝까지 함께하지 못하겠다는 말씀을 하시고 저에게 쪽지 한 장을 건네준 것에서 시작됩니다. 그 쪽지엔 이렇게 적혀 있었습니다.

"기러기의 이야기를 함께 해보면 좋을 것 같아요."

지금 생각해보니 비전 실행에 관한 이야기라는 생각이 드네요.

[그림 2-1. 기러기의 이동 모습]

우리가 가야 할 방향과 기준점이 되는 비전을 확인하셨다면, 이제는 '기러기 이야기'를 통해 우리가 앞으로 비전을 어떻게 실행해나가야 할 것인가를 함께 생각해보겠습니다. 다음의 질문에 대해 한 번 답을 해 보실까요?

기러기들은 왜 V자 대형으로 나는 걸까요?

여기에서 리더는 누구일까요?

가다 보면 분명 리더도 지칠 겁니다. 이럴 때는 어떻게 해야 할까요?

가다 보면 따라오기 힘겨워하는 기러기가 나올 겁니다. 이럴 때는 어떻게 해야 할까요?

가다 보면 병든 기러기가 나올 수도 있습니다. 이럴 때는 어떻게 해야 할까요?

정답은……, 뒤에 있습니다.

◎ 성공하기 위한 전략

사람들은 성공 스토리에 관심이 많습니다. 그런데 혹자는 이런 이야기를 합니다. 성공한 사람들을 다 만나보고 성공에 관련된 책을 모두 읽어봤는데 정답은? 없더라. 어느 법칙을 찾으려 했지만, 성공을 위해서 가지각색의 방법으로 성공한 사람이 그렇게 많았다고 합니다. 단지 그때 책을 읽으며 사람들을 만나며 깨달은 성공의 법칙이 있다면, 노력을 남들보다 배로 많이 한다는 것이구나!라고 느꼈다고 하는데, 성공마을의 법칙도 마찬가지가 아닌가 싶습니다. 각각의 마을의 모습을 보면 각양각색입니다. 위치도 다르고, 지형도 다르고 사람들마다 생각하는 것도 다릅니다. 지역의 특성도 있습니다. 시작부터가 이렇게 다르다면 성공을 위한 전략도 달라져야 합니다. 그렇기 때문에 여기에 나오는 마을의 사례들은 '각자가 노력을 얼마만큼 많이 했을까?'로 살펴봐주시면 좋을 것 같습니다.

다음은 우리 마을에 적합한 성공 전략을 어떻게 짤 것인가? 에 관한 내용입니다. 이 중에서 특히, 조심해야 할 부분이 있다면 서로에게 너무 큰 부담을 주면 안 된다는 것입니다. 즐거운 성공마을로의 여행이 어느 누군가에게 부담이고 짜증이 된다면, 그 사람은 다시는 여행을 하고 싶지 않겠지요? 누군가가 짐꾼이 되어야 한다면? 그 사람이 가장 필요로 하는 한 가지를 반드시 주십시오. 짐을 공동으로 나누되, 전체적인 짐을 관리하는 사람을 두는 방법도 좋습니다. 이러한 규칙은 마을에서 정하기 나름입니다.

단계구분	실천전략 내용	방법
1단계	비전을 명확히 확인하기	비전을 세웠다고 끝이 아닙니다. 특히 리더는 항상 마을의 비전을 사람들이 잊지 않도록 정확히 마을의 비전을 이해할 수 있도록 언제 어디서나 비전을 이야기하는 비전 스피커가 되어야 합니다.
2단계	우리마을자원 확인하기	마을의 자원(토지, 구성원남여노소의 비중, 특산품, 개성과 스토리 유무), 주변 환경(자원내역, 위험요소, 취약점)을 찾아봅니다. 우리 마을에 특산품과 전통 문화재만 생각하기 쉬우나 마을에 있는 사람이 가진 능력(시인, 예술가, 공무원 퇴직자, 지혜로운 사람, 인맥이 뛰어난 사람)도 포함시키도록 합니다.
3단계	실행과제세우기	'지금 다루었으면 하는 활동은?'에 대한 아이디어 회의를 통해 실행과제를 세웁니다. 긴급성과 중요성에 따라 구분하고 때로는 비용적인부분을 고려하여 우선순위를 정합니다.
4단계	실행기간과 담당 자정하기	모두가 함께한다는 생각을 가지고 하되 때로는 작은 포상까지도 생각해 둡니다. 작고 큰 활동을 한 번씩은 맡아야 한다는 규칙 등등 모두가 참여할 수 있는 긍정적인 장치들을 마련합니다. 기업에서는 조직도를 세웁니다.
5단계	실행해가며 상호학습하기	실행계획을 틈틈이 점검해 갈 수 있도록 정기적인 회의를 통해 수정 보완해 가야 할 사항은 없는지 평가가 아닌 상호학습의 관점에서 개선사항을 이야기 하고 실행해 갑니다. 최근 농수산식품부가 계획하고 있는 농업인 자생적 학습조직이 추구하고자 하는 바가 5단계 상호학습모델을 의미합니다.

[표 3-1. 실천전략 5단계]

✅ 기러기의 첫 번째 교훈, 효율적인 V자 대형 만들기

기러기는 V자 모형의 대형을 통해 혼자 비행할 때보다 더 멀리 비행을 할 수 있다고 합니다. 앞에 선 기러기의 날갯짓이 뒤에 오는 기러기에게는 바람의 저항을 줄여주는 효과가 있다고 하는데요. 이러한 이유로 전체 무리는 비행 거리를 무려 70%나 늘릴 수 있다고 하네요. 우리도 기러기처럼 지치지 않고 더 멀리 함께 날아가기 위해 대형을 만들고 있습니다. 우리의 조직도를 함께 살펴볼까요? 여러분 마을의 조직도는 어떠한가요?

	A마을	B마을
조직도		
특징	어떤 크고 작은 의사결정을 할 때 모든 이장의 동의를 거쳐야 하는 구조로 위원장 또는 사무장이 연락의 핵심이 되므로 업무과중이 예상된다. 위원장이 부재 시에 업무 마비가 우려됨	위원장 아래 부위원장 2명을 두어 위원장이 부재 시 대체 인력을 구성하여 전체가 모이지 않아도 경중의 사안에 대해 효율적인 인원구성이 가능하도록 함

[표 3-2. 효율적인 조직도]

각각의 마을마다 효율적인 대형을 그리시겠지만, 다음의 두 마을을 봤을 때 A 마을보다는 B 마을을 추천해드립니다. 실제로 A 마을은 사

무장과 위원장님의 업무 과중으로 조직도의 개선을 제안해드렸고 리더 회의를 통해 바로 조직도를 수정했습니다.

✅ 기러기의 두 번째 교훈, 리더의 역할

여기에서 리더는 누구일까요? 모두가 리더가 될 수 있지만, 이 그림 상에서의 리더는 맨 앞의 기러기입니다. 그 기러기가 길잡이 역할을 하게 됩니다. 방향을 제시하게 되지요. 적절한 속도로 나는 것도 중요합니다. 맨 뒤의 기러기는 뒤처지는 기러기들이 없는지 살피는 부 리더의 역할을 합니다. 리더는 항상 마을의 비전을 끊임없이 제시하고, 목적이 무엇인지, 목표지점이 어디인지 전체를 관망하고 사람들에게 알려주어야 하며, 누군가는 뒤처지는 사람이 없는지 전체를 살펴야 합니다. 현재 우리의 리더는 누구인가요?

✅ 기러기의 세 번째 교훈, 리더가 지치면 누가 위로해주지?

가다 보면 분명 리더도 지칠 겁니다. 이럴 때는 어떻게 해야 할까요? 리더였던 기러기는 울음소리를 내며 위로 솟아오릅니다. 리더의 자리는 어느덧 양쪽의 기러기 중의 한 마리가 맡게 되고, 솟아오른 기러기는 무리의 맨 뒤 대열로 합류하여 기력을 회복합니다. 리더는 모든 짐을 대신 떠맡아야 하는 사람이 아닙니다. 리더도 사람이고 언제까지 양보하고 희생만 한다면 누구라도 지쳐서 나가떨어지게 마련입니다. 이러한 불상사를 막기 위해 지친 리더는 주위에 자신의 상황을 적극적으로 알릴 필요가 있습니다. 주위에서 알아주지 않는다고 참다 참다 포기하는 것이 아니라, 자신의 상황을 적극적으로 주위에 알리고 리더의 역할을 할 사람에게 잠시 동안 권한을 위임하는 것이 좋습니다.

OO산 근처의 어느 마을 리더 이야기

그는 이 마을이 고향입니다. 서울에서 직장생활을 하다가 고향이 그리워서 이곳을 다시 찾게 되었고, 마을의 발전을 위해 무엇이든 하리라 마음먹고 이장 직을 맡았습니다. 항상 마을의 비전을 이야기하고 마을에 관광객을 유치하기 위해 둘레길을 만들고 준비해야 한다고 누누이 외쳤습니다. 사람들은 각자의 농사일이 바빠 관심이 없었지만, 하나하나 하다 보면 시간이 지나면 자연스레 이해해주겠지 싶었습니다.

그러던 어느 날 마을에 충격적인 소식이 들려왔습니다. 마을 뒤편에서 이상한 움직임이 있었는데, 어느 종교재단이 마을 뒤편의 땅을 하나둘 사서 납골당을 만든다는 사실이 확인된 것입니다. 이 말이 전해지자 마을 주민과 합심해서 그것을 막아내기 위해 모든 힘을 다했습니다. 이로 인해 마을의 피해는 어마어마했습니다. 농사일을 제때 할수가 없었고, 마을 주민들의 단합이 깨지면 모든 일이 수포로 돌아가기 때문에 항상 고민과 걱정을 해야 했습니다. 마을의 대표로 소송을 벌이고 감옥에 간히며 때로는 위협을 받기도 했습니다.

결국 노력의 대가로 종교재단의 납골당 건설은 무산되었고, 그 일이 일단락 지어지자 이 마을의 리더였던 이장님은 아무것도 할 수 없을 정도로 기력이 다했습니다. 이장님이 지쳐 있는 사이 모 TV 프로그램인 '1박 2일'이 지리산을 휩쓸고 갔습니다. 관광객들이 몰리기 시작합니다. 이장님이 꿈꿔왔던 미래의 모습이 왔지만, 정작 이장님이 원하는 그림이 그려지지 못했습니다. 모든 사람들이 눈앞의 돈을 쫓지 못해 안달이 났습니다. 다른 사람들을 험담하고, 무허가 건물이 들어서기 시작합니다. 이장님의 이러한 마음과 그간의 노력을 알아주지 않자 이장님도 더 이상 마을을 위해 일할 어떠한 의욕도 상실하게 됐습니다.

✅ 기러기의 네 번째 교훈, 속도에 뒤처지는 기러기는 어떻게 하지?

가다 보면 따라오기 힘겨워하는 기러기가 나올 겁니다. 이럴 때는 어떻게 해야 할까요? 대열의 뒤를 따르는 기러기들은 선두가 속도를 유지할 수 있도록 격려해주기 위해서 울음소리를 냅니다.

힘겨워하는 기러기가 있다면 잠시 대형을 이끌고 가까운 강가에서 휴식을 취할 수 있도록 쉬었다 가기도 하지요. 이때도 기러기들은 서로가 서로를 격려합니다. "우리 지금까지 잘하고 있다! 힘들지만 조금만 힘내자! 고지가 얼마 남지 않았어!" 이런 의미이지요.

우리가 너무 목표만 생각하다 보면, 주위의 상황을 보는 것에 인색하고 둔해질 때가 있습니다. 이런 순간에도 칭찬과 격려를 잊지 말아야 한다고, 그래야 끝까지 함께할 수 있다고 말하는 기러기의 값진 교훈입니다. 칭찬과 격려가 필요하지 않은 상황이란 없습니다. 많이 하면 많이 할수록 좋습니다. 우리는 오늘 하루 칭찬과 격려를 아낌없이 했는가요?

✅ 기러기의 다섯 번째 교훈, 아프고 병든 기러기는 어떻게 하지?

　가다 보면 아프고 부상당한 기러기가 나올 수도 있습니다. 이럴 때는 어떻게 될까요? 기러기 한 마리가 아프고 부상을 당하면, 다른 기러기들이 대열을 떠나 그 기러기를 보호하거나 호위하게 됩니다. 잠시 휴식을 취하면서 양옆에서 아픈 기러기의 기력을 회복할 수 있도록 최대한 돕습니다. 기력을 회복한다면 3마리의 기러기가 V자 형을 유지하며 다음에 오는 기러기의 무리에 합류하지만, 만약 기력을 회복하지 못한다면 죽을 때까지 그 곁을 떠나지 않고 있다가 다시 대열을 형성하거나 원래의 무리를 쫓아 이동합니다. 혹자가 '어쩔 수 없이 버린다.'라고 이야기했던 기억이 납니다. 잔혹하게 여겨지죠.

　하지만 그 기러기를 위해 모두가 최선을 다하는 모습이었다면, 잔혹이 아니라 충분히 인간적이게 느껴질 것입니다. 아픈 기러기의 고통을 함께 느끼려고 하는 진정성! 그것으로 이미 충분한 것입니다.

◰ 기러기와 사람이 다른 점이 있다면?

　따뜻한 남쪽 나라를 우리가 정할 수 있다는 것입니다. 정해진 대형도 없고, 정해진 것도 없고, 단지 정해진 것이 있다면 우리의 터전 하나입니다. 작고 소소한 것들을 함께 정하고 확인해 나가면서 앞으로 나아가야 하는데, 우리는 그러한 소통의 장을 회의라고 합니다. 회의 진행 기법에 관한 이야기를 그럼, 4장에서 함께 해볼까요?

　첫 단추가 중요하다고 하는데, 사업지구로 선정되기 위해 전략에 뛰어나신 마을의 리더 혹은 시·군 관계자의 제안으로 나온 사업 계획서는 다음의 문제를 담고 있습니다. 마을의 합의를 그만큼 충분히 거치지 못했을 가능성이 크기 때문에 마을 주민의 관심도가 상대적으로 떨어질 수 있습니다. 이럴 경우 그 내용에 대한 타당성을 마을 주민들에게 이야기하고 적극적으로 설득해가는 과정이 필요합니다. 내용의 중요도에 따라 마을의 구성원의 동의와 합의를 거쳐, 좀 복잡하고 귀찮은 작업이지만 수정과 개선도 가능할 수 있도록 해야 합니다.

똑같은 일을 하더라도 삐걱삐걱 힘든 걸음을 하는 마을을 보면 사업 계획에 대한 구체적인 이해가 이루어지지 않은 경우가 대부분입니다. 어떤 계획이 다수결의 원칙으로 인해 결정되더라도, 수일 이내에 다시 몇몇 구성원으로 인해 수포로 돌아가는 경우가 이에 해당될 것입니다. 농번기다, 주민들이 관심이 없다, 하며 해야 할 일이 많아서 사업계획서와 실행일정, 실행계획과 현황에 대한 보고를 늦추는 경우, 구성원들의 불만이 쌓이고 쌓여서 폭발하는 일도 발생합니다. 지금 현재 구성원들의 갈등 수준이 어떤지 항상 리더와 실행자들은 자신이 온도계가 되었다 생각하고 기분 좋은 36.5도 수준을 유지하도록 끊임없이 노력해야 합니다.

그리고 모든 구성원이 합심하여 서로서로 도우려는 그 마음, 함께 잘살고자 하는 그 마음이 중요합니다. 어느 하나라도 잘못된 마음을 갖게 되면 그 마을은 기울고 넘어지고 부서지게 됩니다. 일평생 살면서 한번도 넘어지지 않고 산 사람은 없습니다. 중요한 것은 넘어졌을 때 다시 일어나고자 하고, 부서지면 다시 세우려 끝까지 노력하는 그 자세가 아닌가 합니다. 어제는 한 사람이 했다면, 오늘은 두 사람이면 좋겠습니다.

■ 서로의 책임 회피가 일으키는 상처의 말과 그 피해들

사례1. 주민들

"이같이 이번 이벤트 대회가 실패한 건 컨설팅 업체의 책임이 가장 큽니다!!!! 돈 받고 일하는 사람이 잘해야지!!!! 우린 다른 일이 많고 바쁘잖아요."

사례2. 컨설팅 사

"이번 해외 선진지 견학을 다들 다른 곳으로 주장하고 계시는데 시간이 없어요. 그냥 밀고 갈 겁니다. 예전부터 얘기했는데 그때는 가만히들 계시다가, 이제 와서 이러시면 저희는 어떻게 합니까? 몰라요 몰라. 그냥 계획대로 추진하겠습니다."

사례3. 지방자치 단체

00시가 국비 지원사업인 농촌마을 종합개발(권역단위 종합정비 사업)을 5년 동안 1건도 유치하지 못해 살기 좋은 농촌 만들기가 헛구호에 그치고 있다.

00시의 경우 환경개선이 필요한 마을이 산재해 있음에도 불구하고, 관계 공무원들의 유치 노력 부족과 안이한 대처로 유치에 실패했다는 비난의 목소리가 높다.

정부가 오는 2017년까지 6조원을 투입해 1천여 개의 권역을 선정, 살기 좋은 농촌 가꾸기에 나설 계획이지만, P시는 사업 시행 5년 동안 단 1건도 유치하지 못하는 저조한 실적을 보여 농촌 행정의 허점을 드러내고 있다는 지적이다.

00시는 지난해 처음으로 A면 3개 마을을 묶어 폐교 예정인 B 분교 부지를 복지공간으로 활용하는 계획을 세워 유치에 나섰지만, 친환경 점수가 미달되면서 탈락했다. 지난해 13일 관계자에 따르면, 지난해 A면 C 권역이 준비 소홀로 서류심사에서 떨어지면서 지역민들의 허탈감을 자아냈다.

사례4. **농어촌 공사**

NY 권역 농촌마을 종합개발 사업 문제점 많아 기본 계획서 자체가 엉터리로 도 감사에서 지적.

00시와 농어촌공사 A 지사가 추진하고 있는 농촌마을 종합개발 사업이 시 발전에는 전혀 도움이 안 되고 예산만 낭비하고 있다는 지적이다.

지난해 10월 실시한 B도 종합감사에서 00시는 농촌마을 종합개발 사업이 공유재산 관리계획 수립 대상 사업인데도, 관리 계획 자체도 수립하지 않았음은 물론 시의회의 결의도 받지 않고 5,928㎡의 부지 매입과 건물663.12㎡ 공사를 착공했으며, 경관형성 계획은 추상적이고 포괄적인 개념으로 제시되어 활용 가치가 없이 8,500만 원의 예산만 낭비했고, 수변 공간에 수생 시설인 꽃창포, 배롱나무 식재 계획이나 위치가 부정적으로, 그 비용 1억0,772만 5천 원의 예산이 잘못 집행되었고, 순성토 2,413㎡의 운반비 명목으로 이미 준설 설계에 718만 9천 원이 집행되었으나, 그 돈은 2중으로 집행 혈세를 낭비한 것으로 조사되었다.

모두가 함께 잘하는 성공 사례 - 개미들 권역

제가 오랫동안 지켜보았던 마을이 있습니다. 첫 단추부터 지금까지

차근차근 개미의 부지런함을 연상케 하듯, 빠르지는 않지만 하나하나 노력하는 마을이 있습니다. 정선 개미들 권역 주민입니다. 특히나 컨설팅 사에서 요즘은 그 발자취를 하나하나 글을 통해 전달해주고 있어서, 여러분들께서 네이버 검색에 '개미들 권역 블로그'를 입력하시면 쉽게 찾아보실 수 있을 것입니다. 요즘 기분 좋은 소식들이 많다죠. 앞으로도 응원하며 지켜보고 언젠가 들르겠습니다.

누구라도 험난한 길을 가다보면 자칫 발을 헛디뎌 넘어질 수 있습니다. 물론 넘어지지 않으면 좋겠지만, 다음에 넘어지지 않도록 툭툭 털고 잘하는 것이 더 위대한 성공이라 생각합니다. 지금 넘어졌다고 포기하고 좌절하지 마시고, 분명 꿋꿋하게 잘 이겨내고 계시리라 생각됩니다. 포기하지 않고 힘내신다면 분명 좋은 미래가 펼쳐지리라 생각합니다. 예전의 실패한 모습은 이제 버리고, 멋진 출발을 하실 거라 믿습니다. 힘내세요!!

04 회의 진행 스킬

의사결정 회의, 합의형성 회의, 아이디어 회의

이야기 넷. 이런 회의 원해요! Vs 이런 회의 싫어요!

얼마 전 제주도 법인체 경영 회의 진행 기법 강의에서 22명의 리더들에게 물어봤습니다.

	이런 회의 원해요!	이런 회의 싫어요!
자유로운 의사소통	끝까지 잘 들어 주었으면 합니다.	말 자르기
	상대방 말을 잘 들어주기를 원합니다.	자기주장은 없었으면
	경청	자기주장, 너무 하지 않았으면
	배려심이 있었으면 좋겠습니다.	일방적 주장은 원하지 않습니다.
	나는 이해심을 원합니다.	분쟁이 없었으면 좋겠습니다.
	서로 존중하는 의사발언	무시, 싸움
	상대에 대한 배려	고집과 편견
	찬성 반대 의견이 자유롭게	회피
목적 충실	주제에 맞는 회의만!	회의내용과 다른 내용으로 빠지는 것은 원하지 않습니다.
	목적 확실했으면	목적 너무 강조는 아닌 듯
	사전 목적 공지	목표 계획 없는 회의
	결론은 있었으면	나는 잡담을 원하지 않습니다.
시간	회의시간 엄수, 시간 지켰으면	시간은 오래 끌지 않았으면
	짧고 굵게 하는 회의	
자발적인 참여	참여하는 회의가 되었으면 합니다.	의무감으로 참여하는 회의
	회의 참석	결석 안 했으면
아이디어	획기적인 내용이 나오는 회의	되새김하는 회의
중재자	제 3의 눈으로 바라보는 사람	

[표 4-1. 회의에 대한 의견조사 2012년 6월 11일]

전국의 회의를 경험한 모든 분들의 생각이 이와 같지 않을까 싶은데요. 중요한 것은 하나하나씩 개선해나가는 데서 재미를 찾아야 한다는 것입니다. '누구누구 때문에 문제다! 누가누가 늦었다.'라고 이야기하기보다는, 어떻게 하면 저 사람을 참석하게 하고, 어떻게 하면 제 시간에 시작을 할 것인가에 대한 고민을 해보고 장치를 하나하나 마련하는 것이 좋습니다. 그럼, 저와 함께 효과적이고도 효율적인 회의를 만들어보실까요?

◎ 회의를 잘하기 위한 전략

회의란 '동일한 목적을 가진 사람들이 한 자리에 모여 일정한 형식과 규칙을 통해 서로의 의견과 정보 교환을 하면서 목적 달성을 위한 최선의 결론을 이끌어내는 과정'을 의미합니다. 개미를 머리, 가슴, 배 3부분으로 나누듯 회의도 '준비, 실행, 마무리' 3부분으로 나눌 수 있습니다.

요소	하위요소	진단 사항
성공적인 회의	1. 회의 준비의 3요소	○ 목적 ○ 사람 ○ 시간과 장소
	2. 회의 실행 7단계	○ 시작 : 개회선언 ○ 목적과 목표 설명 　오늘 우리는 ~ 하기 위해서 이 자리에 모였습니다. ○ 참여자 소개 : 참석자 간 인사 및 소개(칭찬과 격려) ○ 역할정하고 인사 : 의장, 서기, 바람잡이 ○ 경과보고 : 전차 회의록 및 진척 보고 사항 공유 ○ 회의안건 및 시간 공지(시계준비) 　자 그럼 첫 번째로 00에 대해 토의해 보겠습니다. 　예상시간은 30분입니다. ○ 회의규칙 소개(모두가 볼 수 있도록 명시)
	3. 회의 마무리	○ 차기 회의 주제 정하기 ○ 담당자와 준비사항 정하기 ○ 시간과 장소 및 다음 회의 안내 및 공지

[표 4-2. 성공적인 회의]

☑ **회의에서 절반의 성공은 준비가 결정짓는다.**

　사람들의 대부분은 오늘 무엇을 할 것인가? 하는 준비의 중요성을 인식하지 못하고 오는 경우가 많습니다. 준비할 누군가를 탓하자고 하는 것이 아니라, 각자 할 일도 많고 돈 받고 하는 일도 아니므로 사실 회의 준비까지 하는 것이 벅찰 수 있습니다. 그렇다고 회의에 대해 아무런 준비를 하지 않고 온다면, 그 피해는 나를 포함한 모두가 받게 됩니다. 여러분께서 적어낸 거의 대부분의 문제 사항들은 준비 미흡에서 오는 것입니다. 준비시간이 부족하고 준비하는 입장에서 힘은 들겠지만, 리더의 회의에 대한 준비도에 따라 참가자들의 마음가짐과 준비 사항들이 영향을 많이 받는다는 것을 경험을 통해 알게 됩니다!

　사례1. 회의 진행이 현재 잘 정착되어 있는 봉하 마을에서는 의장님의 주도로 회의를 정기회의 일정을 매주 목요일로 정해두었다고 합니다. 이 마을의 경우 2년 동안 정기적으로 회의를 하다 보니, 사람들의 머릿속엔 이미 **목요일은 회의하는 날**로 지정이 되어 있을 뿐 아니라! 회의참석 인원은 항시 10명 남짓이고, 거의 항상 **정확한 회의시간을 준수**하고 있었습니다.

　회의 당일 아침 문자 발송. "[제 00회 마을회의] 7월 4일 오후 6시 00 마을회관에서 '마을 브랜드 이미지 선정'을 위한 의사결정 회의를 주최합니다. 마을의 발전을 위해 자리를 빛내주시면 감사하겠습니다."

　회의 시작 시간과 참여를 높이는 노하우라고 할까요? 이 마을에는 **방송을 하루 4번** 정도 담당하시는 분이 계시고, 회의를 위해 마을 회관에 2시간 일찍 보일러를 틀어두고 환기도 해주시는 분도 계십니다. **마을 최고 어른의 회의 진행 장소 지원이 있는 것입니다.** 마을의 각 이장님들께 일일이 **전화와 문자를 주시는 사무장님** 또한 빠질 수 없겠네요. **특정 사안이 없는 경우엔 회의를 하지 않고, 중대 사안이 있거나 전달사항이 있을 경우에는 그대로 회의를 진행**한다고 합니다. 10분 전에 의장님께서 직접 참석을 못 하는 분들에게 전화를 하고 사람들에게 참석을 독려하시는 모습도 눈에 선합니다.

사례2. 얼마 전 모 컨설팅 사에서 전화가 왔습니다. 교육 의뢰였습니다. 마을 회의에서 처음엔 '우리 마을의 자원 찾기'라는 과목으로 진행을 할까 했으나, 얼마 전 마을 회의에서 '마을의 자원은 이미 잘 알고 있으니 "화합과 소통"을 주제로 하여 진행해달라.'는 의견이 있었다고 전달해주시네요. 관련 군 담당자의 확인을 거쳐 2안으로 '고객만족 경영관리'에 관한 제안도 함께 보내달라고 요청해주십니다. 시간은 2시간 7월 중순쯤으로 예상하고 있다고 감사하게도 저의 일정을 확인해주시고, 일찌감치 **준비 기간을 넉넉하게** 주셔서 한 달 전에 공지해주십니다. 커리큘럼은 빠르게 주셔서, 내용이 빈약해지기보다는 강사님께서 충분히 필요한 시간을 쓰시라고 말씀해주십니다. 이렇게 서로가 신경 써주시는 모습이 바로 이 마을이 잘될 수밖에 없는 이유라고 생각합니다.

"사업계획이 이러이러해서 이런 주제로 강의를 해주십시오! 강의 주제는 위에서 내려온 것이기 때문에 저희도 어쩔 수가 없네요."

이런 경우는 많이 봤어도, 지역주민이 강의 내용을 정하고 검토하기 위해서 회의를 했다는 이야기는 저는 처음 들어보는 것 같습니다. 이렇게까지 노력해주시는데, 저 또한 기대에 부응하기 위해 최선을 다해야겠다는 생각이 드네요.

- 적절한 회의 시간은 얼마 정도라고 보십니까?

앞에서 말한 봉하 마을의 경우 보통 회의시간이 1시간 반에서 2시간 정도라고 하는데요. L그룹에서 1000여 명을 대상으로 적정 회의시간을 조사한 결과 30분 미만이 46%, 30분~1시간 미만이 49%로, 1시간 이내를 원하는 사람이 무려 대상자의 95%에 달했습니다.

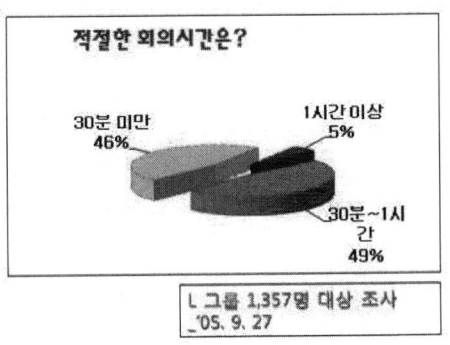

[그림4-1. 적절한 회의시간 설문]

여러분께서도 회의 예정시간을 한 시간으로 잡고 정시에 회의를 시작해보세요. 물론 처음 3번은 적응 기간입니다.

1 준비작업 : 정확히 회의시작 시간을 몇 시로 할 것이라는 것을 공지합니다.

2 시작 : 일정과 예정 시간을 공지한 후, 정시에 시작합니다. 회의를 시작할 때 특히 모두가 보는 앞에 시계를 놓아두고, 앞으로 1시간 동안 회의를 진행할 것이며, '오늘의 회의주제는 000입니다.'라고 공지를 하시면 회의가 조금 타이트하게 진행될 수 있는 효과도 있을 것입니다.

3 한 달 후 변화 : 정확히 그 약속을 지키다 보면 사람들의 인식 속에 회의시작 시간을 맞추려고 노력의 변화가 이루어질 것입니다. 원망보다는 격려를 해주세요.

4 만약 변화가 없다면 : 요일을 바꾸거나 농번기 등 특수 상황일 수 있으니 요구들을 살펴주시기 바랍니다.

✅ 본격적인 회의 진행

우리가 회의 진행을 어려워하는 이유는 아마도 우리의 첫 경험 때문이 아닐까 합니다. 한국이 민주주의를 표방하면서 들어온 것이 바로 헌법을 개정하는 절차! 회의 진행석상의 기록이었습니다. 당시 미국의 헌법 회의 진행 방식들이 통번역되어 어려운 용어와 복잡한 절차들에 대한 기록이 한국으로 들어오게 됩니다.

법 개정의 경우 전 국민의 생활에 밀접한 영향이 있을 수 있으므로, 철저한 준비와 계획뿐 아니라 전체의 동의 방법, 그 진행 방식에 심혈을 기울이고 또 기울여야 하는 것은 맞지만, 일반적으로 가벼운 주제를 다룬 회의에서는 이것이 때로는 자유로운 회의를 오히려 방해하는 요소로도 작용할 수 있습니다. 효율적 회의 방식은 우리의 상황에 맞게 설계되어야 합니다.

사례1. **여러분이 참여하고 있는 회의의 모습은 어떠한가요?**

제가 경험한 회의는 좀 극한 상황이긴 했지만, 의견이 맞지 않아 결국 소리 지르고 의자를 부수거나, 하고 싶은 말이 있는데 용기가 안 나 술을 마시고 들어오시는 경우, 의도적으로 의견이 맞지 않을 때 발언권을 주지 않거나 무시하는 안타까운 경우가 있었습니다.

때로는 그냥 잠깐 스쳐 지나가듯 삼삼오오 모여 이야기를 하는 것 같았는데, 다음 날 와서 보니 어제 회의에서 정하지 않았었냐는 이야기들도 들립니다. 한 명이 욕을 하면 다른 분은 가슴에 상처를 받고, 서로 상처를 주고받는 경우도 생깁니다.

회의의 모습은 제각각이지만 우선 성공적인 회의를 위해 이런 것의 필요성이 가장 크다는 생각이 들었습니다. 즉 '우리 마을 회의 규칙 만들기'라는 회의를 진행하는 것입니다. 이 회의의 의장님은 위원장님께서 맡아주기로 하셨습니다.

우선 간략한 시나리오를 준비하여 위원장님의 재량으로 회의 진행을 시작했습니다. 사전에 자유로운 분위기가 중요시되는 아이디어 회의이므로, 어떠한 비방이나 비판은 자제해달라고 부탁드렸습니다. 25명가량이 참석한 주민 회의에서 적극적으로 의견을 내주셨고, 원래 30분을 예상했으나 회의시간이 단축되어 20분에 성공적으로 마칠 수 있어서 참가자들의 만족도가 높았습니다. 회의를 마친 후 합의된 규칙은 회의 실시 때마다 모두가 잘 볼 수 있도록 액자 형태, 혹은 앞의 보드에 적어두기로 했습니다. 다음은 제가 성공적 회의를 위해 사전에 제시했던 규칙들입니다.

역할	에너지를 북돋아 주는 방법	감정 다치지 않게 말하는 방법
연습해 볼까요?	(훌륭한) 생각이십니다. 사무장님의 이러이러한 의견에 (적극) 동의합니다. 이런 부분은 이렇게 하는 것이 (어떨까요?) 끄덕끄덕, 미소*··*	대안 없는 비판은 비난입니다. 비판, 욕설 대신 해결책(대안)을 찾아줍니다. 되도록 존댓말을 사용합니다. 이사장님께서 그렇게 말씀하시면, 제가 무척 서운합니다. (사실 - 나의 입장 - 대안제시) 의장, 이의 있습니다. (네, 말씀하십시오.) 저는 00마을 조합원 000입니다. 저는 이런 의견입니다. 그 이유는 이것입니다. (구체적이고 객관적인 사실과 정보제시)

[표 4-3. 회의 시작 전 연습]

〈성공적 회의의 기본 용어〉

회의 시작 시

진행자는 다음과 같이 말머리를 열었습니다. 모두가 묵묵부답이었습니다. 그 이유는 무엇 때문이었을까요?

"오늘은, 최근 1단계 사업과 관련하여 우리가 앞으로 무엇을 해야 하는지에 대해 논의하고자 합니다. 의견이 있으신 분들은 말씀해주십시오."

개입 -> '어떤 계획 과정에서 어떤 내용의 추진이 어려운 상황이며, 이대로 방치해두면 어떻게 될지, 구체적인 대응방법 등에 대해 구체적인 수치'를 들어 설명해야 합니다. 진행자가 회의 주제를 너무 포괄적이고 광범위하게 선정했을 수 있습니다. 회의 주제를 설명할 때는 '1단계 사업'이라는 용어보다는 '객관적이고도 유효한 데이터를 제시한다' 는 생각이 중요합니다.

한 사람이 다른 이야기로 빠지거나 격한 발언을 할 경우

개입 -> "그 의견이 현재 의제와 어떤 관련이 있는지 말씀해 주십시오."

"OO님, 원활한 회의 진행을 위해 격한 발언은 삼가주시면 감사하겠습니다."

한 사람의 의견이 지나치게 길어진다 싶을 때

"다른 마을은 모르겠고요. 지금 가장 시급한 문제가 마을회관 문제입니다. 저 이거 오늘 해결 못 하면 이장 관둬야 합니다. 이것부터 해결하죠."

개입 -> "OO님의 OOO에 대한 의견 잘 들었습니다. 참 좋은 이야기입니다만, 시간이 한정된 관계로 1분 내로 정리해주실 수 있을까요?"

"이번엔 OO님 이외에 다른 분들의 의견도 한번 들어보겠습니다."

"OO님은 어떻게 생각하십니까?"

"아직 발언하지 않은 분들도 계시니 모두가 배려하는 마음을 가지고 잠시만 귀 기울여 보면 좋을 것 같습니다. OO 마을 이장님께서는 마을 대표로 하실 말씀 없으십니까?"

"OO님은 예전 경험이 있으셔서 그런지 안목이 남다르신 것 같습니다. 이 회의는 이렇게 다양한 생각과 경험들을 발굴하고 다른 각도로의 접근을 위한 자리입니다. 혹시 다른 아이디어를 가지신 분이 계십니까?"

자신이 이해 못 하는 이야기가 나왔거나, 자기주장이 강한 분의 의견이 나왔을 경우

"우리가 힘을 합쳐서 마을이 정말 잘될 수 있도록 생각해야 하지 않겠나? 안 되는 이유를 보면 우리가 배가 불러서 그렇다고."

"형님 말씀 다 맞는 예깁니다. 그런데요. 현실은 그렇지가 않아요. 저는 솔직히 말해서 이번 계획은 그냥 따라가라고 해서 가는 거지 별 기대 안 합니다. 나눠먹기 해서는 잘될 수가 없어요."

개입 -> "00님, 이 건에 대해서 어떻게 생각하십니까?" 하고 주의 환기. 침묵, 관전도 좋으며, 대화에 객관성을 부여할 수 있거나 활기를 띨 수 있도록 하는 질문 혹은 의견 제시를 하는 것도 좋습니다.

개입 -> "여기서 한 번 정리하겠습니다."

누구 한 사람만 길게 얘기하지 않는지, 이야기가 엇나가지는 않는지, 졸리는 시간대를 선택한 것은 아닌지를 살펴서 의장이 주의를 환기합니다.

개입 -> "다른 의견이 있으시거나 아직 말씀을 한 마디도 안 해주신 분이 계신데요. 발언해주시기 바랍니다."

"의장!"

"네, 000님 말씀해주십시오."

토론이 진전 없이 공전하는 상황

"그거 시에서 해주겠다고 했는데, 그 예산은 다 어디 간 겁니까?"

"저는 전달 받지 못한 내용입니다. 저는 승인받은 서류를 보고 진행한 겁니다. 거기엔 분명히 나와 있지 않습니다."

"아니 그럼, 내가 지금 거짓말 하고 있다는 겁니까?"

"저는 모르는 일입니다."

"OO 이장님도 알고 있는 사실을 과장이 모른다는 게 말이 됩니까?"

"그럼, 이장님은 어떤 근거자료를 가지고 계신 게 있습니까?"

"그때 회의에 다 나왔던 내용인데…. 그쪽에서 자료를 가지고 있지…, 참 답답하네."

개입 -> 이 논의는 지금 풀 수 있는 상황이 아닌 것 같습니다. 각자 서로 해당 내용을 확인한 후 추후 논의가 필요한 안건으로 보입니다. 다음 주제로 넘어가도 되겠습니까?

개입 -> "OOO님, 뭔가 아니라는 듯이 고개를 저으셨는데…. 어떤 다른 의견이 있는지 말씀해주시겠습니까?"

개입 -> "말씀을 한 번도 안 하신 분들의 이야기를 한번 들어볼까요? OO님 생각은 어떻습니까?"

"고도리 방향으로 차례로 한 사람 당 한 가지씩 의견을 내어보실까요?"

개입 -> "당분간 토의 안건에 집중했으면 합니다. OO 반장님이 말하고 있는 것이 얼마나 큰 변화를 줄지 아무도 모르지 않습니까?"

◆ 깔끔한 마무리로 회의의 성공을 알립니다.

회의 시간 내에 준비된 사항을 마무리 짓지 못해도 괜찮습니다. 대신 오늘 이 시간에 어떤 것들을 했는지 정리하는 시간을 통해 오늘 한 일에 대한 의미를 되짚어보도록 하고, 다음 시간에 해야 할 주제를 함께 조정해보면 그것으로 충분합니다.

항목	효과적인 회의 마무리
의제 재검토	오늘 토의된 안건 OOO중에서 OOO를 토의하였습니다. 토의된 내용은 다음과 같습니다.
결정사항 및 참가자의 역할 강조	오늘 회의에서 결정된 것은 ~ 이고, 이것은 OOO이장님께서 언제 까지 추진하기로 하였습니다. 맞으신가요? 일정 내에 지켜질 수 있도록 부탁드리며, 진행 과정 중 의문사항 은 언제든 말씀해 주시기 바랍니다.
차의 토의사항 확인	시간상 토의 되지 못한 안건들은 OOO 입니다. 이것들은 다음 주 목요일 정기 회의에서 토의하도록 하겠습니다.
기타 질문확인	마지막으로 오늘 토의내용 중 궁금하신 사항이 있으시다면 말씀 해 주십시오. (5초간 기다린 후에)
회의의 끝을 알림	없으시다면 이것으로 오늘 회의를 마치도록 하겠습니다. 참석해 주신 여러분들께 감사의 말씀을 드립니다. 그럼, 다음 주 목요일 뵙겠습니다. 참석자들에게 감사를 표하고 마무리

[표 4-4. 회의 마무리]

〈회의 사례〉

회의 주제 : 마을의 브랜드 이미지 선정

회의 인원 : 컨설팅 사 디자인 팀장, 위원장, 사무장, 기타 관련 리더 포함.
　　　　　참석 15명

　오늘은 마을의 브랜드 이미지를 선정하기 위한 날입니다. 컨설팅 사
는 A, B, C안을 가지고 회의 준비를 완벽히 마쳤습니다. 마침 오늘 회
의에 관한 교육 일정이 있어서 중요 마을 리더들이 거의 참석할 예정

입니다. 강사의 제안을 통해 회의 진행 실습 주제를 '브랜드 이미지 선정'에 관한 회의로 진행하기로 합의했습니다.

오늘 그동안에 준비했던 브랜드 이미지 시안 A, B, C 패널을 앞에 펼쳐놓고 회의는 시작됐습니다. 의장님은 위원장님께서 맡아주기로 하셨고, 실행 컨설팅 사에서 내용을 기록하기로 했고, 저는 중간 중간 회의 진행을 효율적으로 진행할 수 있도록 피드백을 드리기로 했으며, 참석 인원은 15명이 앉아 계셨습니다.

의장 : 지금부터 '우리 마을 브랜드 이미지 시안 선정을 위한 회의'를 시작하겠습니다. 우선 충분히 살펴보신 후에 거수로 중간 의견을 받아 보겠습니다.

A안 : 0명, B안 : 5명, C안 : 7명 고민 중 3명

개입 -> "의장님께서 C안에 손을 드셨는데요. 자, 여기서 질문드리겠습니다. 의장님은 주제에 관한 의견을 말하거나 혹은 투표에 참석하시는 것이 가능한가요?"

가능하다는 의견과 가능하지 않다는 의견이 분분합니다. 정답이란 것은 없지만 보통 회의를 주관하는 의장님의 경우, 회의 진행자로 중립의 입장에서 어떠한 의사발언을 하지 않는 것이 일반적입니다. 의장의 역할에서 발언하게 되면 권위가 더해져, 참여자의 의사가 대부분 의장을 따를 위험이 있기 때문입니다. 그럼에도 의장이 만약 자신의 의견을 꼭 말해야 한다면, 의장의 권한을 다른 분에게 공식적으로 위임하고 참여자의 입장에서 이야기하도록 권합니다.

A안 : 0명, B안 : 5명, C안 : 6명(의장님 의견 제외한 표 계산)

A안은 의견이 나오지 않은 관계로 A안을 제외하고, B안과 C안을 놓고 찬반 토론으로 진행하려고 합니다. 동의하십니까? 방법은 B안이 좋다고 한 팀의 의견과 C안이 좋다고 한 팀의 의견을 번갈아 들어보도

록 하겠습니다. 한 사람당 발언 시간은 3분 내로 정하겠습니다. 우선 B안이 좋다고 하시는 분 다시 손을 들어주시기 바랍니다.

"왜 B안이 좋다고 생각하십니까? 왜 C안에 반대하십니까?"

"왜 C안이 좋다고 생각하십니까? 왜 B안에 반대하십니까?"

충분한 토론을 거친 후 다양한 의견이 나왔습니다. B안의 산과 물의 모양을 변경해보는 것에 대한 의견과, C안의 문구를 변경하자는 의견입니다. 지금 결정보다는 수정안을 보고 다시 결정하기로 의견을 모았습니다.

회의는 무척 성공적인 듯 보였습니다. 문제는 회의 중간에 조용히 한 분이 나가셨는데, 마을 브랜드 이름에 관한 이의를 몇몇 분들과 강하게 제기하셔서 이후 브랜드 선정부터 다시 하게 되는 상황이 벌어지게 되었습니다. 두 달 동안 브랜드 이미지를 선정하고 만들었던 모든 노력들이 물거품으로 돌아갔습니다.

이번 사례는 사전에 사업을 진행할 때 마을 구성원들과의 충분한 합의를 거쳐 진행하지 않는다면 이렇게 모든 노력들이 수포로 돌아갈 수 있다는 값진 교훈을 우리에게 안겨주었습니다. 우리 마을의 회의, 지금 이 순간 가장 중요한 것이 무엇인지 항상 생각해보아야겠습니다. 지금 한번 우리 마을 사업진행의 현재에 관한 긴급 중요도 매트릭스를 그려보세요. 긴급하고 중요한 일이 무엇인지 우선 살피고, 중요도와 긴급도가 떨어지는 일들은 지금 추진 사항에서 과감히 제거하는 것도 방법입니다.

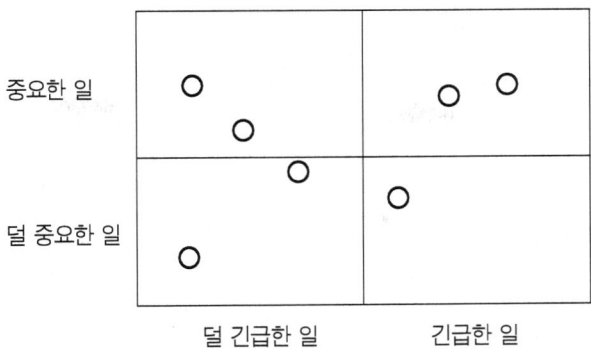

중요한 일

덜 중요한 일

덜 긴급한 일   긴급한 일

[표 4-5. 긴급 중요도 매트릭스]

05 갈등은 성장의 기회

갈등이 성공을 오랫동안 유지하게 한다.

이야기 다섯. 당근과 달걀 그리고……, 커피 이야기

시집가서 매일매일 사고를 치고 오는 딸이 어제도 어김없이 짐을 싸들고 씩씩거리며 친정집에 왔습니다. 도저히 남편과 못 살겠다며 밥 먹듯 친정집을 오가는 모습이 안쓰럽습니다. 그 당시 주방장이었던 아버지가 딸에게 주방으로 오라고 했습니다. 딸이 오자 아버지는 아무 말 없이 냄비에 물을 붓고 불에 올립니다. 물이 펄펄 끓자 아버지는 당근을 집어넣습니다. 그 다음 달걀을 넣고, 마지막으로 커피를 넣었습니다. 어느 정도 익었다고 생각되자, 아버지는 딸아이에게 당근을 만져보라고 합니다.

"당근이 어떻게 되었니?"

"말랑말랑 부드러워졌어요."

이제는 달걀을 꺼내보라고 합니다.

"달걀은 어떻게 되었니?"

"단단해졌습니다."

"마지막으로 커피는 어떻게 되었니?"

"커피는 형체가 없어지고 대신 향기로운 커피향이 남았습니다."

"너는 갈등이 생겼을 때 당근과 달걀, 커피 중에서 어떠한 방법을 사용하니?"

딸은 이 말을 듣고 깨달은 바가 있었습니다. 그날 다시 집으로 돌아갔고, 그 이후 부부싸움은 크게 줄었다고 합니다.

당근은 처음에는 단단했지만 끓는 물에 들어가자 부드럽게 바뀌었습니다. 달걀은 깨지기 쉬웠지만 끓는 물에 들어가자 단단해졌습니다. 마지막으로 커피는 더욱 재밌습니다. 끓는 물과 하나가 되어 좋은 향기를 남깁니다. 여러분께서는 갈등이 생겼을 때 어떠한 방법을 쓰시나요? 그냥 불이 꺼지기를 기다리거나 그 자리를 피해 멀리 달아나는 것이 지금 당장은 해결책이 되는 것처럼 보일지 몰라도, 나중에 더 큰 갈등을 키울 수 있다는 사실을 우리는 잊지 말아야겠습니다.

◎ 갈등을 풀기 위한 전략

갈등이란? 칡과 등나무가 서로 얽히는 것과 같이, 개인이나 집단 사이에 목표나 이해관계가 달라 서로 적대시하거나 충돌함. 또는 그런 상태를 말합니다.

"서로의 마음에 나를 새기는 과정이다."라고 하신 분의 말처럼, 갈등을 겪으며 서로의 마음에 상처를 남기지 않도록 세심한 주의를 기울이면서, 자신의 이익도 상대방의 이익도 함께 극대화할 수 있는 방법을 함께 찾아보려 끝까지 최선의 노력을 다해야 합니다. 자신의 이익을 모두를 위해 양보하라? 한 명의 희생자를 강요해서는 안 됩니다.

◎ 갈등을 상생의 기회로 만드는 방법

제가 사용하는 갈등해결의 첫 번째 방법은, 갈등이 생기면 공통된 목표를 찾도록 한다는 것입니다. 갈등의 시작은 인식에서 비롯되며, 이것은 대화로 풀어갈 수 있습니다. 가장 중요한 것은 갈등이 고되다고 포기하지 않으셨으면 좋겠다는 것입니다. 차근차근 하다 보면 갈등 상황도 산을 오르는 것처럼 즐거워질 거예요. 힘들지만 정상에 서면 기분이 탁 트이고 보람이 되는 것처럼 말입니다.

1 공통 목표 찾기
　공통된 의견을 찾아본다. 한 문장으로 정리해서 말해본다.

2 들어주기
　서로의 상황을 파악한다. 정확한 전달과 이해를 적어도 20분씩 한다.

3 표현하기
　상대의 고통을 함께해본다. '충분히 그럴 수 있다.'라고 표현한다.

4 긍정적 마인드
　함께할 수 있는 방법은 반드시 있다고 생각한다. 끝까지 포기하지 않는다.

✅ 왜 나에게 이런 일이?

  제가 이곳저곳 다니면서 느끼는 사실은 갈등이 일종의 유행 같다는
생각입니다. 열정적인 리더치고 주민들에게 고소나 소송 한두 번 안
당한 이가 없습니다.
  실제 생활 속의 사례를 들어볼까요?

모운동 갈등 이야기 vs 모운동 박물관 이야기

  영월은 현재 24개의 박물관이 있는 박물관 특구입니다. 하지만 많
은 사람들은 이러한 사실을 모르고 있지요.
  지난 5월 12일 개관한 디지털 소사이어티 박물관에도 갈등이 있
습니다. 관장님은 기독교적 신념을 가지고 계신 분입니다. 모든 사람
이 일요일은 휴식을 가져야 한다는 생각을 하셔서 박물관 또한 <u>일요
일은 문을 닫아야 한다고</u> 생각하십니다. 하지만 군청 관계자의 입장
은 이와 조금 다릅니다. <u>관광객이 가장 몰리는 주말에는 문을 열어야</u>

<u>한</u>다고 생각합니다. 이것은 주변 박물관들의 입장도 같습니다. 누구는 열고 누구는 안 열고 하면, 형평성에 문제가 있다는 것입니다.

어느 누구도 틀린 말이 없습니다. **종교적 신념**을 지키시는 우리 관장님도 멋있다는 생각이 들고, 영월의 군 관계자의 **주말에 관광객**이 가장 많기 때문에 이를 간과할 수 없다는 것도 맞는 말입니다. 그렇다면 이 둘을 함께 만족시킬 수 있는 방법! 아니!! 더 나아가 서로 상생의 시너지를 가져갈 수 있는 방법은 없을까요?? 있습니다!! 우리 공동의 목표! 영월이 박물관 특구가 되어야 하며, 주말에 고객을 유치해야 하는 것엔 모두 동의하고 있습니다. 맞나요?

그럼, 이렇게 해볼까요? 모두 아이디어 회의를 열어야 하겠지만, 시간 관계상 제가 아이디어를 한번 제안드려보려 합니다.

토요일 보통 박물관은 아침 9시에 문을 열어 5시에 문을 닫는 것이 일반적입니다. 하지만, **디지털 소사이어티 박물관은 밤 10시까지 문을 엽니다.** 고객들이 시간에 구애받지 않도록 다른 박물관을 방문한 후 이곳에 들르도록 말입니다. 구경 후 모운동의 아름다운 밤거리와 특설 무대에서 유희를 즐긴 후 숙소에서 잠을 청하거나, 모운동 김삿갓 주막에서 술잔을 기울이며 풍류를 즐기거나, 별마로 천문대에 가서 밤하늘의 아름다운 별을 헤아려봅니다. 대신 일요일은 신념을 지키는 박물관으로 남는 것이지요.

그리고 박물관 24개가 힘을 합해 1박 2일 동안 **10,000원만 내면 어느 박물관이나 구경할 수 있는 1패키지 협약**을 맺는 겁니다. 이곳 박물관은 주차장이 넓으니……, 이곳에 주차 공간을 제공해 주고, 모운동까지는 산책로를 이용하라고 합니다. 박물관의 허브로 디지털의 특성을 십분 활용하여 24개 박물관의 홍보를 담당해주시면 좋겠네요. 현재 도청이나 군청에서 하고 있겠지만 이왕이면 박물관에 구경 갔다가 둘러

볼 수 있다면 좋을 것 같다는 생각이 이용객의 입장에서 듭니다. 박물관 특구의 첫 관문을 디지털 소사이어티 박물관에서 해주시면 어떨까요? 디지털 소사이어티 박물관과 모운동, 그리고 산꼬라데이길과 망경사를 하나의 여행 패키지로 개발하여 사람들에게 안락하고 재미난 여행길을 고려해보시는 것도 제안드립니다.

ⓒ 갈등이 첨예하게 대립되는 상황이 있다면 그건 아마도 죽음을 앞둔 상황이겠지요.

칠레 광부의 성공 스토리 Vs 난파선 실패 스토리

그 차이가 무엇일까요? 칠레 광부의 성공 스토리 속에도, 난파선의 실패 스토리 속에도 모두 살기 위한 처절한 몸부림, 즉 목숨을 건 첨예한 갈등이 있었습니다.

칠레 광부의 성공 스토리

69일 동안 지하 622m 지하 생사의 갈림길에서 33명의 광부가 매몰됐습니다. 생사의 갈림길에서……, 그 안에서 서로의 눈빛을 주고받으며 묘한 기류가 생깁니다. **내가 살기 위해서 누군가를 죽여야 하는 상황**이 되었다고 생각한 것이죠. 이러한 상황에 누군가 이야기합니다.

"지금 모두가 어려운 상황인데, 만약 누군가를 죽여서 먹는다고 하면, 다음에 제2의 희생자가 내가 될 수도 있습니다. 어렵지만, 우리 모두가 해보는 데까지 끝까지 해보고 그 다음을 생각해봐도 늦지 않습니다."

난파선 실패 스토리

바다 한가운데 난파선 3명이 살아남았는데 먹을 것이 너무 없으니까, 가위바위보와 **제비뽑기를 통해서 한 명을 먹었다는 실화**가 생각나네요.

우리가 성공이다 실패다! 라고 말하는 그 차이가 무엇이었을까요?

첫 번째 실화는 '함께 살아남았다는 것'이고,

두 번째 실화는 '희생자를 통해 다른 사람들이 살아남았다는 것'입니다.

누구를 탓할 수 있는 상황은 아니지만, 간발의 차이로 칠레 광부들이 난파선의 사례처럼 극단적인 상황으로 가지 않을 수 있었던 것은 무엇 때문이었을까요?

'모두가 함께 살 수 있다'는 **희망** 한 조각, '조금만 최선을 다해 다함께 견뎌보고 참아보자!'라는 이 말 **한 마디!**였을 것입니다.

제가 생각하는 성공이란? 모두 다함께 잘사는 방법을 의미합니다. 성공마을로 가는 여행길에는 작고 큰 장애물들이 있습니다. 물론 평탄한 길로 가는 여행도 있겠지만, 우리나라처럼 산이 70% 이상으로 이루어진 지형에서는 평탄한 길을 찾기란 쉽지 않지요. 작고 큰 장애물들을 즐겁게 넘어가다 보면……, 어느 덧 '성공마을'이라는 목적지에 다다릅니다. 불변의 법칙이 있다고 한다면, 그것은 그만큼 노력하면 시간의 정도의 차이는 있어도 성공 가능성은 커진다는 것입니다. 개인적으로 지혜가 높으신 60, 70대 분들께서 이런 이야기들을 많이 해주셨으면 좋겠습니다.

내가 만난 멋진 사람들…

이야기 여섯. 진정성 어린 글귀

　우연히 지역사업에 관한 글을 검색하다가, 마을사업에 대한 진심어린 글을 발견하고 반가웠습니다.

　마을사업은 나무와 같다.

　마을 사업도 마찬가지이다.

　우선은 잘나가는 것 같지만, 토대가 약한 마을은 순식간에 무너져버린다. 반면 아직 빛을 못 보는 마을이라도, 체계적이고 조직적인 분과별 책임분담과 역할을 수행할 때에 전체적인 사업을 성공시키는 것이다.

　몇몇 사람이 비공개적으로 사업을 추진하기보다는, 사업에 대한 전체적인 의견수렴과 토론, 교육, 견학 등 주민역량 강화에 주력해야 한다. 이것만이 진정한 마을사업이고, 뿌리가 튼튼한 마을 만들기의 성공 요인이라고 본다.

◎ 우리를 강하게 만들기 위한 전략

　성찰과 기록!

　저는 이번의 정리 작업을 통해 많은 것을 배웠습니다.

　제 주변에 뜻을 함께하는 이들이 생각보다 많다는 것이었습니다.

　제 별명을 어느 분께서 지어주셨는데, 너무 고맙게도 중국 설화에 나오는 '화수분', 즉 '재물이 끊이지 않는 항아리'였습니다. 제가 그 이유를 곰곰이 생각해보니 아마도 제 주위에 여러 능력 있는 분들이 저를 도와주시려고 해서 그런 것 같습니다. 재물이 끊어질 수가 없지요.

2년 전, 모 컨설팅 업체에서 농촌마을 사업을 담당하는 분께 농촌마을 사업의 생생한 사례들을 요청 드린 적이 있었습니다. 그분이 꼭 한번 읽어보라며 책 한 권을 추천해주셨는데요. 『마을 만들기 실천』이라는 일본 서적이었습니다. 읽어본 다음 느낀 점이 있다면 우리가 고민하는 내용들이 그 책 안에도 똑같이 담겨 있다는 것이었습니다. 벤치마킹을 이유로 우리는 해외 선진지 혹은 국내 선진지 견학을 진행하고 있습니다. 하지만 단지 보기만 한다면 그 의미가 많이 퇴색되기 쉽습니다. "다음의 기록이 여러분에게 생각할 기회를 던져드리듯, 여러분들의 생각이 모두에게 공유되어, 모두가 함께 성찰하는 회의 시간을 꼭 가져 보시면 좋을 것 같습니다." 다음의 글은 모 컨설팅 사에 계신 분으로부터 받은 글입니다.

From. Park

가. 제주 지역 1
- 서귀포시 표선면 가시리 권역

쾌적하고 활기 넘치는 살기 좋은 마을을 만들기 위한 주민 참여 형 사업으로 '유채꽃과 그린 에너지가 어우러지는 생명의 마을'이라는 비전으로 사업을 추진.

'살맛나는 풍요마을 만들기', '탄소제로 녹색마을 만들기', '아름다운 생명마을 만들기', '함께하는 자치마을 만들기'를 4대 발전 방향으로 설정, 사업을 추진하게 된다.

방문 후 느낀 점.

농촌마을 종합개발 사업을 배우면서 우리 회사에서 담당하지 않는 타 권역을 방문하는 것은 이번이 처음이었다. 그것도 내륙에 있는 권역이 아닌 제주도에 있는 권역을 말이다. 분명 제주도와 내륙은 그 지역이 지니고 있는 휴먼웨어(권역민)와 제주도라는 지역이 가진 환경자원(어메니티)에서 많은 차이가 있다. 이 분명한 차이를 극복하고, 장점은 취하되 단점은 과감히 버리기 위해 방문하면서 보고 느꼈던 것들을 한번 정리해본다. (이 글은 지극히 개인적인 관점에서 써내려가는 글이기에 다소 부족한 점이 있을 수 있으니, 부족하더라도 너그러운 양해 부탁드립니다.)

보통 하나의 권역이 다른 권역을 방문하면, 방문지의 위원장이나 사무국장이 소프트웨어 시행업체에서 만들어준 파워포인트 자료로 권역 안내를 해준다. 권역사업의 개요와 주요 자원 및 권역의 특성을 설명하는 이 자리에서, 사업 예비계획 단계 때 다녀온 국외 선진지 견학에 대한 설명을 할 때, 가시리 권역 추진 위원 분들과 사무장의 열정을 느낄 수 있었다. 국외 선진지 견학을 준비하는 단계에서 몇 군데 여행사에 일본 견학의 목표와 취지를 분명히 알렸음에도 불구하고, 자칫 관광으로 인식될 수도 있는 국외 견학을, 빠듯한 일정 속에서도 견학 온 목적과 동기를 재확인하며 견학 일정 중에 서로 하나가 되어 가시리 권역이 한 방향으로 나아갈 수 있는 초석을 다졌다는 것을 발표를 통해 느낄 수가 있었다.

아무리 잘한다, 좋은 자원이 있다고 하는 권역에 가더라도, 그 권역의 주인인 주민들의 열의가 없다면, 그 사업의 긍정적인 결과를 기대하기란 힘들다. 하지만 시작이야 어떻든 농촌마을 종합개발 사업(권역단위 정비사업)을 진행하는 과정 속에서 지자체와 농어촌공사, 권역 주민, 그리고 소프트웨어 시행 업체가 한 마음이 된다면 결코 어려운 일도 아니다.

표선면 가시리 권역은 제주도라는 자연환경과 친환경 에너지 사업, 그리고 농촌마을 종합개발 사업이라는 세 가지의 이점을 가지고 있기 때문에, 타 권역들보다는 많은 어메니티와 사업비를 안고 시작하고 있었다. 이는 분명 타 권역과는 구분되는 이점으로 작용할 것이다.

나. 제주 지역 2

- 서귀포시 한경면 판포리 해거름마을(http://www.sunset.jeju.kr/)

가시리 권역을 방문하여 우리가 준비한 답례품을 전달하고 설명을 듣고, 권역에서 준비한 식사를 마친 뒤 버스를 타고 제주시 한경면에 위치한 해거름마을로 향했다. 유네스코 자연유산을 보유한 청정 제주의 서쪽 끝에 위치한 해거름마을은 제주 바로 그 자체라고 할 수 있을 만큼 아름답고 즐거운 곳이다. 드넓게 펼쳐진 평지이다 보니 바람이 매섭게 불었다. 제주 삼다의 하나인 바람을 몸으로 느낄 수 있었다. 아직 권역에 하드웨어 시설물이 설립되지 않아 권역에 있는 공원에서 추진 위원장님의 권역 설명을 듣게 되었다. 해거름마을은 2009년도 평가에서 상을 받을 만큼 유명한 곳이지만 막상 속사정은 밝지가 못했다.

권역사업 중 소득사업을 위해서 다양한 체험 행사를 구상, 시행하고 있었지만, 몇몇 권역민들의 시기와 질투 때문에 추진 위원장과 사무장을 비롯한 추진 위원들의 고민이 이만저만이 아니었다. 더군다나 마을 이장을 하면서 추진위원으로 몸담고 있던 분이 추진 위원회에서 탈퇴하면서, 추진 위원들과 사업을 지지해주지는 못할망정 반대 세력들을 모아 사업에 이견을 제시했던 것이다.

정확하게 기억나진 않지만, 추진 위원장과 사무국장을 포함한 젊은 층이 주민들의 지지와 협조를 얻고 오해를 풀기 위해 농촌마을 종합개발 사업에 대한 주민 설명회를 몇 주에 걸쳐 진행했다고 한다. 견학을 다녀와서 사무장님께 들은 얘기로는 모든 일이 원만하게 잘 해결되었다는 것이다.

주민 설명회를 몇 회를 했느냐, 누가 했느냐, 대상이 누구냐는 크게 중요한 게 아니라고 생각한다. 내가 말하고 싶은 것은 내륙에서 제주도의 권역사업을 바라볼 때, '제주도는 자원이 많으니까 잘될 것이다.' 라는 오해와 편견을 버렸으면 하는 마음이다. 제주도든, 일본이든, 내륙이든 모두 사람이 사는 곳이다. 천일천색, 만일만색인 것이 사람이다. 중요한 것은 과연 농촌마을 종합개발 사업을 남 일이 아닌 '내 일'로 생각하고 있는가? '우리의 일'로 받아들일 준비가 되어 있느냐 하는 것이다.

다. 일본 선진지 견학

- 일본 후쿠오카 현 야메 시

2010년 10월경 영천 돌할매 권역 농촌마을 사업 추진 위원분들, 영천시 및 농어촌공사 관계자들과 함께 일본 선진지 견학을 다녀오게 되었다. 처음 진행하는 일본 선진지 견학이다 보니 준비기간 내내 긴장의 연속이었다. 다른 권역을 진행하는 직장 상사 및 동료들 역시 대부분 북 큐수 후쿠오카 지역을 많이 다녀온지라 일본, 그것도 후쿠오카 내에서도 최대한 영천 지역이 가진 어메니티와 비슷한 자원을 가진 지역을 물색하기 위해 자료를 모으기 시작했다. 영천, 하면 제일 먼저 떠오르는 것이 포도와 별이었다. 자료를 찾다 보니 야메 차와 천문대가 있는 야메 시가 눈에 들어왔다. 별이 예쁜 야메 시와 보현산 천문대가 있는 영천의 만남. 그래서 여행사 대표님께서 소개해준 현지 가이드가 야메시 관계자와 협의하여 방문 일정을 잡았다.

4박 5일의 일정으로 간 일본 농업 선진지 견학의 마지막 날인 5일째 되던 날 야메 시를 방문했다. 인상 깊었던 점은 한국의 농촌 마을에서 야메시를 방문한다는 소식에 지역 내에 한국어를 할 줄 아는 분을 수소문하여 대동했다는 점이다. 우리 측에 분명히 일본어를 구사하는 가이드가 있다는 것을 알고도 말이다. 우리는 야메 시 측의 배려에 큰 감동을 받았다. 우리는 야메 시 측이 준비해놓은 일정에 따라 야메 시 소개를 시작으로 야메 시가 가진 자원과 영천시가 가진 자원들을 비교하는 시간을 가졌다.

　마음가짐? 태도(attitude)라고 하면 맞으려나? 홍보관 회의실에서 한국어로 만들어진 야메 시 소개 자료를 나누어주며 발표하는 발표자의 모습에서 지역에 대한 자부심과 열정을 고스란히 느낄 수가 있었다. 우리나라의 농촌마을 사업은 유럽과는 30여 년, 일본과는 17여 년의 차이가 난다. 마을 만들기로 시작한 일본의 농촌마을 사업과 우리나라의 농촌마을 사업은 다소 차이가 있는 것 같다. 어디서부터 누구로부터 시작된 사업인가 하는 점에서 말이다. 일본 대부분의 마을 만들기는 지역 공동체, 즉 주민 스스로가 자신들이 살고 있는 터전인 농촌(여기서 농촌이란 산촌, 어촌, 농촌을 모두 아우르는 말이다.)을 살리기 위한 몸부림으로 시작되었다고 한다.

　하지만 우리의 농촌마을 종합개발 사업은 어떤가? 지역 주민의 자발적인 참여로 시작된 상향식 사업이라고는 하지만, 지자체, 시행업체, 소프트웨어 업체, 하드웨어 업체, 그리고 지역 주민들 사이에 존재하는 무수한 갈등으로 인해 사업 초기부터 많은 어려움을 겪고 있다. 지역민의 의견은 무시한 채 정책 결정을 하는 지자체, 보신주의에 빠져 새로운 정책 결정에 인색한 공무원과, 사업비 소진을 위해 무리해서라도 사업을 진행해야 하는 소프트웨어 업체, 바쁜 농사일 때문에 마음은 있어도 참여가 힘든 지역 주민, 사업계획 단계에서는 부지를 제공하기로 약속해놓고, 사업이 확정되고 난 다음에는 땅값 상승을 노리며 버티는 땅주인들, 사업비가 추진 위원장 주머니를 채워줄 것이라고 유언비어를 퍼트리며 발목을 잡는 이장님, 그런 유언비어와 주위의 편견 속에서도 한번 맡은 이상 그만두지도 못하고 "내가 위원장을 왜 해가지고 이런 수모를 겪어야 하나?"며 술로 위로를 삼으시는 위원장님……

너무 부정적인 면만 언급한 것 같지만, 분명한 사실이고 우리가 풀어나가야 할 갈등들이다. 지금 우리네 농촌이 겪고 있는 이 문제들은 언젠가는 반드시 겪어야 할, 그리고 지혜롭게 풀어나가야 할 숙제들이다.

내가 초등학생일 때, 일요일 아침마다 각 마을별로 6학년생 한 명이 주축이 되어서 학생들을 모아 마을청소를 하는 문화가 있었다. 어쩌면 자의든 타의에서든 깨끗한 마을을 만들기 위해 사람들을 모으고 청소하고, 마을에 관심을 가지는 것이 마을 만들기의 시작은 아닐까 하는 생각을 해본다. 마을 만들기는 사업이 되어서는 안 된다. 왜냐하면 사업은 돈이 오가게 되고, 돈은 사람을 흩어버리는 수단이 되니까. 그러면 어떻게 해야 하는가? 주민들 스스로 시대의 흐름에 동참하도록 유도하고 동기부여를 해야 한다. 그들 스스로 움직일 수 있도록, 그래서 그들이 필요한 것을 그들이 요구하고, 관에서는 타당성을 면밀히 검토한 다음 정책에 반영해야 한다. 그것은 그들의 터전과 '마을'이라는 공동체에 대한 관심에서 비롯된다.

일본 선진지 견학을 하면서 참 많이 느낀 것이 그 지역을 지키고 있는 주민들의 자부심이었다. 그들이 살고 있는 지역에 대한 관심과 사랑. 그것이 있고 난 다음에야 마을 만들기도 가능하지 않을까?

지금 현재 이러한 설득 작업의 노력들로 인해 제주 지역은 현재 성공마을로서의 길을 탄탄하게 걷고 있다고 합니다. 얼마 전 법인체 경영으로 인해 가시리마을에 대한 소식을 접하게 되었습니다. 이번엔 색다른 이슈로 고민을 하고 계셨는데요. 가시리 지역은 오랜 세월 동안 자손이 꿋꿋하게 버텨오고 있는데, 어느 날 이 자손 앞으로 땅이 남겨져 있다는 사실을 알게 되었습니다. 가시리에서 떠난 자손의 경우는 포함을 안 시킨다고 하는데, 어디까지 자손으로 볼 것인가의 부분을 놓고 고민이 많다고 하시는데요. 몇 살부터 땅 소유권을 인정할 것인가 하는 부분이 가장 고민스럽다고 하십니다. 이렇듯 하나의 산을 넘으면 어느 새 또 하나의 산이 나타납니다. 손잡고 즐겁게 함께 짐도 들어주며 이야기하면 넘을 것인가? 아니면 서로가 힘든 건 마찬가지라며 투덜대며 넘을 것인가? 그것은 우리가 하기 나름이라는 생각이 듭니다.